Liesl Clark
Rebecca Rockefeller

Nichts kaufen, alles haben

GOLDMANN
Lesen erleben

Buch

Ob Klamotten, Kosmetik oder Elektronik: Wir kaufen ständig neu und schmeißen vieles anschließend wieder weg. Es bleiben Müllberge, die unseren Planeten zerstören, und das ungute Gefühl, den Blick für das Wesentliche zu verlieren. Mit ihrem Buch liefern die Gründerinnen der »Buy Nothing«-Bewegung eine fundierte Analyse unseres Kaufverhaltens und führen in sieben Schritten zu einer nachhaltigen Konsumkultur, die Ressourcen schont und glücklich macht.

Autorinnen

Liesl Clark ist Mitbegründerin des »Buy Nothing«-Projekts und preisgekrönte Filmemacherin. Sie hat unter anderem für *National Geographic* Wissenschaftsdokumentationen über die entlegensten Ecken der Welt gedreht.

Rebecca Rockefeller hat das »Buy Nothing«-Projekt mit seiner ersten lokalen Facebook-Gruppe auf Bainbridge Island (Washington/USA) gegründet. Als Social-Media-Beraterin verhilft sie Künstler*innen und Non-Profit-Organisationen zu mehr Sichtbarkeit.

www.buynothingproject.org

Liesl Clark & Rebecca Rockefeller

Nichts kaufen, ALLES HABEN

In 7 Schritten zu einem konsumfreien, nachhaltigen und großzügigen Leben

Aus dem amerikanischen Englisch
von Nikolaus de Palézieux

GOLDMANN

Die englische Originalausgabe erschien 2020 unter dem Titel »The Buy Nothing, Get Everything Plan: Discover the Joy of Spending Less, Sharing More, and Living Generously« bei Atria Books, New York.

Dieses Buch ist auch als E-Book erhältlich.

FSC www.fsc.org MIX Papier aus verantwortungsvollen Quellen FSC® C014496

Klimaneutral ClimatePartner.com/14044-1912-1001 Druckprodukt

Nicht vermeidbare Emissionen werden über ein Aufforstungsprojekt der Penguin Random House Verlagsgruppe in Brasilien ausgeglichen.

Penguin Random House Verlagsgruppe GmbH FSC® N001967

1. Auflage
Deutsche Erstausgabe April 2021

Umschlag: Uno Werbeagentur, München
Umschlagmotiv: © FinePic®, München
Illustrationen: © Brooke Budner
Redaktion: Andrea Kalbe
Satz: Satzwerk Huber, Germering
Druck und Bindung: GGP Media GmbH, Pößneck
Printed in Germany
EB · IH
ISBN 978-3-442-17914-5
Besuchen Sie den Goldmann Verlag im Netz

All denen gewidmet, die glauben,
dass unser Geld am besten für den Aufbau
einer gesunden, freudvollen und gerechten Welt
eingesetzt werden sollte.

Inhalt

Einführung: Wie wir dazu kamen, weniger zu kaufen und mehr miteinander zu teilen . . 11

Warum es besser ist, nichts zu kaufen 26
Das Plastik-Zeitalter 27
Eine saubere Lösung 33
Die Psychologie des Konsums 36
Wir ertrinken in unseren Sachen. 38
Die unerwartete Freude, wenn man nichts kauft . . . 41

Einladung zum Nichtkauf 46
Probieren Sie unsere Nichtkauf-Anleitung in sieben Schritten. 46
Die Regeln 49
Die Ausnahmen 50

Schritt 1: Geben 53
Lehren aus dem Himalaya 54
Wie wichtig es ist, etwas zu haben, das man gibt . . . 60

Eine Wirtschaft, die auf dem Geben beruht 63
Wie man gibt 73
Über Schenk-Ökonomien, Frauen, Armut und Reichtum 79
Wie man eine Schenk-Ökonomie-Gruppe aufbaut 83
Sich selbst geben 87
Wir laden Sie ein zu geben 90

Schritt 2: Bitten 95
Geld trennt uns, Schenk-Ökonomien verbinden uns 97
Wir haben vergessen, wie man bittet 101
Eine Buy-Nothing-Hochzeit 102
Alle Gaben sind gleich wertvoll 112
Unerwartete Verbindungen.................. 117
Wir laden Sie ein zu bitten 120

Schritt 3: Wiederverwenden und Ablehnen 124
Ein Experiment im Nichts-Kaufen 131
Warum Kaufen sich gut anfühlt, nichts zu kaufen sich aber besser anfühlen kann............... 134
Leben mit weniger Lebensmitteln............... 139
50 Dinge, die wir nie mehr kaufen 147
Machen Sie jeden Tag zu einem besonderen 180
Wir laden Sie ein, wiederzuverwenden und abzulehnen........................... 185

Schritt 4: Nachdenken 187
Der Reiz des Kaufens 192
Wir laden Sie ein nachzudenken 205
Fragen, die Sie sich stellen sollten, ehe Sie etwas kaufen 205

Schritt 5: Machen und Reparieren 209
Seien Sie Produzentin und keine Konsumentin 211
Reparieren Sie es! 216
50 Dinge, die wir selber machen 218
Wir laden Sie ein, zu machen und zu reparieren 248

Schritt 6: Teilen und Leihen 251
Schaffen Sie sich Ihre Teilokratie 255
50 Dinge, die wir teilen 270
50 Dinge, die wir verleihen und ausborgen 287
Wir laden Sie ein, zu teilen und zu leihen 303

Schritt 7: Dankbarkeit 305
Das höchste Geschenk 309
Wir laden Sie ein, Dankbarkeit auszudrücken 313

Nur der Anfang: Kaufen Sie nichts fürs Leben 316
Teilen Sie Ihre Erfahrungen 316
Fangen Sie immer wieder von Neuem an 318
Bringen Sie sich dazu, nichts mehr zu kaufen 319
Kaufen Sie mit Achtsamkeit 322

Eine Zukunftsvision 326
Schenk-Netzwerke als Hilfsorganisationen 327
Die Erde retten: Gleichzeitig geben, bitten und teilen 332
Miteinander teilen in der realen Welt 333

Danksagung 336

Anhang 341
Überdenken Sie Ihren Müll 341
Wiederverwertbares 343
Papier 344
Polyethylen 346
Lebensmittel und organisches Material 347

Anmerkungen 352

Register 361

Einführung

Wie wir dazu kamen, weniger zu kaufen und mehr miteinander zu teilen

Unsere Geschichte beginnt an einem klaren Tag Mitte Dezember. Es war einer der seltenen Momente ohne Winterstürme, an einem unberührten Strand nicht weit von unserer Stadt an der pazifischen Nordwestküste.

Die fahle Wintersonne stand tief am Himmel. Wir gingen mit unseren Kindern am Strand entlang und beobachteten vier Paar winzige nackte Füße dabei, wie sie durch den Sand stapften. Obwohl wir Winterkleidung trugen, war es doch schon so warm, dass die Kinder ihre Schuhe im Wagen lassen konnten – eine willkommene Befreiung von ihren Wollsocken und Gummistiefeln. Auf Zehenspitzen schlichen sie barfuß über das am Ufer angeschwemmte Gewirr aus riesigen Douglasien- und Thuja-Treibholzstämmen, als balancierten sie auf einem Drahtseil und führten spielerisch eine Zirkusnummer vor. Das Wasser hier war kalt und tief, mit einer starken Strömung und schaumgekrönten Wellen zwischen uns und den im Dunst liegenden Umrissen der Hügel von Seattle jenseits der Salish Sea.

Wir – Liesl und Rebecca – waren seit einem Jahr enge Freundinnen, und unsere Kinder im Alter von vier bis sieben Jahren waren meist unzertrennlich und verbrachten ihre Zeit damit, die Natur zu erforschen. Ihr Wunsch nach Erkundung der Gegend führte uns zu den wildesten Inselküsten, die wir nach der Schule mit dem Auto erreichen konnten. Rebecca ist alleinerziehende Mutter mit zwei Töchtern, Ava und Mira. Sie ist Bloggerin, Social-Media-Beraterin und kommt aus einer Familie von Umweltaktivisten und -politikern. Liesl ist Dokumentarfilmerin, deren Kamera auf modernste Wissenschaft und Forschung gerichtet ist; sie arbeitet für *NOVA* und *National Geographic*. Viele ihrer zahlreichen Projekte beinhalten das Reisen mit ihren beiden Kindern Finn und Cleo und ihrem Ehemann Pete Athans. Angesichts unserer gemeinsamen Liebe zu Abenteuern und zur Natur wurden Ausflüge zu winterlichen Stränden ganz normal für uns, und dieser Ausflug im Dezember gehörte ebenfalls in diese Kategorie, bis Finn sich einen Splitter einfing. Das war die Kehrseite von Strandspaziergängen mit bloßen Füßen. Liesl entfernte den ärgerlichen Stachel, ehe Tränen die gute Stimmung an diesem Tag verderben konnten, doch wir sahen, dass da noch etwas anderes unter Finns Füßen klebte … etwas, das dort nicht hingehörte: Winzige weiße Schaumstoffkugeln und kleine bunte Plastikstückchen steckten zwischen seinen Zehen.

Als wir den Sand unter unseren Füßen genauer betrachteten, fanden wir ein paar Plastikscheiben mit einem Durchmesser von drei Millimetern. (Später erfuhren wir, dass man dies als Kunststoffgranulat bezeichnet, ein industrielles Ausgangsmaterial für alle Kunststoffprodukte). Bald zeigte sich, dass diese Plastikscheiben einen alarmierend großen Anteil des Strandes an diesem Tag bedeckten. Als die Kinder an den Baumstämmen entlangrannten und vor Freude über ihr neu entdecktes Spiel, den »Plastiksand« nicht mit den Füßen zu berühren, laut kreischten, schauten wir uns an, was sich sonst noch mit dem Sand, den Muscheln, dem Treibholz und dem Seegras um uns herum vermischte. Wir fanden größere Plastikreste, die noch verstörender waren: Spritzen, einen grün gekleideten Plastiksoldaten, den Finn gerne in seine Sammlung aufnahm, Kaffeerührstäbchen, ein PVC-Rohr, Stifte, wie Cleo sie zu Hause hatte, Lichtschalterabdeckungen, einen Polyester-Helium-Geburtstagsballon wie der, den Ava auf der Party eines Freundes verloren hatte, als er letzte Woche aus ihrer Hand davonflog, Feuerzeuge, eine leuchtend gelbe Baby-Spielzeugpuppe, so wie Mira ihrer Erinnerung nach früher eine hatte, ferner Autostoßstangen und Tampon-Einführhilfen – alles Dinge aus unserem täglichen Leben, alle aus Kunststoff und alle an unsere Küste gespült.

Natürlich war das Plastik die ganze Zeit schon da gewesen. Und als wir es sahen, konnten wir es nicht mehr ungesehen machen. Alle diese Gegenstände, die Dinge, die wir jeden Tag benutzten und auf die wir uns verließen, hatten den Weg zu unseren Stränden gefunden und lagen offen vor aller Augen herum. Eigentlich bedeckten sie nicht den Strand; sie waren vielmehr zu einem Teil von ihm geworden.

Wir betrachten jenen Tag als den Beginn unseres »Buy Nothing«-Abenteuers – zwei Jahre vor unserer Grundsteinlegung zu dem immer wirkungsvolleren »Buy Nothing«-Projekt, das jetzt mehr als eine Million Mitglieder zählt und ganz erstaunliche 6000 Freiwillige umfasst. Wir sind über eine scheinbar kleine Inselgeschichte gestolpert, die aber in Wahrheit ein großes, globales Problem umfasste und uns deshalb dazu inspiriert hat, einen gesellschaftlichen Wandel anzustoßen, um etwas gegen die ausufernde Verschwendung und das Plastik in unserer Umwelt zu tun.

Was bedeutet es, nichts zu kaufen? Einfach ausgedrückt ist es eine Philosophie, die davon ausgeht, dass der Schlüssel zu einem erfreulichen, sinnvollen und reichhaltigen Leben auf einem gesunden Planeten darin liegt, jede mögliche Alternative zu erwägen, ehe man etwas kauft, das man haben will oder braucht. Diese Philosophie haben wir durch das »Buy Nothing«-Projekt mit Leben erfüllt. Konkret handelt es sich hierbei um ein soziales Kollektiv aus lokalen Schenk-Ökonomien – eine Alternative zur Marktwirtschaft, von der die meisten von uns abhängen –, wobei Nachbarn mit Nachbarn teilen. Das heißt, die Mitglieder »bitten« um das, was sie haben wollen, anstatt es zu kaufen, und andere Mitglieder »verschenken« ihre wenig gebrauchten Gegenstände, anstatt sie wegzuwerfen. Was vor ein paar Jahren als eine Offenbarung am Strand begann, haben seither viele Menschen in Dutzenden Ländern umgesetzt: Sie haben ihre Sachen und Talente vor Ort geteilt und bereitwillig unnötiges Konsumverhalten vermieden. Doch nichts zu kaufen bedeutet uns noch viel mehr.

Nichts zu kaufen bedeutet eine Änderung unserer Geisteshaltung. Es ist eine Erinnerung daran, dass in dem alten Sprichwort »Des einen Müll ist des anderen Schatz« eine große Wahrheit liegt; dass es wertvoll ist, einem einst geliebten, jetzt aber ungenutzten Gegenstand ein neues Zuhause zu geben, anstatt ihn auf dem Dachboden oder in der Garage zu lagern oder noch schlimmer in den Mülleimer zu stopfen. In gewissem Sinn ist das Nichts-Kaufen eine Rückwendung zum Leben unserer Großeltern, zu der Art und Weise, wie die Menschen vor One-Click-Shopping lebten, als sie einen Nachbarn ansprachen, wenn ihnen der Zucker oder das Benzin für den Rasenmäher ausgegangen war.

Bei vielen von uns hat der Wunsch, mehr zu wollen, als wir brauchen, eine gewisse Unzufriedenheit bewirkt. Wir haben die Zeiten vergessen, als die Frauen oft das Brautkleid der Mutter oder Großmutter trugen. Wir haben vergessen, wie die Dinge damals gehandhabt wurden. Unser Appetit auf mehr kostet uns ein Vermögen, was sowohl unseren Geldbeutel als auch die Umwelt belastet. Als wir das langlebige Plastik an unserer Küste entdeckten, war dies für uns ein Augenöffner, ein dringender Weckruf, etwas zu tun, ganz gleich, was, um eine Diskussion über unsere Kaufgewohnheiten in Gang zu bringen und damit den ständig wachsenden Trend zur Plastik-Verschmutzung auf der Erde umzukehren.

Manche Zeitgenossen meinen vielleicht, dass sich unser Traum vom sozialen Wandel verwirklicht hat: Wir haben eine weltweite soziale Bewegung des großzügigen Gebens und Bittens, Empfangens und Teilens auf den Weg gebracht. Alles ist kostenlos und ohne Bedingungen. Das »Buy Nothing«-Projekt hat sich langfristig etabliert, und die positiven Nebenwirkungen machen süchtig. In dieser neuen Weltanschauung – einer Sharing Economy, einer auf dem Teilen beruhenden Wirtschaft – profitieren alle, und jeder kann mitmachen: Minimalisten, Maximalisten, Verschwender, Community Builder und Umweltschützer gleichermaßen. Unser »Buy Nothing«-Experiment – vorgestellt in der *Washington Post*, im Mother-Nature-Netzwerk, auf Grist, auf Yahoo News, in der *New York Times*, bei der Australian Broadcasting Company, der japanischen Rundfunkgesellschaft NHK, auf CBC News, in der *South China Morning Post* und bei NPR – ist ein effektives, modernes Modell für eine Schenk-Ökonomie, für ein System, in dem Waren und Dienstleistungen in Form wirklicher Geschenke vergeben werden, ohne dass eine Belohnung erwartet wird, also ohne Gegengeschäft, Handel oder Verkauf. Hier findet *wirkliches* Teilen statt, und vor allem hat niemand einen Vorteil gegenüber anderen. Jeder Teilnehmer erwirbt durch seine Handlungen soziales Ansehen, und jeder erntet, was er sät.

Vielleicht haben Sie sich bereits mit der »Buy Nothing«-Mentalität vertraut gemacht oder sich an einer der vielen richtungsweisenden »Sharing Economies« beteiligt, wofür Unternehmen wie Uber, Lyft, Airbnb und Vrbo den Grundstein gelegt haben. Menschen auf der ganzen Welt teilen miteinander ihre Häuser und Autos, bauen Tiny Homes, leihen in städtischen Bibliotheken aus und finden auch sonst Wege, um die Ressourcen, die sie besitzen, miteinander zu teilen. Ein

Großteil dieser »Wirtschaft des Teilens« fungiert immer noch als Teil der Marktwirtschaft: So wird etwa für Uber-Fahrten und Airbnb-Ferienwohnungen Geld gezahlt. »Buy Nothing« bietet Ihnen die Möglichkeit, diese Denkweise zu erweitern, sodass Sie geben und empfangen, ohne Geld auszugeben.

Dieses Buch ist eine Einladung an Sie, sich uns anzuschließen, egal, welchen Standpunkt Sie gerade in Bezug auf das Nichts-Kaufen einnehmen. Wir glauben, dass wir allesamt mehr persönliches Glück, belastbarere Gemeinschaften und einen gesünderen Planeten gewinnen können, indem wir die Dinge kreativ teilen, die wir im Überfluss besitzen. In diesem Buch geben wir Ihnen die Schritte dazu an die Hand. Sie brauchen dafür nur Ihren guten Willen und das gesunde menschliche Verlangen, sich mit anderen Menschen in Ihrem Leben zu verbinden. Um Sie dazu anzuregen, erzählen wir in diesem Buch viele Geschichten über das Geben und Teilen. All diese Geschichten sind wahr, wobei wir einige Namen und Orte zum Schutz der Privatsphäre geändert haben.

Wir alle kennen die drei Alternativen zum Konsum: Reduzieren, Wiederverwerten, Recyclen. Wir haben sie um einen weiteren, wichtigen Begriff ergänzt: Ablehnen.

Lassen Sie uns damit aufhören, immer weiter zu kaufen, versuchen wir stattdessen, mehr zu teilen. Dieses Buch ist eine

Anleitung, um genau das zu erreichen. Es soll Ihnen helfen, weniger neu hergestellte Güter zu konsumieren und dafür den Überfluss zu teilen, in dem wir bereits leben. Wir alle kennen die drei Alternativen zum Konsum: Reduzieren, Wiederverwerten, Recyclen. Wir haben sie um einen weiteren, wichtigen Begriff ergänzt: Ablehnen.

Im Juli 2013 haben wir unsere erste örtliche Schenk-Ökonomie in unserer Heimatstadt Bainbridge Island, Washington, acht Meilen von Seattles Fähranleger in der Innenstadt, ins Leben gerufen. Wir gründeten eine Facebook-Gruppe für unsere Inselbevölkerung, die 23 000 Menschen zählt, und nannten sie Buy Nothing Bainbridge. Diese Gruppe schwirrte geradezu vor Aktivität, nachdem die Mitglieder schnell erkannt hatten, dass das Nichts-Kaufen nicht nur einen überzeugenden Lebensstil darstellt, sondern auch ein zweckmäßiges Mittel ist, um seine Nachbarn kennenzulernen. Bis zum Ende des Sommers hatten wir elf weitere »Buy Nothing«-Projekt-Gruppen gegründet, und bis zum Neujahrstag hatten wir 79 lokale Schenk-Ökonomien gestartet, die sich auf fünf US-Staaten erstreckten, von denen jede die gleiche simple Aufgabe hatte: die Mitglieder dazu zu ermutigen, mehr mit den Menschen zu teilen, die in ihrer unmittelbaren Nähe wohnen. Diese Idee verbreitete sich sehr schnell.

Wir konnten beweisen, dass jeder »nichts kaufen« konnte, indem er um Geschenke bat, ehe er einkaufen ging, und Geschenke anbot, anstatt Dinge zu horten oder wegzuwerfen. Jemand in der Nähe besitzt wahrscheinlich genau das, was Sie suchen. Die Mitglieder teilten sich alle möglichen Dinge und Dienstleistungen: Bücherregale, Kinderwagen, Hausputz, Ziegelsteine, Laptops, Brotbackautomaten, Haarschnitte und Kanus. Eines der ersten Dinge, das weitergegeben wurde, war eine Feder, mit der die Innenseite eines Toilettenpapierrollenhalters fixiert werden konnte. Irgendjemand hatte diese Feder mehr oder weniger als Witz gepostet, aber ein anderer brauchte sie gerade, und wir alle begriffen, dass die Weitergabe solch eines scheinbar zufälligen, aber sehr nützlichen Gegenstandes belegte, dass wir uns umeinander kümmern. Jeder von uns hatte Dinge, die andere brauchten oder gerne haben wollten, kleine und große, und die Freude am Teilen dieser Dinge war immer die gleiche, unabhängig von der Art des Gegenstandes. Wir hatten gehofft, dass die Facebook-Gruppen dabei helfen würden, Müll zu verringern, was auch der Fall war. Aber es gab noch einen weiteren, unerwarteten Nutzen: Die Nachbarn lernten einander kennen, Gemeinschaften wurden gestärkt, neue Freundschaften entstanden. Dank vieler solcher Aktionen, die von Herzlichkeit getragen waren, verbreitete sich »Buy Nothing«, unsere Initiative, nichts zu kaufen, wie guter Klatsch.

Wir haben festgestellt, dass es in einer gesunden Schenk-Ökonomie drei grundlegende Aktionen gibt, die dazu dienen, das soziale Gefüge jeder Gemeinschaft zu stärken: das Geben selbst, die Bitte um eine Gabe und der Ausdruck von Dankbarkeit. Diese drei Aktionen bilden die Grundlage des »Buy Nothing«-Projekts, und alle lokalen Gruppen bestärken die Mitglieder, einen nicht mehr benötigten Gegenstand zu »verschenken«, sich etwas zu »wünschen«, das sie gerne haben wollen oder brauchen, und mit »Dankbarkeit« zu posten, dass der alt-neue Gegenstand ein neues Zuhause und einen neuen Zweck gefunden hat.

Hier ein paar Geschichten, die wir aus verschiedenen »Buy Nothing«-Gruppen gehört haben: Eine Frau, die im Winter eine Chemotherapie beginnt, bittet um Hilfe bei ihrer Gartenarbeit und hat dafür frisches Gemüse anzubieten, das gegessen werden kann. Sie findet zudem neue Freunde, die dieses Gemüse gemeinsam mit ihr essen, als im Frühling ihr Appetit wiederkommt. Eine alleinstehende bejahrte Mitbürgerin bittet um einen Wagen, auf dem sie ihren älteren Hund bei ihren Spaziergängen in der Nachbarschaft ziehen kann, und bekommt dafür den passenden Untersatz. Babykleidung wandert von Familie zu Familie, ein funktionierender Kaffeeautomat mit einer kaputten Kanne erhält eine einwandfreie Kanne, die von einer kaputten Kaffeemaschine stammt, gerade mal zwei Blocks entfernt. Die Aktion einer Schule für Socken für Obdachlose führt dazu, dass Tausende von einzelnen Socken wieder zu Paaren ergänzt werden. Eine junge Frau, die sich von einer Essstörung erholt, bittet andere Menschen, sie jede Woche in einem örtlichen Café zu treffen und dort Scrabble mit ihr zu spielen, damit sich ihr Körper nach dem Essen entspannen kann. Nachbarn, die dabei mitmachen, werden zu Freunden, die ihre Genesung mit wöchentlichen Spielen feiern. Aus Häusern von Menschen mittleren Alters, deren Kinder ausgezogen und die nun voller überflüssiger Sachen sind, wandern diese Sachen in die Häuser von Frischvermählten, die gerade ihren gemeinsamen Lebensweg beginnen.

Bräute finden Hochzeitskleider, ältere Menschen Spielpartner für eine Partie Pachisi.

Wir haben uns über die Kreativität gefreut, die die Mitglieder in das Konzept einbringen. Sie haben Saatgut-»Tauschbörsen«, Verleihe für Geschirr, Gläser und Besteck zur Bewirtung größerer Menschenmengen und Werkzeugverleihe eingerichtet. Sie treffen sich, um Bücher zu tauschen und zu teilen, bieten Häkelgarn, ihr Fachwissen beim Pilzesammeln und der Nahrungsbeschaffung an. Sie geben Kleidung und Rezepte weiter, unterrichten in Kochkursen, treffen sich zu Ausflügen zur Obsternte, organisieren kostenlose »Geschäfte« mit Halloween-Kostümen und Festtagsgeschenken. So reduzieren sie nicht nur ihre Einkäufe, sondern entdecken auch den uralten Wert des Teilens wieder, da jedes Geschenk eine Geschichte hat, was wiederum die Verbindung von Menschen und ihrer Geschichten stärkt.

Das Geheimnis hierfür? Es muss sichergestellt sein, dass jedes Geschenk frei und ohne jede Erwartung einer Gegengabe angeboten wird.

Ständig bilden sich neue Gruppen. Ständig antworten wir auf Bitten von Fremden, die sich wegen Hilfe bei der Gründung örtlicher Schenk-Gruppen an uns wenden. Wir bieten ihnen ein Training an, wie man zum empathischen Leiter einer sozialen Online-Gruppe werden kann, wie sie ihre örtliche Gruppe ausbauen und betreuen können. Wir versorgen sie auch mit Regeln, Bildern und Anleitungen, die alle frei produziert und weitergegeben werden, und bieten regionale und globale Unterstützungsnetzwerke mit Freiwilligen, die

Fragen beantworten und bei der Gründung neuer Gruppen helfen. Nichts-Kaufen funktioniert am besten in Gruppen, die nur auf einen Ort begrenzt sind. Daher empfehlen wir, dass Gruppen sich um Nachbarn bilden, die einander leicht erreichen können. In ländlichen Gebieten sieht das zwar anders aus als in der Stadt, aber es ist sehr hilfreich, wenn die Gruppen mit bereits bestehenden Nachbarschaftsstrukturen einhergehen und nicht mehr als 1000 aktive Mitglieder haben. (Das Optimum liegt bei etwa 500 Mitgliedern.)

Heute, sechs Jahre später, gibt es mehr als 4000 lokale »Buy Nothing«-Schenk-Ökonomien auf sechs Kontinenten. Darunter befinden sich alle 50 US-Bundesstaaten, alle Bundesstaaten Australiens und alle kanadischen Provinzen. Wir sind stolz darauf, dass es keinerlei bezahltes Personal gibt. Herz und Seele des Projekts sind Tausende von Freiwilligen, die ihre Zeit und ihr Fachwissen zur Verfügung stellen, um die Gruppen aufzubauen und zu unterstützen. Das »Buy Nothing«-Projekt ist ein globales Netzwerk örtlicher Schenk-Ökonomien, basierend auf einer Ökonomie, die aus echten Menschen besteht, aus Freiwilligen und Mitgliedern, die glauben, dass das Teilen einen Wert hat. Die Menschen kaufen massenweise »nichts«.

Obwohl dieses Buch durch das »Buy Nothing«-Projekt inspiriert wurde, geht es über die sozialen Gruppen hinaus, bietet vielmehr neue Vorschläge, wie wir alle teilen können – wie man »nichts kaufen« kann –, in sämtlichen gesellschaftlichen Verhältnissen, mit oder ohne das World Wide Web. Wir geben praktische Ratschläge, was geteilt werden kann, was wir nicht kaufen sollten. Wir erklären, warum diese »Buy Nothing«-Aktionen eine positive Auswirkung auf die Umwelt haben werden und, vielleicht am wichtigsten, wie man durch eine fast schon altmodische Freundlichkeit und Dankbarkeit mehr gleichgesinnte Gebende und Empfangende gewinnt. Wir hoffen, dass Sie dieses Buch wie ein Arbeitsbuch verwenden, wobei Sie die Ränder und Leerzeilen benutzen können, um Ihre eigenen Ideen und Erfahrungen zu notieren. Wenn Sie erst einmal in Ihrem Exemplar die Ideen und Gedanken aufgeschrieben haben, werden Sie das Buch hoffentlich weitergeben und andere Menschen dazu ermutigen, das Gleiche zu tun. Ihr Buch kann ein lebendiges Dokument sein, ähnlich wie die mit Eselsohren versehenen Kochbücher unserer Mütter mit ihren Notizen und Kritzeleien über besondere Anlässe, bei denen bestimmte Rezepte genossen wurden, oder Anmerkungen, hier und da weitere Gewürze hinzuzufügen. Wir würden uns freuen, wenn unser Buch ein Geschenk mit den gesammelten Weisheiten aller seiner Leser würde.

Vor allem möchten wir, dass Sie bei diesem Erlebniskurs des Nichts-Kaufens selbstbestimmt vorgehen und Spaß haben. Haben Sie Sinn für Humor und akzeptieren Sie sich selbst. Dies ist weder eine Übung in Perfektionismus noch eine in Selbstverleugnung oder Verzicht. Man kann beim Nichts-Kaufen nicht »scheitern«. Es ist eine Philosophie, die erforscht und zum Leben erweckt werden soll – auf eine sich ständig ändernde Weise. Sie arbeitet für Sie, wo immer Sie sich in Ihrem Leben gerade befinden. Feiern Sie Ihre Erfolge, egal, wie klein sie scheinen, und denken Sie daran, dass unser siebenstufiger Weg Ihr Leben verbessern soll. Wenn einer unserer Vorschläge Ihnen nicht hilft, legen Sie ihn auf jeden Fall beiseite. Vielleicht möchten Sie die einzelnen Schritte auch erst einmal durchblättern, um zu sehen, was auf Sie zukommt. Vielleicht mögen Sie den Überraschungseffekt lieber, nämlich jede Herausforderung zu nehmen, wie sie kommt. Sie können jedem Schritt einen Tag, eine Woche oder noch mehr Zeit widmen. Legen Sie Ihr eigenes Tempo fest und nehmen Sie den nächsten Schritt erst dann in Angriff, wenn Sie sich dafür bereitfühlen. Es gibt keinen falschen Weg, sich diesem Buch und dem darin enthaltenen Aktionsplan zu widmen. Wir ermutigen Sie, Ihren eigenen Kurs zu bestimmen, während Sie Ihre eigene »Buy Nothing«-Mentalität und die entsprechenden Gewohnheiten entwickeln. Und natürlich hoffen wir, dass Sie dieses Buch und das, was Sie daraus gelernt haben, mit anderen Menschen teilen werden.

Obwohl wir beide sehr unterschiedliche Lebenserfahrungen gemacht haben, hat doch das, was jede von uns gelernt hat, uns zu derselben Wahrheit geführt: In ein lokales Tausch-Netz verwoben zu sein, wo jede von uns eine wichtige Rolle spielt, ist weit erfüllender als das einsame Horten von Sachen für unseren eigenen privaten Gebrauch. Wir glauben, dass das gute Leben, das wir suchen, eher im Überfluss des Teilens liegt, dass praktizierte Großzügigkeit sinnstiftend für unser Leben ist, dass die größte Sicherheit, die wir in Zeiten des Mangels verspüren, von der Verwurzelung in einer Kultur des Gebens herrührt, in der wir gerne und reichlich geben und voneinander empfangen, ohne jegliche Scham oder irgendwelche Bedingungen.

**Alles zu kaufen trennt uns;
nichts zu kaufen verbindet uns miteinander.**

Vielleicht sind Sie der Meinung, dass wir einen zu starken Akzent auf eine alternative Lebensweise legen, bei der das Kaufen als letzte Option im Pantheon der Entscheidungen gilt, die wir jeden Tag in unseren Städten treffen. Doch alles zu kaufen trennt uns voneinander; nichts zu kaufen verbindet uns. Wir möchten einen sozialen Wandel herbeiführen. Deshalb rufen wir Sie dazu auf, mit dem Kaufen aufzuhören. Das muss nicht schmerzhaft sein oder Ihnen das vorenthalten, was Sie lieben. Wir glauben vielmehr: Wenn Sie die in diesem Buch beschriebenen Schritte versuchen, werden Sie sehen, dass man mit Nichts-Kaufen so ziemlich alles erreichen kann.

Warum es besser ist, nichts zu kaufen

Wie also sind wir vom Splitter im Fuß eines Kindes am Strand dazu gekommen, ein globales Experiment zu starten, um mehr miteinander zu teilen? Natürlich ist alles zurückzuführen auf Plastik.

Nach diesem Tag am Strand wurden wir zu Frauen mit einer Mission. Mit unseren Kindern im Schlepptau umsegelten wir Bainbridge, die kleine Insel im Puget Sound und unsere Heimat, um noch mehr über den kontinuierlichen Zustrom von Plastik zu erfahren. Wir bargen ganze Wagenladungen Plastikabfall, der mit jeder Flut an die Ufer gespült wurde. Wir sammelten Plastikbrocken von der Größe eines VW-Käfers, kleine Stücke von der Größe einer Mikrofaser und alles, was größenmäßig dazwischenlag.

Wir verbohrten uns regelrecht in die Herkunft des Plastiks am Strand und brauchten drei Jahre, bis wir die Ufer der Gegend gesäubert und alle Arten von Haushaltsplastik wie Eimer, Zahnbürsten, Strohhalme, Luftpolsterfolie, Reißverschlussbeutel, Verpackungen von Erdnüssen, Styropor-Fleischpackungen oder die allgegenwärtigen Plastikwasserflaschen einschließlich ihrer Verschlüsse katalogisiert hatten. Als Bürgerinnen wurden wir zu Wissenschaftlerinnen, die sich um die Beantwortung der entscheidenden Frage bemühten: *Woher stammten die Kunststoffe, die unsere Strände und Gewässer verunreinigen*?

Das Plastik-Zeitalter

Natürlich stammten sie von uns allen – aus unseren Häusern und Gärten, von Autos, Parkplätzen, Arbeitsstellen, Schulen und Restaurants. Wenn etwas aus Plastik war und einer von uns aus Bainbridge es gekauft hatte, sahen wir es mit hoher Wahrscheinlichkeit eines Tages wieder, nachdem es auf unsere Insel gespült worden war. In jenem Sommer betrachteten wir unsere kleine Insel als einen Mikrokosmos der Welt. Durch unsere Beobachtungen konnten wir bestätigen, dass Plastik ewig hält. Es ist nicht biologisch abbaubar. Es zerfällt in immer kleinere Stücke, die so klein sind, dass in weiten Teilen unserer Ozeane das Mikroplastik – laut der National Oceanic and Atmospheric Administration winzige Plastikteile, die »weniger als fünf Millimeter lang sind (also ungefähr so groß wie Sesamsamen)«[1] – das Zooplankton überwiegt, jene winzigen Meereslebewesen, die die Hauptnahrungsquelle für viele Meerestiere darstellen, und zwar im Verhältnis von sechs zu eins.[2] Es gibt zweierlei Zersetzungsprozesse, die

Interesse verdienen. Der erste besteht in der Zerlegung großer Gegenstände in Mikroplastik. Dies ist bedeutungsvoll, denn je kleiner das Stück wird, desto wahrscheinlicher wird es von Meereslebewesen gefressen und gelangt so in die Nahrungskette. Wir haben selbst erlebt, wie Kunststoffe, die als komplette Gegenstände in die Umwelt gelangen, in kurzer Zeit zu Mikroplastik werden können, wenn sie Kräften wie Schiffen, Sonnenlicht und Wellen ausgesetzt sind. Ein Kugelschreiber, der aus einer Tasche fällt und dann von einem Auto überfahren wird, wird auf dem Weg zum nächstgelegenen Gewässer von einem ganzen Gegenstand zu winzig kleinen Splittern, nachdem er unter einen Reifen geraten ist. In wenigen Wochen wird eine Einkaufstüte aus Plastik, die der Wind vor sich hertreibt, in kleine Schnipsel verwandelt, die Algen ähneln, nachdem sie durch Sonnenlicht und Äste weiter zersetzt wurden. Oder ein Ballon kann die Luft verlieren und danach in eine Art Flocke mit Tentakeln zerfallen, die einer Qualle ähnelt. Wenn Kunststoffe einmal von den Naturkräften erfasst werden, die sogar Felsen am Strand und Muscheln glattschleifen, nehmen sie organische Formen an, die das menschliche Auge und das der Meereslebewesen täuschen. Größere, noch vollständigere Plastikmüllstücke werden ein hungriges Tier nicht täuschen; sie sind zu groß, um von einem Filtrierer aufgesaugt zu werden. Doch es dauert gar nicht lange, bis viele Plastikgegenstände ihre ursprüngliche Form verlieren und zu Mikroplastik zerfallen, das dann mit größerer Wahrscheinlichkeit von Meereslebewesen aufgenommen wird. Man schätzt, dass der gesamte Prozess der Photodegradation von Mikroplastik, der Veränderung von Werkstoffen durch den Einfluss von Licht, im Falle einer Plastikflasche 450 Jahre und mindestens 600 Jahre bei einer Plastikangelschnur dauert.[3] Plastik ist heute der Hauptverursacher der Meeresverschmutzung; es umfasst 60 bis 80 Prozent des vom Menschen verursachten Abfalls in den Ozeanen weltweit, und 90 Prozent aller schwimmenden Partikel bestehen aus Plastik.[4]

Wir begannen ein monatelanges Forschungsprojekt, durchkämmten jede Küste, die wir erreichen konnten, und gingen jeden Strand und jedes Wassereinzugsgebiet in unserer Gegend ab. Jeder starke Regen förderte noch mehr Strohhalme, Brotetiketten und Feuerzeuge zutage: Sie trieben stromabwärts in die Flussmündungen und aufs Meer hinaus. Wir dokumentierten den gesamten Müll aus erster Hand, mit Videos und Fotos. Wir erstellten Tabellen, in denen Gegenstände, Orte und Daten aufgelistet sind, um die in unserer unmittelbaren Umgebung angesammelten Plastikabfälle im geografischen Raum zu erfassen: von der Wildnis bis hin zur städtischen Umgebung. Wir haben uns über Karten und Daten den Kopf zerbrochen.

Wir kamen zu der Erkenntnis, dass Plastik vom ursprünglichen Verbraucher, wo auch immer er sich befindet, zu den Wassereinzugsgebieten und Wasserwegen wandert und schließlich ins Meer gelangt. Die meisten Kunststoffe werden über das städtische Abflusssystem durch Regenwasserkanäle, Wassereinzugsgebiete und Abwässer in unsere Gewässer transportiert. Angesichts von fast neun Millionen Tonnen Kunststoff pro Jahr, die in unsere Meere gelangen, wird schätzungsweise bis zum Jahr 2050 mehr Plastik als Fisch in unseren Ozeanen vorhanden sein.[5]

Kein Strand auf unserem Planeten ist frei von Plastik, und nur wenige Flüsse sind ohne Plastikreste, ja, unser Land selbst quillt über vor Plastik, auch an den Orten, wo man es am wenigsten erwartet. Unsere sogenannten Ökogärten sind voller Plastik – organischer Kompost, der von Kompostieranlagen verkauft wird, ist oft durchsetzt mit Mikroplastik, wie etwa mit Fäden von zerrissenen Kunststofftaschen. Mit anderen Worten: Wir haben ein sehr ernstes Kunststoffproblem.

Im Meer schwimmende Kunststoffe wirken als Lockmittel für schwer abbaubare organische Schadstoffe wie DDT und PCB, indem sie diese giftigen Chemikalien adsorbieren, also an der Oberfläche anreichern. Diese werden dann auf lebende Organismen übertragen und erhöhen ihre Toxizität, wenn sie sich auf ihrem Weg an die Spitze jeder Nahrungskette bioakkumulieren, also sich in einem Organismus anreichern.

Eines der wenigen Forschungslabors, das Mikrokunststoffe in der Umwelt untersucht, ist im Center for Urban Waters in Tacoma angesiedelt, nur sechzig Meilen von Bainbridge entfernt. Anlässlich einer Konferenz über Mikroplastik hat der wissenschaftliche Direktor des Instituts, Dr. Joel Baker, dargelegt, was die Forschung bisher weiß:[6]

- Abgesehen von den kleinen Plastikstücken, die im Laufe der Zeit in Mikrokunststoffe zerfallen, wozu auch die Mikrofasern aus unserer Kleidung gehören, sind Körperpflege- und Kosmetikprodukte eine weitere allgemein anerkannte, wichtige Quelle für Mikroplastik. Diese Produkte verwenden Mikroperlen und Glitzer in Schminke, Peelings, Körperlotionen, Zahnpasta und Gesichtscremes.[7] Erst vor kurzer Zeit haben Wissenschaftler erkannt, dass Mikroplastik, so klein es auch ist, eine langfristige Bedrohung für die Meeresnahrungskette darstellen kann, weil die Meereslebewesen die winzigen Kunststoffe mit Nahrung verwechseln. Plastikabfall bedroht weltweit mindestens 800 verschiedene Arten, darunter die Hälfte aller Meeresschildkröten und 60 Prozent unserer Seevogelarten,[8] und tötet jedes Jahr 100 000 Meeressäuger.[9]
- Im Meer schwimmende Kunststoffe wirken als Lockmittel für schwer abbaubare organische Schadstoffe wie DDT und PCB, indem sie diese giftigen Chemikalien adsorbieren. Diese werden dann auf lebende Organismen übertragen und erhöhen ihre Toxizität, wenn sie sich auf ihrem Weg an die Spitze jeder Nahrungskette bioakkumulieren.[10] Laut Merriam-Webster bezeichnet die Adsorption »die aufgrund von intermolekularen Kräften stattfindende Anlagerung von Gasen oder gelösten

> Stoffen an der Oberfläche eines Festkörpers, mit dem sie in Kontakt kommen«. Nicht nur schwimmt Plastik überall im Ozean, sondern wirkt zudem wie ein Magnet für eklige Schadstoffe – für die Chemikalien, die den Kunststoffen anhaften und sie umhüllen. Schlimmer noch: Die Wissenschaftler können nun beweisen, dass man das Plastik und die Chemikalien, die es adsorbiert, in den Mägen von Seevögeln sowie den Fischen und Schalentieren findet, die wir Menschen verzehren.[11]

Als Gesellschaft befinden wir uns mitten im Plastik-Zeitalter, wie einige Wissenschaftler es nennen. In den vergangenen dreizehn Jahren haben wir ebenso viel Plastik hergestellt wie im gesamten vergangenen Jahrhundert. Über welche Menge an Plastik sprechen wir? Ein Artikel im *Telegraph* fasste eine Studie von Forschern der University of Georgia und der University of California folgendermaßen zusammen: »Seit den 1950er Jahren wurde Kunststoff mit einem Gewicht von umgerechnet einer Milliarde Elefanten produziert … bis 2015 hatte die Menschheit 8,3 Milliarden Tonnen Kunststoffe erzeugt, und 6,3 Milliarden Tonnen wurden zu Abfall. Nur 9 Prozent der Kunststoffabfälle wurden recycelt, 12 Prozent wurden verbrannt, und 79 Prozent hatten sich auf Deponien oder in der Umwelt angesammelt. Wenn die aktuellen Trends anhalten, werden bis 2050 etwa zwölf Milliarden Tonnen Kunststoffabfälle auf Mülldeponien gelagert oder verschmutzen die Ozeane.«

Eine Infografik im selben Artikel bot weitere Vergleiche, die beim Visualisieren dieses Problems helfen. Wenn Sie

Schwierigkeiten haben, sich eine Milliarde Elefanten vorzustellen, versuchen Sie es mit 25 000 Empire State Buildings, 822 000 Eiffeltürmen oder 80 Millionen Blauwalen. Jede dieser Gruppen entspricht dem Gewicht des Plastiks, das bis 2015 hergestellt wurde, und der größte Teil davon wurde zu Abfall.[12]

Eine saubere Lösung

Als uns schmerzlich bewusst wurde, wie viel giftiges Plastik an unseren eigenen Stränden angespült wurde, machten wir es uns zur Aufgabe, das Bewusstsein dafür in unserer Gemeinschaft zu wecken. Wir gingen in die Klassenzimmer und informierten über das Abfallproblem, was den Schülern helfen sollte, ihren eigenen Abfall-Fußabdruck in der Schule und zu Hause zu verringern. Die Schüler schlossen sich uns bei unseren Strandsäuberungen an, zogen unser Tun allerdings zunächst in Zweifel, weil sie der Meinung waren, dass es an diesen Stränden, an denen sie aufgewachsen waren, gar keine Plastikabfälle gäbe. Ein Schüler nahm eine Kugel aus Seetang auf, breitete sie auf seiner Hand aus und ließ sie vor Schreck beinahe fallen, als er erkannte, dass es ein mit Grünalgen bedeckter Plastikbeutel war. Andere Schüler waren überrascht, als sie sahen, dass die knapp einen Meter langen schwarzen Röhren kein Bullentang waren, sondern PVC-Rohre. Aber warum lagen sie am Strand? Die schwarzen ovalen Gegenstände, die aussahen wie Muschelschalen, waren Feuerwerkskapseln aus Plastik,

Überbleibsel vom vierten Juli, dem amerikanischen Nationalfeiertag. Kleine weiße runde Skelettformen waren keine Fischwirbel, sondern Zigarettenfilter. Seegrasstränge entpuppten sich als Strohhalme und als Gehäuse von Füllern. Flaschenverschlüsse aus Kunststoff wirkten wie Muschelschalen, und in den flatternden Algensträngen entlang der Grenze zwischen trockenem und feuchtem Sand steckten tatsächlich Fetzen von Heliumballons, die bei örtlichen Feiern und Gedenkveranstaltungen losgelassen wurden. Diese pädagogische Arbeit mit den Schulen wirkte läuternd auf uns, aber wir wussten, dass wir noch mehr tun mussten, als nur auf örtlicher Ebene zu arbeiten; wir mussten unseren Horizont erweitern.

Wir mussten etwas tun, um entweder Antworten zu finden oder ein Teil der Lösung zu werden, weshalb wir darangingen, das Problem an der Wurzel zu packen: am Konsum. Die beste Lösung war, sich grundsätzlich zu weigern, weiterhin Kunststoffe zu kaufen. Wir begannen bei uns selbst und haben die Sache mit dem Null-Abfall-Shopping innerhalb weniger Monate auch ziemlich gut hinbekommen.

Doch die Verschmutzung unseres Landes und unserer Gewässer ist nur ein Teil des Plastikproblems. Treibhausgas-Emissionen sind ein weiteres. Eine Studie des Haushaltverbrauchs in 43 Ländern, 2016 im *Journal of Industrial Ecology* veröffentlicht, ergab, dass die Verbraucher für mehr als 60 Prozent der weltweiten Treibhausgas-Emissionen verantwortlich sind. Noch überraschender ist die Tatsache, dass vier Fünftel der Umweltschäden, die den Verbrauchern zugeschrieben werden können, keine »direkten Auswirkungen« sind, wie der Treibstoff, den wir beim Fahren unserer Autos oder beim Heizen unserer Häuser verbrauchen, sondern »sekundäre Auswirkungen«, also Umweltauswirkungen, die aus der Produktion der von uns gekauften Waren resultieren.[13]

Wir haben die Antwort gefunden, nach der wir gesucht haben: Wenn wir weniger verbrauchen, können wir unseren individuellen Kohlenstoff-Fußabdruck deutlich beeinflussen. Im Jahr 2014 produzierte der durchschnittliche Nordamerikaner 16,4 Tonnen Kohlendioxid.[14] Dies entspricht einer Kohlendioxidemission aus der Verbrennung von mehr als acht Kilo Kohle pro Person.[15] Wann immer wir eine Alternative zum Kauf eines nagelneuen Artikels finden, reduzieren wir dadurch unsere Auswirkungen auf die Umwelt auf zweierlei Weise: Bei der Produktion und dem Transport des Artikels zum Markt wird weniger Kohlendioxid emittiert, und ein Gegenstand weniger landet am Ende auf unseren Mülldeponien, in unseren Wassereinzugsgebieten und in den Meeren. Die führenden Klimawissenschaftler der Welt haben darauf hingewiesen, dass uns nur noch knapp zwölf Jahre Zeit bleiben, um die globale Erwärmung auf maximal 1,5 Grad Celsius zu begrenzen.[16] Gehen wir auch nur um ein halbes Grad über diesen Punkt hinaus, werden wir das Risiko von Dürre, Überschwemmungen und extremen Wetterereignissen wie Hitze, Wirbelstürmen und Waldbränden signifikant erhöhen, was für Hunderte Millionen von Menschen Armut bedeuten würde.

Das klingt schrecklich, ganz klar, doch es gibt für einen großen Teil des Problems eine einfache Lösung: Weniger zu konsumieren ist vielleicht der wirkungsvollste Schritt, den jeder von uns tun kann, um bei dieser Umweltkrise einzugreifen. Sinkender Konsum und die Annahme einer Lebensphilosophie, die mehr auf Schenken und weniger auf Kaufen ausgerichtet ist, müssen allerdings einen Nutzen abwerfen.

Die Psychologie des Konsums

Natürlich ist es, zumindest am Anfang, schwierig, nichts zu kaufen – manchmal hat es den Anschein, als ob wir Menschen so gepolt sind, dass wir kaufen müssen. Aber warum?

Wir haben viel Zeit darauf verwendet, mit Mitgliedern des »Buy Nothing«-Projekts zu sprechen und uns mit der Besessenheit von Dingen zu beschäftigen, der wir alle unterliegen. Warum ist es so schwer, sich von Gegenständen zu trennen, auch von solchen, die wir selten benutzen oder gar nicht mehr brauchen? Warum fühlen wir uns ständig gezwungen, immer mehr Dinge anzuschaffen, die über das hinausgehen, was ein einzelner Mensch braucht? Welche verborgenen Kräfte treiben unser kollektives Verlangen nach Dingen an?

Auf Grundlage genauer Beobachtung von Menschen und ihren Sachen in einigen »Buy Nothing«-Gruppen haben wir einige Theorien aufgestellt, die diese Fragen beantworten sollen. Es stimmt, wir werden durch mehr personalisierte Werbung angesprochen als je zuvor, und es stimmt auch, dass Social Media eine kontinuierliche Flut von Fotos bereithält, die kunstvoll arrangierte Dinge und das scheinbar perfekte Leben abbilden, das mit diesen Dingen einhergeht. Und sicherlich beeinflussen diese Umstände zum Teil auch unseren Konsum. Aber wir sahen ebenfalls, dass noch etwas Tiefgehenderes passierte. Die Leute scheinen ihre Gegenstände als handfeste Aspekte ihrer Identität anzusehen, als Beweis für ihren eigenen Wert, ihren Nutzen und für ihre Existenz und Bedeutung im Universum. Es ist, als sei da eine Logik des »Ich habe Dinge, also bin ich« am Werk. Bald zeigte sich, dass viele Psychologen über unsere Beziehung mit unseren Sachen forschen, und deren Ergebnisse stimmen mit unseren eigenen Beobachtungen überein.

Forschungen zu diesem Thema, die bis ins Jahr 1932 zurückreichen, erklären die tief verwurzelten menschlichen Bindungen an Gegenstände. Diese Beziehungen erkennen wir tagtäglich in jeder einzelnen Schenk-Ökonomie, die wir mit aufgebaut haben: Lange bevor wir Menschen für Marketing empfänglich sind, vor dem Alter von zwei Jahren also, hegen wir bereits starke Gefühle für unser Eigentum. Die Beziehung zu unserem Eigentum reicht von Kleinkindkämpfen um Spielzeug über die tiefe Verbindung mit einem geliebten Stofftier bis hin zur Trostsuche bei unseren Sachen, wenn wir Jugendliche sind, die mit einem geringen Selbstwertgefühl kämpfen. Schlussendlich definieren wir uns über das, was wir besitzen. Wenn wir erwachsen sind, gewinnen unsere Besitztümer weiter an Bedeutung, da sie auch jetzt Ausdruck unseres Selbstbildes sind und zudem dazu dienen, Erinnerungen an wichtige Ereignisse in unserem Leben, an Übergangsriten und an geliebte Menschen festzuhalten. Wenn wir dann noch älter werden, leistet uns unser Besitz Gesellschaft; er steht für Zeiten, die längst vergangen sind, und für Menschen, die wir verloren haben. In jeder Lebensphase von unserer Jugend an sind ein geringes Selbstwertgefühl, fehlende soziale Verbindungen und Gefühle der Ohnmacht mit einer stärkeren Konzentration auf die Bedeutung von Besitz verbunden. Diese Verbindung zwischen unserem Selbstverständnis und unserem Besitz scheint in uns angelegt zu sein: Gehirnscans zeigen, dass die Region, mit der wir über unser Selbstverständnis nachdenken, auch dann aktiviert wird, wenn wir an die Dinge denken, die wir besitzen.[17]

Unsere komplexe und psychologisch wichtige Beziehung zu unserem Eigentum sowie die Leichtigkeit, noch mehr Besitz anzuhäufen, haben zur Folge, dass unsere Häuser buchstäblich überfüllt sind mit Dingen, die nicht gesund sind für die Umwelt und auch nicht für uns.

Wir ertrinken in unseren Sachen

Es ist so leicht, Dinge anzuhäufen, dass wir in unseren Häusern keinen Platz mehr haben, um sie zu lagern. Jedes Jahr entscheiden sich mehr Amerikaner dafür, zusätzlichen Lagerraum für ihre überschüssigen Sachen anzumieten. Heute gibt es mindestens 45 000 private Lagerräume in den USA, die von 9,4 Prozent der Amerikaner gemietet sind. Vor zwanzig Jahren war es nur die Hälfte.[18]

Von 2001 bis 2005 hat ein Archäologenteam vom Center on the Everyday Lives of Families, dem Zentrum für das Alltagsleben von Familien an der University of California, Los Angeles (UCLA), die erste Studie ihrer Art bei 32 Mittelschicht-Familien mit doppeltem Einkommen im Raum Los Angeles durchgeführt. Sie sollte die »materielle Kultur« erforschen: das, was unser tägliches Leben ausmacht.[19] Die Archäologen Jeanne E. Arnold, Anthony P. Graesch, Enzo Ragazzini und Elinor Ochs führten Videotouren in den Einfamilienhäusern durch, angeleitet jeweils von einem Haushaltsmitglied, das älter als sieben Jahre war. Die Forscher erfassten systematisch alle Objekte in jedem Raum, kartografierten, fotografierten und zählten sie – eine gewaltige Aufgabe. Sie dokumentierten jedes sichtbare Objekt in den 32 Häusern und machten mehr als 20 000 Fotos.

In einem der Häuser fanden sie in nur drei Räumen (zwei Schlafzimmer und ein Wohnzimmer) 2 260 Besitztümer. Darin sind die »unzähligen Gegenstände, die in Schubladen, Kästen und Schränken oder hinter anderen Gegenständen verstaut sind«, noch nicht eingeschlossen. Ein hoher Prozentsatz unserer Wunschobjekte in unseren Häusern ist aus Plastik und trägt wesentlich zu dem Ergebnis der Studie bei, dass das durchschnittliche amerikanische Haus mehr als 300 000 Artikel enthält. Interessanterweise fanden die Forscher auch einen Zusammenhang zwischen der Anzahl der Magnete an Kühlschränken und der Menge der Sachen im Haushalt.

Das durchschnittliche amerikanische Haus enthält mehr als 300 000 Artikel.

Wie die leitende Autorin Jeanne E. Arnold in einem Interview zu dieser Studie erklärte, verfügen »heutige US-Haushalte über mehr Besitz pro Haushalt als jede andere Gesellschaft in der Weltgeschichte. Und übertriebener Konsum ist an vielen Orten zu finden, etwa in Garagen, in Ecken von Heimarbeitsplätzen und manchmal sogar in den Ecken von Wohn- und Schlafzimmern, in der Küche und auf der Tischplatte des Esszimmers sowie in den Duschkabinen. Wir finden viele Gegenstände, ganze Haufen davon, und es ist eindeutig, dass dies in einigen dieser Haushalte einen erheblichen Stress für die Familien darstellt, insbesondere für die Mütter.«[20]

Die Forscher untersuchten in der Studie den Cortisolspiegel, ein Stresshormon, das von unseren Nebennieren produziert wird. Sie fanden heraus, dass dieser Pegel bei Frauen sehr hoch war. Die Forscher stellten auch fest, dass wir zwar viele Rituale und Prozesse zur Ansammlung von Dingen haben, aber nur wenige, um diese Dinge wieder abzuladen oder loszuwerden. Wir haben eine Werbeindustrie, die darauf aus ist, dass wir Dinge kaufen. Und weil wir Wege gefunden haben, die Dinge immer billiger und effizienter herzustellen, ist auch viel vorhanden, das gekauft werden kann. Dies zusammen mit der Tatsache, dass der Kauf noch nie einfacher war, bedeutet, dass wir mehr Zeug als je zuvor ansammeln.

Die unerwartete Freude, wenn man nichts kauft

Natürlich haben die Leichtigkeit des Kaufens und andere Faktoren zu unserem Überfluss an Dingen beigetragen, aber wir glauben, dass es noch etwas gibt, das ursprünglicher ist als der Wunsch nach sozialem Status und Reichtum, etwas, das viel älter ist als die Marketingkampagnen hinter unserer Besessenheit von Dingen. Wir glauben, dass es darum geht, die Geschichten mitzuteilen, die unsere Dinge erzählen können.

Während wir uns über die Historie von Plastik und Plastikwaren schlaumachten, stießen wir auf das Object Ethnography Project, von Max Liboiron gegründet, damals Student an der New York University. Dieses Projekt untersucht die Beziehungen zwischen Menschen, ihren Objekten und ihrer Geschichte. Ganz normale Menschen schickten für dieses Projekt Gegenstände ein, zusammen mit ihrer Geschichte über dieses Objekt. Andere Menschen konnten einen dieser gespendeten Gegenstände erbitten und als Gegenleistung mit einer neuen Geschichte über ihn aufwarten.[21]

Als wir von diesem Projekt erfuhren, ging uns ein Licht auf. Gemeinsame Geschichten werden zu verbindenden Eckpfeilern einer Gemeinschaft. Sie verbinden Menschen miteinander, helfen, Gruppenidentitäten zu bilden, und ermöglichen, dass wir uns innerhalb unserer Gruppen als wichtig ansehen. Da wir immer weniger miteinander verbunden sind, sind unsere Gegenstände zu Trägern unserer Geschichten geworden, die uns daran erinnern, dass wir wichtig sind. Das ist der springende Punkt bei der Frage, wo wir als Gesellschaft stehen: Unsere zunehmende Isolation hat uns mehr anhäufen lassen, als wir bewältigen können, und macht es zugleich schwieriger, es loszulassen. Als Mütter, forschende Mitbürgerinnen und Schöpferinnen der »Buy Nothing«-Projektbewegung sind wir der Meinung, dass der Kontakt untereinander und das Teilen von Dingen *und* Geschichten mit den Menschen um uns herum den Prozess des Loslassens bedeutsamer macht und uns mit einem kollektiven Bewusstsein verbindet, über das wir seit den frühesten Tagen der Menschheit verfügen. Im Lauf der Geschichte haben die Menschen schwierige Zeiten überstanden, indem sie kooperierten und ihre Ressourcen teilten. Der Impuls, sich gegenseitig durch Geschenke und durch das Miteinander-Teilen zu helfen, ist heute immer noch vorhanden und sichtbar – in indigenen Schenk-Kulturen, die den Herausforderungen der Kolonialisierung und des Kapitalismus widerstanden haben, aber auch in der Art und Weise, wie Menschen aller Kulturen bei Naturkatastrophen, etwa bei Dürren, Hurrikanen und Erdrutschen, aktiv werden. Da der Klimawandel mehr Umweltveränderungen mit sich bringt, wird unsere natürliche Neigung, füreinander zu sorgen, viele neue Ausdrucksmöglichkeiten finden.

Wir sind auch grundsätzlich der Überzeugung, dass man ein gutes Leben sowohl durch extrinsische (von außen her angeregte) wie intrinsische (von innen her kommende) Ziele erreichen kann. Wir träumen davon, im Überfluss zu leben, was ein extrinsisches Ziel ist, das hoffentlich jeder von uns erreichen kann. Aber wir glauben auch an das größere, intrinsische Ziel – dass man persönlich wachsen, sich untereinander verbinden, das Gefühl von Sicherheit und Wertschätzung spüren und den Aufbau einer Gemeinschaft erleben kann. Diese Ziele schließen sich nicht gegenseitig aus. In der Tat können wir beide Ziele durch das Nichts-Kaufen erreichen. Wenn wir geben, empfangen und miteinander teilen, können wir das, was wir uns wünschen, erwerben (extrinsisch), während wir unsere Beziehungen zur örtlichen Gemeinschaft stärken (intrinsisch).

Immer wieder haben wir in »Buy Nothing«-Gruppen gesehen, dass die Mitglieder zu Beginn oft zufrieden sind, nachdem sie ihren extrinsischen Werten gerecht geworden sind. Dennoch nehmen sie aufgrund der intrinsischen Vorteile weiterhin an diesen Gruppen teil. Tatsächlich können diese Vorteile noch ausschlaggebender sein als das extrinsische Ziel, noch mehr *Zeug* anzusammeln. Zahlreiche Studien haben herausgefunden, dass ein höheres Maß an Vitalität und Zufriedenheit auftritt, wenn die Menschen intrinsische Ziele und nicht extrinsische verfolgen, was mit einem niedrigeren Grad an Depressionen und Angst einhergeht.[22]

Ein zusätzlicher Mehrwert besteht darin, dass diejenigen, die ihr Leben an intrinsischen Werten wie Verbundenheit und größerem Selbstbewusstsein ausrichten, dazu neigen, andere Menschen freundlich zu behandeln und zudem einen ökologisch nachhaltigeren Lebensstil zu führen. Somit ist das Nichts-Kaufen für alle eine Win-win-Situation.

Die Gruppenmitglieder sind nicht nur überrascht über die Freude, die aus den neuen Verbindungen und der Teilnahme an einer sozialen Bewegung resultiert. Einige werden auch mit ihren verborgenen Verhaltensweisen und Gewohnheiten konfrontiert, die hartnäckig und schwer abzustellen sind. Dazu gehören die Kaufsucht, das Horten von Dingen wie zu Zeiten der Depression in den Dreißigerjahren oder auch das Unbehagen darüber, nach dem zu fragen, was wir haben wollen, was wiederum unser Ego herausfordert.

In vielerlei Hinsicht trifft dies den Kern der »Buy Nothing«-Bewegung: Wenn wir die verborgenen Bedürfnisse verstehen, die unseren Konsum und das Anhäufen von Dingen antreiben, dann hilft uns das, unsere tieferen Bedürfnisse zu erkennen und ihnen zu entsprechen – immateriellen Dingen wie Identität, sozialen Verbindungen und Selbstwertgefühl. All dies brauchen wir mehr als neue Sachen. Mit einer Gewohnheit zu brechen oder sogar mit der Kaufsucht könnte zu den schwersten Aufgaben gehören, denen man sich stellt, und für manche ist genau dies der schwierigste Teil beim Nichts-Kaufen. Aber nur weil Sie keine Sachen kaufen, heißt das noch nicht, dass Sie darauf verzichten müssen, Dinge zu bekommen. Schenk-Ökonomien sind erfüllt von Dingen, die Nachbarn weggeben. Der Nutzen des Mehr-miteinander-Teilens besteht darin, dass wir gemeinsam weniger konsumieren, und deshalb Geld sparen, das alltägliche Durcheinander reduzieren, die Verschmutzung unserer Meere durch Plastik verhindern und die Treibhausgase reduzieren – und dies alles zur selben Zeit.

Der »Buy Nothing, Get Everything«-Plan, also nichts zu kaufen und dennoch alles zu bekommen, gewährt uns einen Einblick in diese Aspekte unserer selbst. Und mit Sicherheit werden auch Sie einiges lernen, auf das Sie nicht gefasst waren, und neue Selbsterkenntnisse gewinnen, während Sie die Schritte in diesem Buch durcharbeiten. Manchmal können diese Lektionen uns unangenehm erscheinen, wenn wir mit unseren verborgenen Bedürfnissen oder schlechten Gewohnheiten konfrontiert werden oder glauben, uns mit der Bitte um Dinge verwundbar zu machen. Aber das ist die Sache wert. Dank Ihres neuen »Buy Nothing«-Lebensstils werden Sie sich nicht nur gesünder und leichter fühlen – was auch für Ihr Bankkonto gilt –, sondern die Gemeinschaft, in der Sie leben, wird erstarken, nachdem Sie die vergessenen Künste des Gebens, Teilens und Empfangens praktiziert haben. Teilen erzeugt Selbsterkenntnis und auch Widerstandsfähigkeit.

Aber damit greifen wir vor. Der erste Schritt besteht darin, Ihnen zu zeigen, wie Sie weniger kaufen, und zwar so bewusst wie möglich. Wenn wir so vorgehen, erkunden wir unsere emotionale Beziehung zu den Dingen und auch die Gründe, warum wir Dinge konsumieren und verschwenden, und zwar mehr als jemals zuvor in der Geschichte. Wir laden Sie ein, uns auf dieser »Buy Nothing«-Reise zu begleiten, und beginnen mit dem Weg in sieben Schritten.

Einladung zum Nichtkauf

Probieren Sie unsere Nichtkauf-Anleitung in sieben Schritten

Hier ist Ihre offizielle Einladung, sich unserem Experiment anzuschließen. Wir wollen erkunden, ob wir Alternativen zum Kauf der gewünschten Produkte finden können, und zum Nachdenken anregen, ehe etwas weggeworfen wird. In diesem Buch geben wir Ihnen eine Anleitung, wie Sie Ihre Einstellung und Ihr Verhalten ändern können. Ob Sie in einen Laden gehen, um etwas zu kaufen, das Sie Ihrer Meinung nach für Ihr Zuhause brauchen, ob Sie ein Geschenk für den Geburtstag einer Freundin bestellen oder den Versuch unternehmen, das Chaos in Ihren Schränken zu bändigen: Dieses Buch kann Ihnen helfen, Ihre Abhängigkeit vom Einzelhandel zu reduzieren, Ihren Abfall zu verringern und kreative Wege zu finden, Ihre Bedürfnisse und Wünsche zu erfüllen, ohne dass Sie Geld ausgeben.

Sie werden nicht nur Geld sparen, neue Freunde finden, Dinge bekommen, die Sie sich wünschen, und Ihren unerwünschten Abfall loswerden (ohne Mülldeponien zu füllen!). Sie werden vielleicht auch überrascht sein, wenn Sie Unerwartetes entdecken und die Freude spüren, die aus der Wiederverbindung mit der realen Welt und den Menschen um Sie herum entsteht. Diese Anleitung ist wirklich für jeden gedacht, egal, wo oder in welchen wirtschaftlichen Verhältnissen Sie leben. Ökonomien, die auf Gabe und Gegengabe beruhen, funktionieren für uns alle, weil wir alle Zugang zu der einen uns allen angeborenen und großzügigen menschlichen Natur haben.

Versuchen Sie, nichts zu kaufen, und das so lange wie möglich. Fangen Sie klein an, mit einer Woche vielleicht. Vielleicht überraschen Sie sich selbst. Einige Menschen haben es geschafft, ein Jahr lang durchzuhalten, ohne dass sie es überhaupt geplant hatten, indem sie sich Monat für Monat von ihrer neuen Denkweise haben leiten lassen. Alle Nillionäre (Pioniere, die seit Monaten oder Jahren nichts mehr gekauft haben), die wir kennengelernt haben, haben eines gemeinsam: Sie sind einfallsreich, eng miteinander vernetzt und haben eine gesunde Sichtweise auf die Fallen des Konsumterrors. Sie reden über den Überfluss, in dem sie leben, weniger über die Entbehrungen, die ihnen das Nichts-Kaufen bereitet hat. Weil wir die Dinge, die wir erwerben, nicht kaufen und uns mehr auf die Unterstützung der Gemeinschaft verlassen, verleiht das Konzept des Nichts-Kaufens der Gestaltung unserer Wechselbeziehungen mit Familie, Freunden und Nachbarn eine besondere Bedeutung.

Um bestmögliche Ergebnisse zu erzielen, ziehen Sie Freunde hinzu: Laden Sie andere Menschen dazu ein, mit Ihnen dieses Buch durchzuarbeiten, sie können per Telefon oder E-Mail mitmachen oder bei einer wöchentlichen Tasse Kaffee. Wir laden Sie auch dazu ein, am Diskussionsforum auf buynothinggeteverything.com teilzunehmen, damit Sie auf diesem Weg Gesellschaft haben. Es ist von unschätzbarem Wert, wenn andere diese sieben Schritte mit Ihnen zusammen in Angriff nehmen; es dient der Inspiration, aber auch dem Dampf-Ablassen, dem Schimpfen und dem Toben. Sie müssen auch nicht in derselben Stadt leben, es ist nur wichtig, die gleichen Schritte zu tun, wo immer Sie sich befinden.

Wenn Sie sich lieber allein auf den Weg machen, schlagen wir vor, dass Sie ein Tagebuch führen, um Ihre Fortschritte festzuhalten, damit Sie Ihre Triumphe zur Kenntnis nehmen können, aber auch die Erinnerungen, Gefühle, Ideen und Geschichten behalten, die aus diesem Prozess resultieren. Am Ende eines jeden »Buy Nothing«-Schritts fügen wir eine Einladung an: *Wir laden Sie ein …* Dies sind unsere Vorschläge für konkrete Verhaltensweisen, die Sie als Teil dieses Weges ausprobieren können. Wenn Sie selbst und Ihre Freunde nach jedem Schritt an unserem Online-Diskussionsforum teilnehmen, wird dies dazu führen, dass diese Veränderungen in Ihrem Leben und auf der ganzen Welt Wurzeln schlagen und weiterwachsen.

Wenn Sie aus diesen sieben Schritten noch mehr herausholen wollen, dann sollten Sie den Abschnitt »Überdenken Sie Ihren Müll« auf Seite 341 anschauen, der viele Möglichkeiten aufzeigt, wie Sie Ihren Abfall verringern können, indem Sie überdenken, was Sie wegwerfen, und neue Wege erproben, um weniger wegzuwerfen und mehr wiederzuverwerten.

Die Regeln

Die Regeln sind einfach: Kaufen Sie nichts, wirklich gar nichts, so lange Sie können, abgesehen von den zulässigen Ausgaben, die wir unten auflisten. Bei jedem Schritt bieten wir Übungen an, die Ihnen den Einstieg erleichtern und Ihnen helfen sollen, Ihr Verhalten zu ändern. Die Übungen sind ein wesentlicher Bestandteil des Weges. Sie sollen Ihre »Buy Nothing«-Erfahrungen optimieren und Ihnen helfen, lang andauernde Änderungen Ihrer Kaufgewohnheiten zu entwickeln. Die sieben Schritte werden nachfolgend kurz umrissen, außerdem wird dieses Buch den Leser detailliert durch jeden Schritt führen und genau die Unterstützung, Ermutigung und Informationen geben, die Sie benötigen, um diesen Weg erfolgreich zu beschreiten.

Schritt 1: Geben – Wir erforschen die vielen Formen des Gebens und schlagen Möglichkeiten vor, wie Sie Ihre eigene Reise auf dem Weg in die Großzügigkeit beginnen.

Schritt 2: Bitten – Wenn alle Gaben denselben Wert haben und nicht in Geld umgewandelt werden, besteht Chancengleichheit, das heißt, alle Mitwirkenden sind gleichberechtigt. Die Bitte um Gaben ist wesentlich für das Wohlergehen der Schenk-Ökonomie.

Schritt 3: Wiederverwenden & Ablehnen – Wir zeigen Tricks und Tipps, wie man vermeidet, alltägliche Sachen überhaupt erst zu kaufen.

Schritt 4: Nachdenken – Wir erforschen die verborgenen Bedürfnisse hinter Ihrem Wunsch, mehr zu kaufen. Das soll Ihnen helfen, der reflexartigen Reaktion, etwas zu kaufen, zu widerstehen und stattdessen alternative Wege zu finden, genau das anzuschaffen, was Sie benötigen.

Schritt 5: Machen & Reparieren – Wecken Sie den Macher und die Macherin in Ihnen, verkleinern Sie Ihren Müll-Fußabdruck und reparieren Sie möglichst alles, ehe Sie etwas neu anschaffen.

Schritt 6: Teilen, Verleihen & Entleihen – Wir helfen Ihnen beim Sammeln kreativer Ideen, wie man mehr Dinge teilen, verleihen und entleihen kann.

Schritt 7: Dankbarkeit – Der wesentliche Klebstoff, der uns alle miteinander verbindet und weiteres Geben erzeugt, besteht darin, offen unseren Dank denen gegenüber auszusprechen, die mit uns geteilt haben.

Die Ausnahmen

Wir wissen, was Sie jetzt denken: Aber wie werde ich essen? Wie werde ich leben? Keine Sorge. Hier ist die Liste der Ausnahmen, die erlaubt sind und zu denen wir sogar ermutigen, während Sie Ihren Weg des Nichts-Kaufens beschreiten:

1. Mahlzeiten (Lebensmittel, vor allem aus lokaler Produktion, einschließlich essen gehen)

2. Regelmäßig anfallende Haushaltsrechnungen (Heizung, Wasser, Strom, Miete/Hypothek)
3. Reisen (einschließlich Bus-/Zugfahrkarten, Kraftstoff, Kfz-Versicherung, Autoreparatur)
4. Medizinische Rezepte und persönliche Pflegeartikel (einschließlich Toilettenartikel für Sie, Ihre Angehörigen und Ihre Haustiere)
5. Bildung (Materialien aller Art, Schulrechnungen, Schulveranstaltungen, andere bildungs- oder arbeitsbezogene Veranstaltungen)
6. Briefmarken und Versandkosten (ohne Versandmaterial)
7. Karitative/politische Beiträge/Spenden
8. Erfahrungen und Veranstaltungen (Museumstickets, Konzerte, Schwimmbadbesuch mit den Kindern, Besuche im Zoo, Besuch eines nahe gelegenen Naturschutzgebiets, Campinggebühren und so weiter.)
9. Kunst, Kultur und Geisteswissenschaften (Ausgaben zur Unterstützung von Künstlern, Wissenschaftlern und Autoren, also Anschaffung von Kunst, Büchern, Poesie und Musik-CDs)

Der Sinn dieses Weges ist ein doppelter: Wir ermuntern Sie, sich mit Ihrem sozialen Netzwerk zu verbinden – oder neue Netzwerke aufzubauen –, indem Sie um das bitten, was Sie brauchen, und das weggeben, was Sie nicht mehr behalten wollen. Und wir helfen Ihnen, Ihre »Wünsche« noch einmal zu überdenken. Brauchen Sie diese neuen Kunststoffkleiderbügel wirklich, wenn es Menschen in der Nähe gibt, die ihre Bügel gerne abgeben würden, anstatt sie wegzuwerfen? Oder müssen Sie dieses Zelt kaufen, wo doch eine Kollegin eines hat, das sie Ihnen gerne leiht? Muss Ihr Fahrrad ersetzt werden, oder reicht es, wenn es einmal durchrepariert wird? Vielleicht können Sie ohne dieses »Must-have« leben, oder Sie finden womöglich kreative Wege, das Erwünschte zu bekommen, oder es zu reparieren, ohne dass Sie Ihr Portemonnaie öffnen müssen. Dinge machen, sie reparieren, andere um Hilfe bitten oder darum, dass man Ihnen etwas leiht oder gibt – das alles trägt dazu bei, dass Sie eine aktive Rolle in der Gemeinschaft einnehmen. Wir sind so gepolt, uns miteinander zu verbinden. Und die meiste Zeit während unserer Existenz als Spezies haben wir uns ja auf kooperative Netzwerke des Teilens und Gebens verlassen, um überleben zu können. Aus all den bisher aufgeführten Gründen könnten wir sagen, dass eine »Buy Nothing«-Mentalität auch jetzt für unser Überleben notwendig ist, zumal wir heutzutage unsere modernen Kommunikationsmethoden und unseren materiellen Überfluss nutzen können.

Schritt 1: Geben

Der erste Schritt auf dem Weg zu einer »Buy Nothing«-Mentalität, einer Mentalität des Nichts-Kaufens, ist das Geben. In gewisser Weise ist das Geben ein einfacher und natürlicher Akt, etwas, das in unserer Natur liegt, so wie eine Mutter sich selbst gibt, um ihr Baby auszutragen, zu gebären und zu ernähren. Unabhängig davon, wie wir in die Welt eingetreten sind, welches Geschlecht und welchen Titel unsere ersten Bezugspersonen hatten, wäre doch niemand von uns heute hier, wenn es nicht das lebenswichtige Geschenk der Fürsorge gäbe, das wir als Neugeborene empfingen, als wir unsere eigenen Bedürfnisse noch nicht befriedigen konnten. Aber nach dieser Zeit der so großen Verletzlichkeit in unserem Leben wird alles noch viel komplizierter, vor allem in einer kapitalistischen Gesellschaft. Sobald wir unsere Kleinkindjahre hinter uns gelassen haben, werden wir aufgefordert, unabhängig und selbstständig zu sein, unsere Umgebung zu erforschen und Ressourcen zu sammeln, um für uns selbst zu sorgen. Später, in der Jugend und im Erwachsenenalter, entdecken wir die Belohnung, wenn wir unsere Arbeit und unsere Dinge verkaufen, anstatt sie einfach zu geben. Und wir erkennen nicht immer den vollen Wert unserer Talente, Objekte oder Erfahrungen, ohne ihnen zugleich einen monetären Wert beizumessen. Dieses Kapitel lädt Sie daher ein, mit dem Geben zu experimentieren, das Anbieten von Geschenken an andere als den ersten Schritt zu begreifen, um ein Netzwerk der gegenseitigen Abhängigkeit aufzubauen.

Wir bieten Ihnen verschiedene Möglichkeiten, wie Sie einzelnen Menschen in Ihrem Leben und der Gemeinschaft insgesamt etwas geben können.

Um zu erkennen, warum das Geben der Schlüssel ist, müssen wir einen Blick in die Vergangenheit werfen. Eine unserer prägenden Erfahrungen und auch Inspirationen für das Nichts-Kaufen rührt von der Weisheit eines bislang unbekannten Volkes her, dessen Geschichten bis in die jüngste Zeit noch nie erzählt oder gar dokumentiert wurden.

Lehren aus dem Himalaya

Während der letzten zehn Jahre reiste Liesls Familie jeden Sommer an die nepalesisch-tibetische Grenze, um dort alte Höhlen zu erforschen, die es im Himalaja auf knapp 4000 Metern Höhe gibt. Diese Höhlen existieren dort seit Menschengedenken, und doch hatte noch niemand sie aufsuchen können. Liesls Ehemann, Pete Athans, ist Himalaya-Bergsteiger und verfügt über die technischen Fähigkeiten, um in diese hohen Felsenhöhlen zu gelangen. Mit Unterstützung der National Science Foundation gehörten Liesl und Pete sowie ein multidisziplinäres Team von Wissenschaftlern unter der Leitung von Dr. Mark Aldenderfer, Professor für Archäologie an der University of California, Merced, zu den ersten, die nach Hunderten, wenn nicht Tausenden von Jahren diese Höhlen betreten haben. Für Liesl und ihre Familie ist es ein einmaliges Privileg, das ihnen dank einer mehrjährigen Genehmigung der Regierung von Nepal und der Erlaubnis der lokalen Gemeinden gewährt wurde. Zusammen mit einigen der größten Gelehrten der Welt zur Himalaya-Vorgeschichte sowie Genetikern und Archäologen trauten sich Liesl und ihr Ehemann in diese von Menschenhand geschaffenen Höhlen, um ihren Inhalt zu dokumentieren und zu inventarisieren, um Knochen für DNA-Tests zu bergen und mehr darüber zu erfahren, wer die frühen Menschen waren und wie sie es geschafft haben, am unwirtlichsten Ort der Erde zu leben und auch zu sterben.

In mehreren Höhlen im heutigen nepalesischen Distrikt (Upper) Mustang hat das Team ein verborgenes Netzwerk von Grabkammern einer Gruppe entdeckt, die vor 1450 Jahren gelebt hat.[23] Die Gemeinschaft schlug sich mehr als 400 Jahre lang in großer Höhe mühsam durch und gehörte zu den ersten Menschen, die dauerhaft an einem der unwirtlichsten Orte der Welt siedelten. Ihre Knochen erzählen uns, dass sie trotz der harten Bedingungen ein relativ gesundes Leben führten – Zeugnis des kulturellen Überlebens gegen alle Widerstände. Aus ihren Grabbeigaben und der feierlichen Art und Weise, wie sie beigesetzt wurden, lässt sich schließen, dass sie sich aufeinander verließen, sich gegenseitig versorgten und intensiv mit anderen Menschen Handel trieben; aus dem Fernen Osten bezogen sie Seide, aus dem Westen und Süden Metalle und Glasperlen.

Man nimmt an, dass ihr Lebensstil dem der Nepalesen nicht unähnlich war, die heute, eine halbe Meile entfernt, in einem kleinen Dorf namens Samdzong leben, das man nur erreichen kann, wenn man vier Stunden zu Fuß von der nächstgelegenen »Straße« über einen hohen Pass und durch eine Schlucht in das idyllische Tal steigt, wo sie zu Hause sind. Die Menschen von Samdzong haben uns wertvolles Wissen über die Bedeutung des Gebens, Bittens und des Danksagens vermittelt, was eine Gemeinschaft über Generationen hinweg am Leben erhalten und gedeihen lassen kann. Die heutigen Dorfbewohner tauschen weiterhin einen Großteil der benötigten Güter ein und nutzen als Zahlungsmittel ihre Ziegen. Sie kümmern sich auch gemeinsam umeinander und wissen, was das Land aushalten kann. Sie haben eine fast egalitäre, meist bargeldlose Ökonomie, die die Familien in einem Netzwerk gegenseitiger Abhängigkeit verbindet. Anders ausgedrückt, handelt es sich hierbei um eine moderne, voll funktionierende Schenk-Ökonomie.

In vielerlei Hinsicht hat uns diese kleine Gemeinschaft dazu inspiriert, die Idee einer Schenk-Ökonomie in unsere Heimatstadt zu übertragen – in Form der »Buy Nothing«-Bewegung. In deutlichem Gegensatz zu unserer westlichen kapitalistischen Gesellschaft funktioniert eine echte Schenk-Ökonomie dann, wenn jeder sowohl die Rolle des Gebers als auch des Empfängers einnimmt, wie Liesl aus erster Hand erfahren hat.

Anmerkungen von Liesl

Acht Zelte säumten den Rand eines unbepflanzten Feldes im nepalesischen Dorf Samdzong auf 4 200 Metern Höhe – gelbe Nylongehäuse, die wie wunde Daumen aus dem trockenen braunen Boden emporragten, in einer Gegend, die auch als Regenschatten des Himalaya bekannt ist. Mein Mann, zwei Kinder und ich schleppten fünf Säcke mit warmer Kleidung aus unserem Vier-Personen-Zelt. Wir wollten diese Kleidung als Dank für eine weitere Saison der Feldforschung den dortigen Familien überreichen, die mit uns bei den Höhlenausgrabungen zusammengearbeitet hatten. Wir häuften also getrennte Stapel mit Kinderkleidung, Herrenjacken und Stiefeln, Frauenpullovern und Sonnenbrillen auf, und das ganze Dorf kam zusammen, um die Verteilung zu beobachten und uns dabei zu unterstützen.

Die Dorfvorsteherin, die *mukhia*, eine Mutter in den Mittvierzigern, kam zu mir, beugte sich vor und gab mir höflich auf Nepali den Ratschlag: »Sie sollten die Kleidung gleichmäßig in siebzehn Haufen teilen, für die siebzehn Dorfhaushalte, wobei jeder Haufen gleich viel an Erwachsenen- und Kinderkleidung enthält.« Langsam und auf Englisch, denn mein Nepali ist nicht sonderlich verständlich, antwortete ich: »Ja, aber ich weiß, dass in einem Haushalt nur eine achtundsechzigjährige Frau lebt.« Ich bückte mich, um die Babykleidung vom Stapel für die achtundsechzigjährige Frau zu entfernen und Platz für mehr Erwachsenenkleidung zu schaffen. Ich dachte, die *mukhia* hätte mein Englisch oder meine Argumentation vielleicht nicht richtig verstanden, sodass ich wahrscheinlich übertrieben gestikulierte, wozu Ausländer ohnehin neigen. Meine Kinder schauten verlegen zu.

Die *mukhia* hatte aber alles deutlich verstanden. »Die Kinderkleidung auf dem Stapel für die alte Frau«, erklärte sie anmutig und lachte ein wenig über meine Unwissenheit, »sorgt dafür, dass diese Dorfälteste etwas zu geben hat. Die Gesundheit unseres Dorfes hängt davon ab, dass jede Familie die gleichen Geschenke erhält, sodass sie ihrerseits sowohl Geberin als auch Empfängerin sein kann.«

Die Schenk-Ökonomie des Dorfes bedingt, dass jeder Haushalt die gleiche Menge an sozialem Kapital erhält beziehungsweise die gleiche Möglichkeit, die Dinge weiterzugeben, die er nicht braucht, und zwar an die Familien, die sie tatsächlich brauchen. Soziales Kapital kann als die produktiven sozialen Beziehungen in jeder Gemeinschaft definiert werden, die das eigentliche Netz gegenseitiger Bindungen bilden.

Deshalb sind auch winzige Babysocken für die achtundsechzigjährige Frau genauso nützlich wie ein Paar Schneestiefel in ihrer Größe. Wenn die Zeit reif ist, wird sie die Socken einer Familie mit einem neugeborenen Baby geben und so ihre Verbindungen zu dieser Familie stärken.

Eine fünfzigjährige Mutter von erwachsenen Kindern hat sich gefreut, als sie ein Kaleidoskop erhielt, weil sie nun besser mit den Dorfkindern spielen konnte. Ein junger Mann mit kleinen Füßen nahm freudig größere Herren-Wanderstiefel in Empfang, weil er sie der richtigen Person geben konnte.

In diesem Dorf in Nepal wird für alle gesorgt, alle werden wertgeschätzt und spielen eine wichtige Rolle. Niemand verhungert, und jeder wacht über die Gesundheit des anderen, denn es gibt keinen Arzt im Dorf. Jemand fertigt kniehohe Stiefel aus dicht gewebter Schaf- und Ziegenwolle. Ein anderer, der am Ortsrand lebt, ist gut im Schlachten. Diese speziellen Tätigkeiten sind ein wesentlicher Bestandteil für das tägliche Wohl der gesamten Bevölkerung, die in fast völliger Isolation lebt, gefühlsmäßig Lichtjahre entfernt von einem Krankenhaus, einem Kaufhaus und dem Internet.

Diese Offenbarung, die uns von dörflichen Gesellschaften im Himalaya zuteilwurde, führte einen radikalen Wandel in unserem eigenen Denken herbei: Jedes Mitglied einer Schenk-Ökonomie wird als unerlässlicher Teilnehmer angesehen, unabhängig vom sozialen Status oder der wirtschaftlichen Realität. Neugierig geworden, fragten wir uns, ob wir das nicht auch selbst versuchen könnten? Und, was noch wichtiger ist: Würde es funktionieren? Es gibt intakte Schenk-Ökonomien und -kulturen auf der ganzen Welt, einschließlich der First Nations (der indigenen Völker Kanadas an der pazifischen Nordwestküste und der Salish Sea), der Gemachim im Judentum (Wohltätigkeits- oder Leihbörsen) und der weit verbreiteten amerikanischen Tradition der Weitergabe von Baby- und Kinderkleidung als Mitbringsel. Kooperative Ökonomien sind uralt und haben im Laufe der Menschheitsgeschichte in den verschiedensten Formen existiert, doch viele von uns haben mit dieser traditionellen Art der gemeinsamen Nutzung von Ressourcen und der Stärkung der Beziehungen unter Nachbarn noch nie Bekanntschaft gemacht oder erkennen sie nicht an. Tatsächlich aber liegt eine große Kraft und Magie in einer solchen Gemeinschafts-Ökonomie, die auf die Verbindung vor Ort ausgerichtet ist.

In der heutigen Gesellschaft gibt es kaum mehr echte soziale Netzwerke, auf die man sich verlassen kann, so wie es in Samdzong der Fall ist, auch wenn es bei uns virtuelle Netzwerke gibt. Wir leben wie Einsiedler, die um jeden Preis versuchen, aus eigener Kraft zu überleben, in Häusern voller Gegenstände, die nur für uns bestimmt sind. Wir wollten dieses Netzwerk der Verbundenheit auf unsere eigene Heimatinsel bringen. Aber wäre das überhaupt möglich?

Wie wichtig es ist, etwas zu haben, das man gibt

Man muss nicht um die halbe Welt oder über hohe Bergpässe fahren, um zu erkennen, wie sehr wir in unseren eigenen Gemeinschaften innerhalb einer hyperverbundenen Welt von der Macht des Gebens profitieren können.

Während Liesl und ihre Familie im Himalaya waren, blieben Rebecca und ihre Kinder auf Meereshöhe, nämlich auf einer Insel im Puget Sound, und sie machten eine ganz andere Erfahrung. Wegen eines jähen Jobverlusts während der Großen Rezession im Jahre 2009 musste Rebecca als Alleinerziehende nun ohne festes Einkommen drei Personen ernähren und kleiden. Sie hat sich für Lebensmittelmarken eintragen lassen, aber diese Hilfe reichte nicht aus, um Dinge wie frisches Gemüse oder Obst zu kaufen. Diese Erfahrung der Ernährungsunsicherheit (in den USA eine allzu häufige Notlage für alleinstehende Mütter und ihre Kinder) hatte einen tiefgreifenden Einfluss auf Rebecca. Quasi über Nacht kämpfte sie nun darum, ihre Würde und ihr Selbstwertgefühl wiederzuerlangen, während sie sich gleichzeitig wegen ihrer finanziellen Armut inmitten ihrer weitgehend wohlhabenden Gemeinde isoliert fühlte.

Anmerkungen von Rebecca

Meine ersten Jahre als alleinerziehende Mutter waren niederschmetternd in ihrer Schwierigkeit. Ich dachte, ich sei als Elternteil von zwei Töchtern im Alter von drei und fünf Jahren schon erschöpft, als ich noch einen Partner hatte, der mir half, sie aufzuziehen. Doch die alleinige Erziehung meiner Mädchen zehrte dann meine sämtlichen Kräfte auf, immer mehr, bis ich einen Zustand erreichte, in dem die Angst vor meiner Verantwortung und der Unfähigkeit, ihr zu entsprechen, nicht mehr verging.

Am Anfang, als ich das Benzin für unser Auto rationierte und lernte, unsere monatliche Zulage an Essensmarken zu strecken, dämmerte es mir sehr schnell: Wir mussten einen gangbaren Weg für unseren Unterhalt und zu kostenlosem Essen finden. Am Ende unseres ersten mageren Winters gingen wir einen Weg in der Nähe unseres Hauses entlang, als ich sah, wie Schaumkraut durch den Kies emporwuchs. Schaumkraut ist eine Pflanze, die die meisten Menschen als Unkraut bezeichnen, dabei ist es eine der allerersten kostenlosen Speisen, die hier im Frühling aus dem Boden sprießen. Es hat einen knackig-kräftigen Geschmack, ein bisschen wie Rucola. Ich habe meinen Töchtern beigebracht, es vorsichtig herauszuziehen und dabei alle grünen, spitzen Zweige der Pflanze zu erfassen. Wir füllten unsere Manteltaschen und hatten seit Wochen das erste frische Grün zum Abendessen, einen kostenlosen Salat, der uns das Gefühl gab, clever und gesund zu sein und nicht nur arm und hungrig.

Ich brauchte mehr als nur dieses Grünzeug als Nahrung; ich brauchte den Wink, dass ich etwas zu teilen hatte: Ich hatte kein Geld, um das frische Gemüse zu kaufen, das meine Kinder brauchten, aber ich hatte das Wissen, um ihnen beizubringen, wie sie selbst Gemüse finden könnten, und dieses Wissen konnte ich über meine Familie hinaus weitergeben. Selbst wenn ich keine Geschenke für andere kaufen konnte, konnte ich Dinge finden, die ich weitergeben konnte.

Nicht in der Lage zu sein, alle meine Rechnungen zu bezahlen, nicht in der Lage zu sein, meine Kinder ohne fremde Hilfe zu ernähren, gab mir das Gefühl, in der Welt weniger wert und weniger wichtig zu sein, als wäre ich eine Last für meine Freunde und Familie. Obwohl ich Derartiges nicht von mir dachte (oder von jemand anderem, der arm war oder unter einem Mangel litt), konnte ich der negativen Schleife nicht entkommen, die in meinem Kopf abgespult wurde. Mein Wunsch, hier am Ort eine Schenk-Ökonomie aufzubauen, entsprang meiner Sehnsucht, mich und andere in meiner Lage erkennen zu lassen, wie reich wir tatsächlich sind, und zwar auf andere, tiefere Weise, als nur Geld zu besitzen. Ich wollte eine Chance bekommen, zu geben wie auch zu empfangen, um mein Selbstwertgefühl innerhalb der Gemeinschaft zurückzugewinnen, in der ich lebte.

Für mich war die erste Schenk-Ökonomie, die Liesl und ich ins Leben riefen, kein Hobby; es war der Weg, meine Kinder und mich selbst zu ernähren und zu kleiden und, am allerwichtigsten, das Gespür für mich selbst als Mensch wiederzugewinnen, der sowohl Bedürfnisse als auch Wünsche haben darf. Und ich spürte, dass ich auch die Macht hatte, anderen dabei zu helfen, ihre Bedürfnisse zu erfüllen. Manchmal besteht unser Überfluss in materiellen Dingen; manchmal liegt er in der Weitergabe von Zeit oder Wissen oder in unserer Anwesenheit; manchmal besteht er darin, einem Nachbarn beizubringen, welches Unkraut essbar ist, oder eine Pizza mit ihm zu teilen. In einer Schenk-Ökonomie zählt alles gleich.

Eine Wirtschaft, die auf dem Geben beruht

Unsere westliche Kultur beruht auf Kapitalismus und Marktwirtschaft, und das zieht eine eindeutige Trennlinie zwischen den Besitzenden und den Habenichtsen. Den Marktwert eines Artikels zu kennen ist von größter Bedeutung, und Menschen mit genug Geld in der Tasche können sich die Dinge viel leichter kaufen. Aus diesem Grund wird in der Gesellschaft ein großer Wert auf das Anhäufen von persönlichem Vermögen und Status in Form von brandneuen oder so genannten Luxusgütern gelegt. Viele Menschen verbinden demgegenüber die Benutzung von gebrauchten Gegenständen mit Armut und mangelndem sozialem Status. Menschen, die finanziell angeschlagen sind, werden mit gesellschaftlichen Botschaften bombardiert, wonach ihre Armut beschämend sei und sie sie eher verbergen sollten. Und wir alle verinnerlichen die Botschaft, dass nur die finanziell Wohlhabenden die »Gebenden« sind, während diejenigen mit weniger Ressourcen von Natur aus die »Empfangenden« sind.

Außerdem existieren unsere sozialen Verbindungen nicht wie in früheren Zeiten im direkten Umkreis unserer Häuser und Nachbarschaften. Wir schaffen soziale Netzwerke über unsere Arbeit, Schulen und Gotteshäuser, über Fitnessstudios und andere Orte außerhalb des eigenen Hauses. Viele von uns führen jeden Tag ein Leben, bei dem wir unsere Nachbarn oder die Menschen aus demselben Haus kaum kennen. Die Leute wollen ihre Privatsphäre bewahren; vielleicht wollen sie aber auch diese Art von Verbindung, fühlen sich dabei aber nicht sicher oder unwohl beim Gedanken, persönliche Kontakte einzugehen.

Trotz der Tatsache, dass wir allesamt unsere Bedürfnisse und Wünsche haben, dazu noch die angeborene Fähigkeit und den Wunsch, zu geben wie auch zu empfangen, gibt es keine Vorschrift, dies von Mensch zu Mensch und auf gleicher Augenhöhe zu tun. Das führt zu einem Überschuss an Dingen, der unsere Bankkonten sowie die natürlichen Ressourcen erschöpft. In jeder Nachbarschaft gibt es unzählig viele Dinge, die sich im Besitz von Einzelpersonen befinden, aber zu gemeinsamen Ressourcen werden könnten. Wenn wir uns etwa fünfzig Häuser vorstellen, findet man dort womöglich fünfzig komplette Sätze von Heimwerkzeugen, Autositze für Neugeborene und Kleinkinder, Spielzeug für jedes Stadium der Kindesentwicklung, Kochbücher, Rohrreinigungsspiralen, Kleidung jeder Größe und Farbe, Möbel, alte Monitore, Campingausrüstung und so weiter.

Die gemeinsame Nutzung dieser vielen Dinge ist nicht in unserer kulturellen Gewohnheit verwurzelt, und deshalb sind unsere Häuser randvoll mit allerhand Persönlichem, von dem die Werbung uns suggeriert, wir sollten damit unsere Träume erfüllen, und mit Sachen, von denen wir denken, wir bräuchten sie in schwierigen Zeiten, wenn wir allein sind und uns in Not befinden.

Was aber wäre, wenn jeder Haushalt aufhören würde, all diese Dinge zu kaufen, und wir mehr miteinander teilen würden? Würden wir dabei Wertvolles entdecken? Als wir das »Buy Nothing«-Projekt initiierten, war unsere ursprüngliche Hoffnung, dass wir dadurch unseren Gesamtkonsum reduzieren und dennoch unsere täglichen Bedürfnisse befriedigen könnten. Wenn wir durch unsere Großzügigkeit als Geber und unser Feingefühl als Empfänger einen sozialen Status aufbauen, würden wir allesamt lernen, wie man auf gleicher Augenhöhe vertrauensvoll miteinander teilt. Und vor allem würden wir lernen, darauf zu vertrauen, dass genug für alle da ist (Gegenstände, Freigiebigkeit, menschliche Güte).

Das Dorf Samdzong verzeichnet keinen großen Zustrom an neuen Gütern, weil die Menschen fernab von sämtlichen Märkten leben. Aus der Notwendigkeit heraus leben sie in enger Verbindung mit der Erde und untereinander; ihr Lebensstil ist bestimmt von einer spirituellen Kultur und von zwischenmenschlicher Verbundenheit. Sie verbringen weniger Zeit damit, ihre Sachen zu verwalten. Die Dinge, die es bis ins Dorf schaffen, werden so lange vollständig und gemeinschaftlich genutzt, bis sie nicht mehr in etwas anderes umgewandelt werden können, das ebenfalls nützlich wäre.

Wir spüren, dass das Leben in einem winzigen Dorf, weitab von jeglicher Bequemlichkeit unseres städtischen Lebens, nicht leicht ist, und wir behaupten auch nicht, dass wir nun alles einpacken und nach Nepal ziehen sollten. Doch es gibt einige praktische Lektionen, die wir von diesem abgelegenen Dorf lernen können. Wir haben an diesem idealisierten Bild einer dörflichen Schenk-Ökonomie festgehalten, in der Hoffnung, diese Ideen zu Hause umsetzen zu können, um unsere Gemeinschaft zu stärken und zu lernen, wie wir unsere materiellen und immateriellen Güter auf verschiedene Weise nutzen und einem neuen Zweck zuführen können. Die sieben Schritte in diesem Buch liefern dafür einen Entwurf.

Fangen wir mit Schritt eins an: Geben. Sie werden entdecken, wie Sie sich mit Ihren Nachbarn ein bisschen mehr verbinden, indem Sie mehr von Ihren Dingen und sich selbst geben. Mehrfach haben wir gesehen, wie dies geschah. Mit einer örtlichen Kultur des Gebens müssten Sie keine Gegenstände kaufen, um Freude zu empfinden, um Ihre Familie zu kleiden, Ihr Haus zu möblieren, das zu reparieren, was kaputt ist, oder um anderen Leuten zu helfen. Sie werden anfangen, eine örtliche Kultur aufzubauen, die das Teilen und den gemeinschaftlichen Nutzen von Dingen höher schätzt als das individuelle Ansammeln von Gegenständen zum ausschließlichen Einzelgebrauch. Nichts zu kaufen könnte Ihnen alles beschaffen, sofern Sie die sieben Schritte beachten, die wir in diesem Buch vorstellen.

Schritt 1: Geben

Was ist das Wichtigste, das Sie tun können, um Ihr Leben des Nichts-Kaufens zu starten, um Freude zu finden und alles zu bekommen?

Geben Sie.

Es mag vielleicht abwegig klingen, aber der Akt des Gebens ist das Erste, was Sie tun können, um diese Änderung in Ihrem Lebensstil herbeizuführen. Das Geben bringt Sie in die beste Position, Dinge beziehungsweise Dienstleistungen zu erhalten, die Sie haben wollen oder auch später brauchen könnten. Wenn es etwas gibt, das wir gelernt haben, nachdem wir ein paar Tausend örtliche Schenk-Ökonomien geleitet haben, dann ist es das, dass Geben eine Aktion darstellt, die Menschen unmittelbar große Freude bereitet, und Freude ist ein solides Fundament zum Aufbau fester Beziehungen. Es ist außerdem der erste Schritt, jemandem, der Ihnen nahesteht, dabei zu helfen, den eigenen Konsum herunterzuschrauben. Das zu geben, was wir bereits besitzen, ist genau der Klebstoff, den wir brauchen, um uns miteinander zu einem Netzwerk des Teilens zu verbinden. Das kann eine größere Auswirkung auf Ihr Leben haben als jedes Einkaufszentrum, durch das Sie Ihren Einkaufswagen schieben.

Übertriebener Konsum ist nicht gut für unseren Planeten, entschiedenes Teilen ist hierzu das Gegenmittel.

Im strengsten anthropologischen Sinn ist das Schenken eine symbolische Form von Gegenseitigkeit, die dazu beitragen kann, uns alle in die Gesellschaft zu integrieren, wodurch sichergestellt wird, dass für uns gesorgt und unsere eigene Rolle bei der Verbesserung des Loses anderer garantiert wird. Immer wieder zu geben gleicht einer politischen Bewegung, die eine unausgesprochene Verpflichtung aufkeimen lässt, ein Band zwischen Geber und Empfänger schafft und die Integration beider in ein größeres Gut bewirkt. Das hört sich vielleicht an wie Anthro-Öko-Ethno-Umwelt-Blabla, aber unser Experiment hat einige Wahrheiten bestätigt, die wir mehrere hunderttausend Mal erlebt haben.

Durch den einfachen Akt des Anbietens von etwas, das Sie nicht mehr brauchen und bereits wegwerfen wollten, unterstützen Sie die Umwelt und verbessern zugleich Ihre soziale Stellung. Übertriebener Konsum ist nicht gut für unseren

Planeten; entschiedenes Teilen ist hierzu das Gegenmittel, ein machtvolles Werkzeug für das Gute, sowohl in gesellschaftlicher als auch ökologischer Hinsicht. Anonymes Geben, so lobenswert es auch ist, ist dagegen nicht unbedingt der dringend benötigte soziale Klebstoff für eine Gemeinschaft.

Als wir unsere erste »Buy Nothing«-Projektgruppe gründeten, wählten wir Facebook als unsere Plattform, weil die Menschen bereits dort waren. Dort entdeckt man gemeinsame Freunde, die man mit Fremden teilt, und dort findet der gesamte Vorgang des Gebens vor den Augen jedes Gruppenmitglieds statt. Gesehen zu werden hat einen eigenen Zauber, und diese Gruppen werden zu digitalen Versionen jener eng miteinander verbundenen Dörfer im Himalaya, die Liesl erlebt hat. Durch unser »Buy Nothing«-Experiment haben wir eine Erfahrung gemacht, die für alles Geben gilt, online wie auch persönlich: Wenn eine Gruppe von Menschen täglich Zeuge des Gebens, Empfangens und Teilens wird, entstehen dadurch stärkere Verbindungen zwischen allen, nicht nur zwischen denen am jeweiligen Ende der einzelnen Artikel oder Dienstleistungen, die geteilt werden. Es entsteht ein Gefühl der kollektiven Freude, das sich durch die Beobachtung dessen entwickelt, wie Dinge gegeben und empfangen werden.

Shaines Buy-Nothing-Geschichte

Sie finden solche Kästen überall in diesem Buch. In jedem wird die Geschichte einer Person aus dem wirklichen Leben erzählt, die das Nichts-Kaufen tatsächlich lebt. Hier also Shaines Geschichte; sie stammt aus unserer eigenen Inselgemeinschaft: »Meine Freundin bat mich, über ›Buy Nothing‹ einen Kinderwagen loszuwerden. Nachdem ich ihre Wohnung verlassen habe, sitze ich in meinem Auto an der Ecke beim Imbiss und sehe eine Mutter mit einem zwei Jahre alten Jungen und einem Baby im Wickeltuch. Der Zweijährige wollte nicht bei seiner Mama an der Hand bleiben, weshalb sie die Straße nicht überqueren konnte. Ich ließ mein Fenster herunter und fragte, ob sie den Kinderwagen haben wolle, den ich auf meinem Rücksitz hatte. Sie sah mich an, als sei ich verrückt, aber ich stieg aus und zog den Kinderwagen hinten aus meinem Auto. Dann erzählte ich ihr von ›Buy Nothing‹, gab ihr den Kinderwagen zusammen mit Steckspielzeug von Melissa & Doug und erklärte ihr, dass wir hier die Dinge auf diese Weise handhaben.«

Shaine Martin Schramling, Bainbridge Island

Diese Geschichte von Shaine aus dem pazifischen Nordwesten zeigt, wie man mithilfe anderer Menschen etwas geben kann, und zwar auf eine Art und Weise, die sich nahtlos in Ihren eigenen Tagesablauf einfügt und unmittelbar und unerwartet den Tag eines anderen verbessert. Ihre öffentliche Demonstration des Gebens muss also nicht aufwendig sein.

Besonders für Frauen kann das Geben so selbstverständlich sein (oder eine Reaktion auf die Erwartungen und Anforderungen der Gesellschaft an uns), dass viele von uns vielleicht das Gefühl haben, dass wir wenig zu geben hätten. Doch diese Erfahrung des Nichts-Kaufens ist anders. Wir bitten nicht um mehr Routine beim Geben, um kein Schenken, durch das Sie sich ausgebeutet fühlen. Wir wollen eine Art des Gebens, die von einer Position des Überflusses ausgeht, ein Geben, das Ihnen das Gefühl von Macht und Respekt gibt. Das, *was* Sie geben, ist nicht so wichtig wie das *Warum*. Probieren Sie, wie Sie Dinge und Wege des Gebens finden, die Ihnen ein gutes Gefühl bescheren. Es gibt viele Möglichkeiten, dieses Ziel zu erreichen: Wenn Sie Dinge verschenken, die Sie nicht mehr haben wollen, schaffen Sie freien Raum in Ihrem Haus und können dadurch sogar traurige oder aufwühlende Erinnerungen loslassen, was Ihnen ein Gefühl der Erleichterung verschafft und eine offenere Zukunft bringt. Wenn Sie wissen, dass Ihre Gabe das Leben eines Nachbarn verbessern oder ihm Glück bringen wird, beschert es Ihnen ein Gefühl der Macht, die Welt um Sie herum zu verbessern.

Im Gegensatz zu einigen der anscheinend erzwungenen Opfer an Zeit und Ressourcen, die unser Leben oft verlangt, ist Ihre Gabe im Rahmen des »Buy Nothing« vollständig unter Ihrer Kontrolle. Ziehen Sie Ihre eigenen Grenzen um Ihre Sachen und sich selbst; geben Sie, was und wann Sie wollen. Sie sollen die Gaben, die Empfänger, das Wer, Was, Warum, Wann und Wie selbst bestimmen. Es ist sowohl für den Geber als auch für den Empfänger angenehm, wenn ein Geschenk freiwillig und ohne Bedingungen gegeben wie auch empfangen wird, zwischen Menschen, die sich gegenseitig als gleich wichtig ansehen. Dies ist die Art von Geben, die Sie »Buy Nothing« entdecken und kultivieren lassen kann.

Kitiyas Buy-Nothing-Geschichte

»Ich dachte, ich biete heute mal etwas anderes an. Dieses scheinbar leere Glas ist mit Freundlichkeit gefüllt. Wenn Sie gerade jetzt ein wenig Freundlichkeit brauchen, melden Sie Ihr Interesse unten an. Ich werde dieses Glas mit etwas füllen, das Sie hoffentlich ein wenig lächeln lässt. Hoffentlich erfüllt es Sie mit genug Freundlichkeit, sodass Sie dieses Glas mit Ihrer eigenen Freundlichkeit füllen und an jemand weitergeben können, der dies braucht.«

Kitiya Dufall, Perth, Australien

Kitiya Dufall verfolgt einen weniger direkten Ansatz des Gebens, womit sie die Kraft der Einfachheit und Fantasie unter Beweis stellt. Ihr Post eines Glasgefäßes in ihrer westaustralischen Schenk-Ökonomie hat Wohlwollen und Begeisterung ausgelöst, weil sie ihr Glas auf kreative Weise mit einem Sinnbild für Freundlichkeit gefüllt hat. Ein großer Teil der Schönheit des Gebens stammt aus dem Austausch mit echten Menschen, die echte Bedürfnisse, Wünsche, Sorgen, Gedanken und Gefühle haben. Sie und Ihre Bekannten bestellen eben nicht online bei einer Internet-Firma oder verhandeln mit einem Vertreter, der irgendwo im Land oder sonst wo in der Welt sitzt. Es ist auch kein Geld im Spiel; niemand spielt den Käufer oder Verkäufer. Sie kommunizieren miteinander und verlagern das kreative Miteinanderteilen in einen sehr menschlichen Bereich.

Wie man gibt

Wir möchten, dass Sie geben, wann immer Sie können. Wenn Sie das Gefühl haben, dass Sie nichts zu geben haben, nehmen Sie sich einen Schrank, eine Schublade oder ein Zimmer vor und räumen diesen Ort aus. Schubladen mit altem Plunder sind ein guter Anfang, denn die meisten Leute halten das Zeug da drin ja tatsächlich für Schrott. Räumen Sie sie auf, und Sie werden diesen Ort nie wieder als Ihre Plunder-Schublade bezeichnen. Oder fangen Sie mit etwas an, das kaputt ist oder wo der Reißverschluss fehlt und Sie wissen, dass Sie es nicht flicken werden. Eine gute Faustregel mit Kleidung ist: Wenn Sie sie ein Jahr lang nicht getragen haben, verschenken Sie sie. Wenn Sie nicht wissen, wie man ein Werkzeug benutzt, geben Sie es weiter. Lebensmittel kompostieren Sie, wenn ihr Verfallsdatum längst abgelaufen ist (oder geben Sie sie jemandem, der sie kompostiert oder Hühner hat). Und was Kinderspielzeug angeht, verstauen Sie etwas davon für zwei Monate in einer Schachtel, und wenn Ihr Kind während dieser Zeit nicht darum bittet, geben Sie das Spielzeug weg. Verstecken Sie im nächsten Monat noch mehr davon in einer Schachtel und wiederholen Sie den Vorgang.

Wir garantieren Ihnen, dass die Befreiung Ihrer Räumlichkeiten von ungenutzten und unerwünschten Dingen Ihnen ein besseres Gefühl vermittelt. Versuchen Sie, vor Ihrer Säuberungsaktion ein Foto der Ecke zu machen, die Sie in Angriff nehmen. Packen Sie dann alles, was Sie nicht mehr benötigen, in eine wiederverwendbare Kiste. (Nehmen Sie keinen Plastikmüllsack; es ist ja kein Müll). Und achten Sie darauf, auch nachher ein Foto von Ihrer schönen neuen Ecke zu machen, und dann betrachten Sie die beiden Fotos, die die Verwandlung dokumentieren, mit Freunden. Wir wissen, dass Sie das Zeug in der Schachtel, das Sie entfernt haben, vielleicht so schnell wie möglich loswerden wollen. Aber der folgende nächste Schritt wird Ihnen noch mehr Freude bereiten: Bieten Sie diese Gegenstände Ihren Freunden, Kollegen, Ihrer Familie und Ihren Nachbarn an, über Ihr bestes Spendernetzwerk also (am Arbeitsplatz, in der Schule, in der Kirche oder auf demselben Flur), oder stellen Sie die Sachen am

Ende Ihrer Hauseinfahrt mit einem Zettel ab, wenn es sein muss. Veranstalten Sie eine Kleidertauschparty, nachdem Sie Ihre Schränke (und die Ihrer Familie) ausgeräumt haben. Das ist eine lustige Art, für ein paar Stunden Freunde gemeinsam mit deren Freunden um sich zu scharen, in denen Sie neue Kleidung aussuchen und gleichzeitig das verschenken, was nicht mehr benötigt wird. Unvermeidlich werden sich die Leute Ihre Kleidergröße und die Ihrer Kinder merken, und der informelle Klamottentausch wird dann jahrelang fortgesetzt.

Empfohlene Lektüre

Fällt es Ihnen schwer, all diese Dinge loszulassen? Dann greifen Sie zu Marie Kondos *Magic Cleaning: Wie richtiges Aufräumen Ihr Leben verändert*; es hilft Ihnen beim Sortieren und Herausfinden der Sachen, die Sie weggeben wollen. Finden Sie heraus, welche T-Shirts »Ihnen Freude bereiten«, und welche nur eine Belastung sind. Lassen Sie die Schuldgefühle los, die oft damit einhergehen, dass wir das weggeben, was wir nicht mehr haben wollen oder brauchen.[24] Wir mögen Kondos Wertschätzung und ihren Respekt für jeden Gegenstand, den sie behandelt. Wir wollen Sie an die Hand nehmen und Ihnen zeigen, wie jedes Aussortieren von Dingen Ihnen soziales Kapital und noch mehr Freude bringen kann, wenn diese Dinge erst einmal Ihr Haus verlassen haben. Sie können auch Margareta Magnussons Buch *Frau Magnussons Kunst, die letzten Dinge des Lebens zu ordnen* benutzen, das Ihnen bei der Verarbeitung und dem Verständnis Ihrer Gefühle hilfreich sein kann, wenn Sie sich von Dingen trennen, die Sie nicht mehr brauchen oder haben wollen, die Sie aber bislang nicht weggeben konnten.[25] Kondos Methode, die Wunder wirkt, um wieder Freude in die Räume Ihres Hauses zu bringen, kann Ihr erster Schritt sein, um die überflüssigen Dinge herauszufinden, die Sie anderen Menschen weitergeben sollten. Magnussons Methode hilft uns gleichermaßen bei der Klärung, welche Dinge für uns lebenswichtig sind, und sie macht uns frei von früheren Versionen unseres Selbst.

Was das »Buy Nothing«-Projekt von anderen Methoden unterscheidet, ist nicht das Beseitigen, sondern das, was danach kommt: Wir wollen die besondere Magie des Gebens in Ihr Leben bringen. Wenn Sie einen Haufen mit Artikeln aus Ihren Schränken, Regalen und Schubladen aufgetürmt haben, werfen Sie die Sachen nicht weg! Spenden Sie Ihre unerwünschten Dinge nicht voreilig einer Wohltätigkeitsorganisation, die die Sachen jemandem gibt, den Sie nie kennen lernen können. Wenn wir unsere unerwünschten Dinge als einen Weg begreifen, um uns mit unserer Gemeinschaft zu verbinden und uns untereinander in die Lage zu versetzen, den Kauf neuer Sachen zu vermeiden und die Hersteller so zu beeinflussen, dass sie nur das produzieren, was wirklich gebraucht wird, dann tun wir etwas Gutes für uns selbst, für andere, die uns nahestehen, und auch für die Umwelt. Der Trend zum Entrümpeln hat die Spenden an Wohltätigkeitsorganisationen ansteigen lassen; sie bekommen mehr, als sie verkaufen können, was dazu führt, dass noch mehr Sachen auf Mülldeponien landen. Wir haben die Macht, unsere Sachen in Gemeingut zu verwandeln, es in unseren großen und kleinen Städten zu nutzen, wobei wir unseren einstmals geliebten Sachen ein besseres Schicksal bescheren als eine Fahrt auf die Müllkippe.

Manche Menschen geben nur zögerlich, weil sie befürchten, dass ihre Geschenke vielleicht nicht gut genug sind oder dass sie niemand haben will. Sicher, es ist unangenehm, etwas Neues auszuprobieren, und es kann auch angsteinflößend sein, sich dem auszusetzen. Wenn das für Sie gilt, versuchen Sie, diese Unsicherheit anzunehmen; sehen Sie die Sache als eine Übung an, die Sie anderen Menschen näherbringen soll. Denken Sie daran: Jeder Mensch liebt Geschenke. Und Sie können immer Ihren Humor einsetzen, um Ihre Ängste vor dem Geben zu verbergen. Nehmen Sie die Spielzeugkiste Ihrer Kinder in Angriff und entfernen Sie das Spielzeug aus dem Vorschulalter, dem Ihre Kleinen entwachsen sind; es kann in einer anderen Familie gute Dienste leisten. Reichen Sie Ihren Überschuss an Kräutertees weiter, der Sie nie wirklich schläfrig, dynamisch oder stressfrei gemacht hat. Gestehen Sie Ihre Niederlage ein und geben Sie auch Ihren selten benutzten Heimtrainer weg. Kochen Sie einen Topf Suppe, und Sie werden sofort Freunde finden. Die Leute werden Sie nicht verurteilen, wenn Sie ehrlich bei dem sind, was Sie gegeben haben, auch nicht wegen des Zustands, in dem sich der Gegenstand befindet. Wenn Sie eine Geschichte dazu haben, erzählen Sie

sie; jeder freut sich über eine gute Geschichte, die mit einem Gegenstand verbunden ist.

Neeti Madan, eine in New York City lebende Literaturagentin, hat in ihrem Haus in Manhattan ein Stockwerk tiefer eine alleinerziehende Mutter als Nachbarin, die vor einigen Jahren in Neetis Haus eingezogen ist. Der Sohn der neuen Nachbarin ist ein paar Jahre jünger als Neetis. Anstatt seine Eisenbahnschienen auf dem »Kostenlos«-Regal im Hausflur abzulegen, wo jemand sie anonym weggenommen hätte, entschied sich Neetis Sohn, die Schienen direkt dem kleineren Jungen zu geben, weil er wusste, dass der sich darüber freuen würde. »Es war viel befriedigender zu sehen, wie er ihrem Sohn zeigte, wie man die Gleise zusammensetzt«, erzählte Neeti uns. »Wir wurden am Ende zu Freunden; es war unsere Tür, an die sie klopfte, als sie eine schwere allergische Reaktion hatte und jemanden brauchte, bei dem sie ihren Sohn lassen konnte, und sie kam auch zu uns, als wir wie jedes Jahr unseren Weihnachtsbaum schmückten.«

Geben Sie. Geben Sie kreativ und oft. Geben Sie frei und ohne Bedingungen, einfach aus Freude an der Sache. Wir versprechen Ihnen: Es wird Sie Ihren Mitmenschen näherbringen und Sie auf den nächsten Schritt beim Nichts-Kaufen vorbereiten: auf das Bitten.

Darias Buy-Nothing-Geschichte

»Ganz ehrlich, ich vertraue meiner Gruppe rückhaltlos – dass sie mir beistehen und alles schenken wird, was ich je gebrauchen könnte, sollte ich noch ein Kind bekommen. Das gibt mir die Freiheit, alles sofort wegzugeben, wenn meine Tochter es nicht mehr braucht. Ich verschenke Kleidung und Spielzeug, wenn wir ihnen entwachsen sind; ich verschenke übrig gebliebene Lebensmittel und alles, was unbenutzt in meiner Garage oder in meinem Kleiderschrank und auf Arbeitsplatten steht oder in Schränken verstaut ist. Ich habe wortwörtlich sogar die schmutzige Wäsche meiner Tochter weggegeben, als ich wusste, sie wäre aus ihr herausgewachsen, noch bevor ich sie für unseren anstehenden Umzug verpackt hätte. Dieses Vertrauen und diese Art von Wechselbeziehung innerhalb meiner ›Buy-Nothing‹-Gemeinschaft haben meine Einstellung zu den Dingen, die ich in meinem Leben benutze, vollkommen verändert.«

Daria Kelsey, ein Mitglied des Buy Nothing Global Team, dem inneren Kern der Projektleiter, Tacoma, Washington

Über Schenk-Ökonomien, Frauen, Armut und Reichtum

Zur Erinnerung: Das Wort Ökonomie stammt vom griechischen Wort *oikos* ab, »Haushalt«. Während den Frauen in der Vergangenheit das Recht auf Eigentum und eine führende

Rolle in der kommerziellen Marktwirtschaft entzogen wurde, sind wir dennoch die eigentlichen Verwalterinnen dieser ersten Wirtschaftsform. Ökonomische Modelle aus Bereichen, die traditionell von Frauen kontrolliert werden, wurden nicht als legitime Modelle für den Mainstream-Handel, die Wissenschaft und die Politik angesehen. Diese Mütter-Ökonomien neigen dazu, andere mit einzubeziehen; sie bedenken Ressourcen, sind nicht auf Wettbewerb ausgerichtet und daher im Kern fair.[26] Wir können bezeugen, dass die Mehrheit unserer mehr als 6000 Freiwilligen im »Buy Nothing«-Projekt (zu mindestens 95 Prozent) Frauen sind. Für uns ist das nicht überraschend, da wir glauben, dass Frauen in der Regel die Verwalterinnen dessen sind, was aus den meisten Häusern kommt und dort auch hineingeht. Wir packen alles ein, wir packen alles aus.

Wir haben Freiwilligen vor Ort geholfen, in Dutzenden von Ländern lokale Schenk-Ökonomien aufzubauen, die das gesamte Spektrum der sozioökonomischen, rassischen, ethnischen, religiösen, kulturellen und politischen Vielfalt abdecken. Jede Nachbarschaft auf der ganzen Welt hat Zugang zu der gleichen Fülle an Großzügigkeit, unabhängig vom durchschnittlichen Einkommensniveau oder der finanziellen Stabilität. Wir stützen uns bei dieser Aussage auf direkte Erfahrungen und Beobachtung. Wenn Mitglieder weniger wohlhabender Nachbarschaften ihre Besorgnis ausdrücken, dass es »keine guten Sachen« oder »nicht genug davon« in ihrer örtlichen Nachbarschaft gäbe, um eine »Buy Nothing«-Gruppe zu gründen, konnten wir dies immer widerlegen. Es gibt keine nachbarliche Gemeinschaft ohne Geschenke, keine Gemeinschaft, in der nur wenig Freundlichkeit beziehungsweise gegenseitige Fürsorge anzutreffen ist. In der Tat sehen wir häufig, dass Schenk-Ökonomien in den Vierteln, in denen finanzielle Armut nicht unbekannt ist, schneller wachsen als in denen, wo die Mehrheit der Einwohner wohlhabend ist. Der Aufbau einer neuen Schenk-Kultur oder die Pflege einer intakten, bestehenden ist eine Arbeit, an der jede und jeder von uns vollwertig und gleichberechtigt teilnehmen kann. Die wertvollsten Gaben, die wir gesehen haben, sind die Gabe der menschlichen Verbundenheit, individuelle Dienste und der Einsatz der eigenen Person; es sind Geschenke des Wissens, der Zeit, der Erfahrung und anderer immaterieller Güter. Sie sind es, die das Leben am stärksten verändern können, und es sind Gaben, die wir alle geben und empfangen können.

Wenn es um das Geben geht, kann man nichts falsch machen. Wir bieten unsere wichtigsten Tipps und Ideen in diesem Buch an, damit das Geben eine schnelle und tiefgreifende Veränderung bewirkt, und dabei gibt es keinen falschen Weg. Kein Geschenk ist zu groß und keines zu klein. Machen Sie sich über Ihr Geschenk so viele Gedanken, wie Sie mögen, setzen Sie Grenzen, was Ihre eigene Person und Ihre Sachen angeht, um so zu geben, dass es Ihr Leben verbessert, während Ihre Gaben zugleich das Leben anderer Menschen aufwerten. Die Mehrheit der Teilnehmer am »Buy Nothing«-Projekt sind Frauen, was nicht überrascht, denn Studien zeigen, dass Frauen dazu neigen, großzügiger zu sein als Männer. Laut der Zeitschrift *Money* kann der Unterschied durch unsere Motivationen erklärt werden: Frauen glauben gerne, dass anderen zu helfen glücklicher macht, als Geld für sich selbst auszugeben, und Frauen definieren Erfolg eher durch Großzügigkeit gegenüber anderen als durch persönlichen Reichtum.[27] Wir sagen damit aber nicht, dass Frauen auf Kosten des eigenen Wohlergehens geben oder über ihre persönlichen Grenzen hinausgehen sollen.

Studien zeigen auch, dass Menschen mit niedrigem Einkommen eher »prosozial« eingestellt sind. Das bedeutet, dass sie weniger egoistisch sind und aus Mitgefühl meist mehr teilen. Dr. Paul Piff, Psychologe an der University of California, Irvine, der die Großzügigkeit von Menschen unterschiedlicher sozioökonomischer Schichten studiert hat, erklärte in einem Interview mit dem NPR: »Die wichtigste Variable, die unseres Erachtens dieses unterschiedliche Muster des Gebens, Helfens und der Großzügigkeit in den oberen und unteren Bevölkerungsschichten am besten erklärt, sind die Sensibilität und die Sorge um das Wohlergehen anderer Menschen und vor allem die Emotion, die wir Mitgefühl nennen.«[28] Hören Sie auf Ihr Mitgefühl, wenn Sie geben, aber achten Sie auch auf Ihre Grenzen. Geben Sie nicht, wenn diese Gabe Ihnen oder Ihrer Familie finanziell schadet oder Sie unter Zeitdruck bringt. Geben Sie, wenn es gut in Ihren Tag passt, nicht, wenn es auf irgendeiner Ebene belastend ist. Und lassen Sie bitte jede Angst fahren, die bei Ihnen wegen eines möglichen Mangels aufkommen könnte; vertrauen Sie darauf, dass es genug für alle gibt. Wie Darias Geschichte zeigt, ist es leicht zu geben, wenn Sie tief in Ihrem Herzen wissen, dass um uns herum so viel Großzügigkeit ist. Heute können Sie etwas weggeben, und Sie bitten um einen Ersatz dafür, wann immer Sie etwas aus Ihrer Gemeinschaft des Teilens brauchen.

Wenn Sie geben, probieren Sie verschiedene Wege aus oder halten sich an nur einen einzigen; geben Sie schnell und alles auf einmal oder langsam und alles nacheinander. Geben Sie laut oder leise, egal, wie: Geben Sie einfach. Alles Geben ist ein gutes Geben.

Wie man eine Schenk-Ökonomie-Gruppe aufbaut

Wenn es keine örtliche Schenk-Ökonomie-Gruppe gibt, der Sie sich anschließen können, dann gründen Sie Ihre eigene:

1. Begründen Sie eine Kultur des Schenkens oder eine Schenk-Ökonomie, indem Sie Ihr Vorhaben ankündigen und Menschen zum Mitmachen einladen. Halten Sie monatlich ein Geschenke- und Essenstreffen ab, oder verbreiten Sie die Nachricht mit einem Flyer in Ihrem Lieblingscafé oder örtlichen Treffpunkt, oder per E-Mail, mit einem Gruppentext, über eine Social-Media-Plattform oder ein anderes Mittel.
2. Tun Sie das Gleiche am Arbeitsplatz, in der Schule oder in Ihrem Gottesdienstraum. Versammeln Sie eine Kerngruppe von Gebern und Empfängern und bitten Sie sie, ihre Freunde in die Geber-Gruppe einzuladen.

3. Ermutigen Sie interessierte Menschen, sich wöchentlich in einem öffentlichen Park zu treffen, um das weiterzugeben, was jeder im Überfluss hat.
4. Nutzen Sie Ihre persönlichen sozialen Medien, um regelmäßig Geschenke für Freunde vor Ort zu posten und um das zu bitten, was Sie brauchen. Machen Sie es vor, und andere werden Ihrem Beispiel folgen.
5. Stellen Sie eine Umsonst-Kiste an Ihrer Grundstückseinfahrt, am Gebäudeeingang oder in den Gemeinschaftsräumen Ihres Wohnhauses ab.
6. Suchen Sie ein lokales Café, einen Bahnhof oder einen Treffpunkt, der offen und frei zugänglich ist, sodass man dort eine Kiste kostenlos aufstellen kann, in der Menschen von nebenan entsprechende Gegenstände einlegen können.
7. Stellen Sie einen Korb mit überschüssigen Produkten in einem Park in Ihrer Nachbarschaft auf. Fügen Sie weitere Gegenstände hinzu, indem Sie andere dazu einladen, dasselbe zu tun.
8. Fragen Sie Ihre öffentliche Bibliothek, ob Sie ein Schwarzes Brett für die Schenk-Ökonomie aufhängen dürfen, an dem andere ihre Fragen, Geschenke und ihre Dankbarkeit veröffentlichen können.
9. Öffentliche Schwimmbäder können Kisten als »Umsonst-Läden« aufstellen. Das Schwimmbad in unserer Nähe bietet eine Auswahl an Badeanzügen, Handtüchern und Kleidung für diejenigen an, die sie benötigen.

10. Wochenmärkte und Hundewiesen sind weitere Orte für eine tägliche oder auch wöchentliche Teilungsaktion.
11. Beginnen Sie eine kurze Spendensammlung nach Ihrer Lesegruppe, nach Schul- und Gemeindeversammlungen oder nach Ihrem Strickkreis.

Viele von uns wissen sehr wenig über ihre Nachbarn. Es sind Wohngegenden, die wir auf unserem Weg von der Privatsphäre unseres Zuhauses zu den Orten durchqueren, wo wir jeden Tag sein müssen. Wir sind entweder zu beschäftigt, um noch mehr Kontakte zu knüpfen, sind vielleicht zu süchtig nach unseren Smartphones und den sozialen Medien. Viele von uns verbringen keine Zeit mehr damit, in ihren Wohngebieten präsent zu sein und die Menschen um uns herum zu erreichen. Stattdessen sind wir stundenlang auf unseren Geräten online und verbinden uns mit weit entfernten Kontakten. Unsere gesamten sozialen Infrastrukturen haben sich zu einer virtuellen Online-Infrastruktur entwickelt, in der sehr schnell die reale Welt und persönliche Begegnungen ersetzt werden, die wir früher noch täglich mit unseren Nachbarn hatten.

Die letzten sechs Jahre seit der Einführung von »Buy Nothing« haben uns allerdings gezeigt, dass das legendäre Dorf aus der Vergangenheit, in dem die Schenk-Ökonomie florierte, noch nicht ganz untergegangen ist. So etwas gibt es immer noch. Es ist aus Notwendigkeit, durch die gesellschaftliche Entwicklung der Menschen und aus Liebe entstanden, hoch im Himalaja und in anderen Gegenden mit einer kontinuierlichen Schenk-Kultur. Dergleichen ist auch hier anzutreffen, in unseren eigenen Städten, und kann oft durch genau die Dinge ermöglicht werden, die so in der Kritik stehen. Warum greifen wir nicht zu Social Media und Smartphones und benutzen sie für uns, um persönliche Verbindungen untereinander zu schaffen? Wenn Sie Ihre persönlichen Online-Accounts benutzen, um in Ihrem sozialen Netzwerk Geschenke anzubieten, leisten Sie ja genau dies. Wir selbst arbeiten auf unserer eigenen kostenlosen globalen Schenk-Ökonomie-App, soop.app (Share On Our Platform).

Myras Buy-Nothing-Geschichte

»Vom ersten Tag an habe ich mir vorgestellt, dass ich mich in die Hände dieser Gemeinschaft fallen lasse und alles loslassen würde – im vollen Bewusstsein, ›aufgefangen‹ zu werden. Unter dieser Prämisse habe ich den Mut gefunden, tatsächlich loszulassen – zu geben UND zu nehmen. Ich ermutige alle anderen Menschen, ebenfalls ›loszulassen‹. Sie werden auf vielfältigere Weise, als Sie sich vorstellen können, überrascht und belohnt werden. Zögern Sie nicht, zu bitten oder zu geben. Denn genau das macht uns zu Menschen.«

Myra Zocher, Bainbridge Island

Sie zögern noch *immer*? Vielleicht sind Sie der Meinung, dass Sie nichts zu teilen haben. Aber glauben Sie uns, Sie haben viel zu geben. Vertrauen Sie darauf, wie Myra sagt, dass Ihr Geben akzeptiert wird und allmählich ein Sicherheitsnetz um

Ihre gesamte Gemeinschaft webt, denn Ihre Gaben inspirieren andere dazu, das Gleiche zu tun. Eine reine Schenk-Ökonomie schätzt jedes Mitglied gleichermaßen als Geber und Empfänger. Wir alle sind integraler Bestandteil des Ganzen, und jede unserer Gaben hat den gleichen Wert. Was für Sie wertlos sein könnte, was Sie sogar für Müll halten, könnte für jemand anderen, der direkt neben Ihnen wohnt, von unschätzbarem Wert sein. Stellen Sie sich die Überraschung unseres Freundes Matthew Clemente vor, als er zustimmte, in seiner lokalen »Buy Nothing«-Projektgruppe im Namen eines Freundes dessen nicht funktionsfähige Beinprothese zu posten, die er nicht wegwerfen wollte. Innerhalb weniger Stunden erhielt er Antworten, eine davon von einer Professorin der University of Washington, die sagte, sie hätte gerne diese Beinprothese als Werkstück für ihre Klasse, weil sie Prothetik lehre. Der Müll des einen ist in der Tat der Schatz des anderen.

Sich selbst geben

Stephs Buy-Nothing-Geschichte

»Ich wuchs in Hamilton auf, zog von dort weg, kam zurück, zog wieder weg und kam nach dem Verlust meines gesamten Besitzes bei den Hurrikanen Irma und Maria auf St. Thomas erneut hierher. Mein ganzes Haus ist jetzt voller ›Buy Nothing‹-Möbel und Fundstücken aus Gebrauchtwarenläden.

Doch nicht nur das, ich habe außerdem auch wunderbare Menschen kennengelernt. Gerade hatte ich jemanden, den ich über die Gruppe kennengelernt habe, für fünf Wochen wegen seiner täglichen Strahlentherapie bei mir aufgenommen.«

Steph Moffat, örtliche Freiwillige für »Buy Nothing«, Hamilton-Wenham, Massachusetts

Wenn Sie immer noch ratlos sind und das Gefühl haben, dass Sie nichts geben können, versuchen Sie es hiermit: Welches Talent, welche Fähigkeit oder Unterstützung können Sie geben? Sich selbst zu geben ist das berührendste Geschenk, das Sie machen können, vielleicht auch das schwierigste, weil es von Ihnen verlangt, etwas zu geben, das nicht materiell, sondern Teil von Ihnen und Ihrer Persönlichkeit ist und Ihre Anwesenheit und Zuwendung erfordert. Ohne Frage ist dies das bedeutendste und langlebigste Geschenk, das zudem die größte Wirkung hat. Ein solches Geschenk muss nicht kompliziert sein. Stephs Geschenk des Transports und der Gesellschaft für ihren Nachbarn, der sich einer Chemotherapie unterzog, bedurfte keiner besonderen Fähigkeiten, erzielte aber dennoch eine große Wirkung.

Wir ermutigen Sie auszuprobieren, anderen Menschen ein wenig von sich zu geben. Was fällt Ihnen leicht, das für einen anderen vielleicht schwer umzusetzen ist? Geben Sie genau das. Können Sie einen Kühlschrank gut saubermachen? Sind Sie ein guter Lektor? Arbeiten Sie gerne im Garten? Haben

Sie einen Lastwagen? Können Sie Fenster putzen oder einen Boden wischen? Machen Sie gerne Porträts? Können Sie Haare schneiden? Sind Sie ein guter Koch? Haben Sie auf Ihrem Segelboot Platz für eine weitere Person, die mit Ihnen segeln kann? Können Sie einen platten Fahrradreifen oder das Fahrradlicht reparieren? Kennen Sie sich mit lokalen Wildpilzen gut aus? Spielen Sie gerne Brettspiele? Haben Sie gute organisatorische Fähigkeiten? Können Sie jemandem das Stricken oder Nähen beibringen? Sie sehen, worauf wir hinauswollen.

Jills Buy-Nothing-Geschichte

»Angebot: Persönliche Anleitung zum Falten von Spannbetttüchern.

Ich habe versucht, mir etwas Immaterielles auszudenken, das ich anbieten könnte. Ich bin eine ›Expertin‹ im Falten von Spannbetttüchern. Meine Mutter hat es mir in jungen Jahren beigebracht, und seitdem mache ich es immer wieder. Wenn Interesse besteht, könnte ich dafür einen Raum in der Bibliothek reservieren.«

Jill Smulson, Elkridge, Maryland

Jills Angebot stieß auf eine so positive Resonanz, dass sie tatsächlich einen Raum in ihrer örtlichen Bibliothek für ihre kostenlose Anleitung zum Spannbetttuch-Falten reservierte, um diese geheimnisvolle Kunst weiterzugeben.

Denken Sie sich ein Geschenk Ihrer selbst aus und bieten Sie es Ihrer Gemeinschaft an. Sie werden weitere Beziehungen und ein Gefühl der Zufriedenheit gewinnen, in dem Wissen, dass Sie etwas Außergewöhnliches getan haben, das Auswirkungen haben wird – auch wenn es nur der Transport zum Supermarkt ist für jemanden, der eine Mitfahrgelegenheit braucht. Fangen Sie an und tun das, was Menschen am besten können: Geben Sie! Achten Sie darauf, wie es geht, wen Sie dabei treffen und wie Sie sich dabei fühlen.

Wir laden Sie ein zu geben

So erfüllen Sie Ihre Gabe bei »Buy Nothing« mit Leben. Wir ermuntern Sie, dreierlei zu geben.

Ihr erstes Geschenk wird ein Gegenstand mit einer einfachen Geschichte sein. Nehmen Sie etwas Altes aus Ihrem Haus, das vielleicht im Kofferraum Ihres Autos herumklapperte oder in der hintersten Ecke einer Schublade verstaut war. Etwas, das eine Geschichte wie diese hat: »Ich habe drei Messbecher! Ich brauche aber nur einen. Ich würde gerne für zwei von ihnen ein neues Zuhause finden. Ich habe keine Ahnung, wie ich so viele angeschafft habe, und sie haben keinen besonderen Platz in meinem Herzen. Wer kann einen davon brauchen? Was werden Sie damit backen?«

Ihre zweite Gabe wird eine Gabe Ihrer selbst sein. Sie können es sich leicht machen und etwas anbieten, das Sie selbst gemacht haben (noch niemand hatte bislang Probleme, einen bereitwilligen Empfänger für einen selbstgebackenen Kuchen oder eine warme Mahlzeit zu finden), aber wir hoffen, dass Sie sich um etwas noch Persönlicheres bemühen: Wenn Sie gerne backen, wählen Sie ein Rezept, das Sie an eine besondere Person erinnert, und geben Sie eine Geschichte über sie mit, einschließlich des Rezepts und Ihrer selbstgebackenen Gabe. Wenn Sie geschickt sind, bieten Sie an, etwas herzustellen (stricken Sie einen Schal in den Lieblingsfarben von jemandem, häkeln Sie einen weichen Waschlappen für ein Baby oder einen älteren Mitmenschen). Wenn Sie handwerklich begabt sind, bieten Sie an zu reparieren, was kaputt ist, oder bauen Sie etwas Neues. Wenn Sie ein Hobby oder eine berufliche Fähigkeit haben, die Ihnen Spaß macht, bieten Sie Ihr Wissen oder Ihre Kreationen an: Nähen, Malen, Gartenarbeit, Vorlesen, Senden von aufmunternden Notizen oder E-Mails, Schreiben von Gedichten, Singen, Spaziergänge mit jemandem, einen gemeinsamen Lieblingsspaziergang in der Stadt oder einem wenig bekannten Park, einen Ausflug in ein Museum, Rasenmähen, Schneeschaufeln, Karten spielen, Pediküre, Speisekammer aufräumen. Wir haben das alles und noch mehr gesehen. Die Gabe selbst ist nicht wichtig. Der Schlüssel liegt darin, eine persönliche Gabe zu wählen, die Ihnen Freude bereitet; es soll nichts sein, das Sie zermürbt oder belastet. Verwandeln Sie etwas, das Sie gerne tun würden, in ein Geschenk für eine andere Person, damit das Geben und Empfangen rundum Freude bereitet. Wenn Sie eine verborgene Fähigkeit oder ein entsprechendes Interesse haben, wovon Ihre Freunde nichts wissen, werden Sie hoffentlich einen Weg finden, es als Geschenk Ihrer selbst anzubieten. So erweitern Sie Ihre Präsenz in Ihrer Gemeinschaft, sodass die Menschen allmählich Ihre ganze Persönlichkeit erkennen und schätzen lernen.

Ihr drittes Geschenk wird ein Gegenstand sein, der eine bedeutungsvolle Geschichte hat und den Sie nicht mehr haben wollen. Das kann etwas sein, woran gute Erinnerungen hängen, von denen Sie sich wünschen, dass die damit verbundene Freude in der Welt ausstrahlt. Oder vielleicht ist es etwas, das kompliziertere, gemischte oder sogar schmerzhafte Erinnerungen birgt, und Sie würden gerne miterleben, wie es einen neuen Besitzer findet, bei dem ein glücklicheres Kapitel aufgeschlagen wird, was wiederum die Bedeutung des Gegenstandes für Sie verändern wird und Ihnen die Möglichkeit bietet, ein neues Glück, eine Befreiung oder eine Lösung durch den Akt des Gebens zu erfahren.

Das Verschenken Ihres alten Brautkleides ist zum Beispiel eine Möglichkeit, Ihre glückliche Ehe zu ehren und zugleich eine neue Braut mit diesem Gewand der Liebe zu kleiden, oder es trägt dazu bei, etwas Positives aus der Trauer über das Ende einer Ehe entstehen zu lassen. Es gibt viele solcher Dinge in unseren Wohnungen: vererbtes Geschirr und Möbel, Bücher mit Eintragungen in einer Handschrift, die wir nicht mehr sehen wollen, Geschenke von ehemaligen Geliebten, merkwürdiger Nippes von Großtanten. Schauen Sie sich um und finden Sie etwas, das eine Geschichte hat, die Sie erzählen möchten, egal, ob sie glücklich, traurig oder ganz anders ist, aber dennoch eine Geschichte, die eine Bedeutung für Sie hat, eine Verbindung mit Ihrer eigenen Lebensgeschichte. Dieses Geschenk ist zweierlei zugleich – Ihre Gabe und Ihre Geschichte. Geben Sie auf jeden Fall beides, in welcher Form auch immer. (Es ist nicht nötig, ein Buch oder gar einen Aufsatz darüber zu schreiben; Geschichten können auch erzählt, auf ein Notizkärtchen gekritzelt oder auf jede andere Weise mitgeteilt werden, die Ihnen, der Geschichtenerzählerin oder dem Geschichtenerzähler, gefällt.)

Wenn Sie Ihre Geschenke gewählt haben, entscheiden Sie, wie Sie sie anbieten. Denken Sie daran, dass Sie für Ihre Spenden verantwortlich sind und alles Geben ein gutes Geben ist: Sie können diese Geschenke einer großen Personengruppe anbieten, oder Sie können mögliche Empfänger nach Ihren eigenen Kriterien auswählen. Machen Sie eine Liste, was Sie geben wollen, wem, wann und wo Sie etwas schenken möchten, und schon haben Sie Ihre eigene Schenk-Ökonomie entworfen!

Um diese Veränderung noch unterhaltsamer und erfolgreicher zu gestalten, fangen Sie mit einer Gruppe von Freunden oder Mitarbeitern an. Nehmen Sie an unserem weltweiten Diskussionsforum auf buynothinggeteverything.com teil, um notwendige Unterstützung von anderen zu erhalten, die an derselben Herausforderung zu knabbern haben. Sie werden dort eine Gemeinschaft von gastfreundlichen Menschen finden, die gerne Ideen austauschen und all die Grundgedanken weitergeben wollen, die wir hier vorstellen. Sprechen Sie persönlich darüber, senden Sie E-Mails oder Flyer, um Ihr eigenes persönliches, örtliches Netzwerk des Gebens aufzubauen.

Bayans Buy-Nothing-Geschichte

»Ich habe gelernt, ein wenig Mut aufzubringen. Man klopft an eine Tür und weiß nicht, was auf der anderen Seite passiert. Ich denke, die Geber-Gruppe bringt das Gute in den Menschen hervor. Wir sind alle Menschen und alle gleich.«

Bayan Kazem, Winnipeg, Manitoba[29]

Schritt 2: Bitten

LaTonyas Buy-Nothing-Geschichte

»In einer Schenk-Ökonomie gibt es keine Einteilung nach Reichtum oder Status. Wir alle haben gleichermaßen Wünsche und Bedürfnisse. Wir alle besitzen Dinge, die wir teilen können. Es gibt niemanden, der zu viel Zeit zu verschenken hätte, zu viel Lächeln, das er anderen schenken könnte, zu viele Kekse, die gegessen werden müssten. Um eine Schenk-Ökonomie wirklich zu verstehen, muss man begreifen, dass man selbst Teil einer Bewegung ist, die sich dafür einsetzt, alternative Möglichkeiten des Teilens, Helfens und Empfangens zu schaffen. Viele von uns wissen ja nichts von der Fülle, in der sie leben könnten: von der menschlichen Verbindung ... die aus unserem verantwortungsvollen Konsum, Mitgefühl, aus Freundlichkeit und Großzügigkeit resultiert.«

LaTonya Baldwin, »Buy-Nothing«-Projekt;
regionale Freiwillige, Michigan

Die meisten von uns haben Schwierigkeiten, um das zu bitten, was wir haben wollen und was wir brauchen. Warum ist das so? In einer Gesellschaft zu leben, die Unabhängigkeit und Autonomie propagiert, bedeutet, dass viele von uns die Botschaft verinnerlicht haben, es wäre eine innere Schwäche und sogar ein Versagen, wenn wir unsere Verletzlichkeit, Bedürfnisse und Wünsche offenbaren. Menschen, die sich selbst verwirklicht haben, brauchen ja angeblich keine anderen Menschen. Wir streben danach, uns all die Ressourcen zu leisten, die wir in unserem Leben brauchen könnten oder vielleicht haben wollen, selbst auf Kosten anderer. Schenk-Ökonomien basieren dagegen auf der grundsätzlichen Annahme, dass genug für alle da ist und unser gemeinsames Teilen Beziehungen zwischen uns entstehen lässt, Beziehungen, die uns schützen und unterstützen, uns viel bieten und unsere Freude vergrößern. Kein Mensch ist eine Insel für sich allein. Wir erfahren sehr viel mehr Freude, wenn wir mit anderen sowohl in Zeiten des Überflusses als auch des Mangels verbunden sind.

Ein Mitglied aus einer unserer ersten Gruppen im Bundesstaat Washington postete die Bitte um frische Blumen aus den Gärten der Nachbarschaft, die für seine Frau arrangiert werden sollten, wenn sie aus dem Krankenhaus zur Hospizpflege nach Haus zurückkehren würde. Als sie zum letzten Mal nach Hause kam, waren auf ihrer Veranda Eimer und Vasen mit Blumen arrangiert, die von Fremden gespendet worden waren, weil sie die Kranke mit natürlicher Schönheit, Duft und Freundlichkeit umgeben wollten, ehe sie dieses Leben verließ. Bitten wie diese, die eine große Verwundbarkeit beim Aussprechen offenbaren, haben andererseits gewaltige Belohnungen zur Folge, und Empfänger wie Gebende spüren dies. Diese Bitten werden Teil der örtlichen Geschichten, die die Kultur des Mitgefühls in einer Nachbarschaft bestimmen.

Geld trennt uns, Schenk-Ökonomien verbinden uns

Vielleicht gibt es so etwas wie eine originelle Idee gar nicht. Während wir uns noch darum bemühten, unsere Philosophie in Worte zu fassen, stießen wir auf die Schriften des Autors Charles Eisenstein, eines Verfechters der Schenk-Ökonomie. Bei ihm fanden wir eine Bestätigung dafür, auf dem richtigen Weg zu sein. Nachdem wir Hunderte von gesunden Schenk-Ökonomien jahrelang beobachtet hatten, kamen wir zu dem Schluss, dass Geld doch keine so wunderbare Sache ist. Wie Eisenstein sagt, trennt es uns vielmehr. Die Marktwirtschaft erzeugt Isolation, und Geld trennt uns voneinander. Wenn wir für etwas bezahlen, haben wir keine dauerhafte Verpflichtung gegenüber dem Verkäufer und sind losgelöst von der Person, die den Gegenstand produziert hat, ihn wachsen ließ oder geerbt hat. Wenn Sie jemanden für seine Dienstleistung bezahlen, gehen Sie beide keinerlei Verbindlichkeiten ein, außer, was Bezahlung und Service angeht. Sie spüren eine geringere Neigung, sich mit dem Verkäufer zu beschäftigen, weil die Beziehung durch eine monetäre Transaktion definiert wird. Innerhalb dieser Gleichung beschränkt das Geld unsere

Rollen und bildet eine Barriere für unsere Verbindung als Gleichberechtigte. Zusammengefasst kann man sagen, dass die Marktwirtschaft auf einem Modell des Mangels beruht. Weil wir annehmen, das Angebot wäre begrenzt, werden wir zu dem Glauben verleitet, es gäbe nicht genug für alle, weshalb wir um die gleichen Ressourcen miteinander in Wettbewerb treten und denken: »Mehr für dich bedeutet weniger für mich.«[30] Wir werden voneinander isoliert; jeder von uns will mehr als der andere.

Die Geldwirtschaft zerstört die Gemeinschaft, weil sie das Geben und Empfangen von Gaben durch bezahlte Dienstleistungen ersetzt und uns in eine Welt von Fremden stürzt. Weil sie grundsätzlich auf Wettbewerb ausgerichtet ist, beschert sie uns obendrein die Erfahrung einer feindlichen Welt, in der niemand sich wirklich kümmert.[31]

Charles Eisenstein

Im Gegensatz dazu funktioniert die Schenk-Ökonomie auf der Grundlage des Überflusses, auf der Zusicherung, dass man etwas nicht für immer verlieren wird, wenn man es weggibt. Falls man einen solchen Artikel je wieder brauchen sollte, wird es immer weitere dieser Art geben. Und es gibt einen Wert an sich, der dem Geben innewohnt: Ihre Gabe verbindet Sie mit jemand anderem und bereichert dessen Leben. Oftmals ist mit der Gabe eine Geschichte verknüpft, und diese Geschichte wird zu einem Teil unserer kollektiven Erzählung, was ein zusätzliches Geschenk darstellt. Die Geschichte wirkt wie Klebstoff, und wir erzählen sie immer wieder, weil wir uns dabei gut fühlen. Im Gegenzug erfahren wir etwas über den Geber und den Empfänger.

So wie das Geben erzeugt auch das Bitten eine Verbindung. Das Bitten, beziehungsweise der Akt des Empfangens, ist ein maßgeblicher Teil der Schenk-Ökonomie-Gleichung. Das Bitten erfordert Vertrauen, Mut und die Bereitschaft, die eigene Verwundbarkeit zu zeigen, aber auch den Glauben, dass unsere Wünsche nicht unseren Wert oder unseren Respekt in den Augen anderer verringern werden. Vielmehr fördern unsere Bitten die gegenseitige Abhängigkeit, was uns allen zugutekommt.

Aber, seien wir ehrlich, das Bitten ist für viele von uns einer der schwierigsten Schritte bei der »Buy Nothing«-Herausforderung. Besonders wir Frauen fühlen uns verwundbar und exponiert, wenn wir unsere Bedürfnisse äußern. Warum ist das so? Viele von uns halten dies für ein Zeichen von Schwäche oder Respektlosigkeit. Traditionell werden Frauen dahingehend sozialisiert, selbstlos und nett zu sein, und nette Mädchen bitten nicht um etwas, was sie haben wollen. Nette Mädchen akzeptieren, was immer man ihnen gibt, ganz gleich, ob es ihren wahren Bedürfnissen oder Wünschen entspricht. Studien haben gezeigt, dass Frauen oft nicht das bekommen, was sie haben wollen und was sie verdienen – ganz einfach, weil Frauen nicht bitten.[32] Man hat uns vermittelt, es sei unsere Aufgabe zu *geben*, nicht etwas zu *bekommen*. Mädchen und Frauen werden oft dazu erzogen, Versorgerinnen innerhalb der Gesellschaft zu sein, und haben daher Schwierigkeiten und fühlen sogar Scham, ihre eigenen Bedürfnisse auszudrücken. Sie unterdrücken sie, um das auszubilden, was die Gesellschaft als unser größtes Potenzial ansieht: anderen zu helfen. Vielleicht macht genau das uns Frauen gewissermaßen zu Meisterinnen, wenn es darum geht, für andere zu bitten, während wir äußerst zurückhaltend sind, wenn es darum geht, um Dinge für uns selbst zu bitten. Wenn wir um etwas bitten, was jemand anders braucht, empfinden wir diese Bitte als gerechtfertigt. Machen wir beim Nichts-Kaufen mit, werden wir daran erinnert, dass jeder Mensch es verdient, Geschenke zu erhalten – wirklich jeder und jede Einzelne von uns. Das gilt auch für Sie.

Viele von uns haben auch aus der Erfahrung gelernt, dass das Bitten um Dinge anderen Menschen eine Form von Macht über uns gibt: Wir werden von jemand anderem abhängig oder ihm gegenüber verpflichtet. Zu oft werden »Geschenke« dieser Art – wenn etwa ein Begleiter für ein Abendessen bezahlt oder wenn wir um eine Gehaltserhöhung bitten – mit Bedingungen versehen. Das liegt auch daran, dass in der Marktwirtschaft die Menschen, die etwas zu geben haben, oft diejenigen sind, die mehr Macht haben als wir.

Schenk-Ökonomien können diese Verbindung von Geschenk und Macht aufheben. In einer Schenk-Ökonomie, wenn ein Geschenk aus freien Stücken gegeben wird, gibt es keine Bedingungen. Wenn das Bitten und das Geben dort öffentlich vollzogen werden, findet man keine versteckten Fäden, die man ziehen könnte. Und wenn jeder um etwas bittet, erkennen wir auch alle die Wahrheit: Keiner von uns ist völlig autark. Wir alle kennen Dinge, die wir haben wollen und die wir brauchen, die wir nicht selbst erschaffen können, und da ist kein Platz für Scham.

Überlegen Sie: Wenn ein Freund Sie um etwas bittet, denken Sie dann geringer von ihm? Natürlich nicht. Normalerweise sind wir dankbar dafür, dass wir denen geben können, die darum bitten. Wir wollen Ihnen dabei helfen zu erkennen, dass das Bitten nicht nur eine Stärke ist, sondern auch eine Tugend – eine Tugend, durch die eine Kettenreaktion des Gebens in Gang gesetzt wird.

Wir haben vergessen, wie man bittet

Wir sind es nicht mehr gewohnt, um etwas zu bitten, weshalb viele Mitglieder von »Buy Nothing« sagen, dass das *Bitten* zu den schwierigsten Dingen gehört – es sei viel einfacher und unkomplizierter, einfach nur zu geben, als sich selbst verwundbar zu machen, indem man um das *bittet*, was man braucht. In seinem Buch *Ökonomie der Verbundenheit. Wie das Geld die Welt an den Abgrund führte – und sie dennoch jetzt retten kann* erklärt Charles Eisenstein, wie groß die Abneigung vieler von uns gegenüber diesem Gefühl der Verpflichtung oder Dankbarkeit ist: »Wir wollen keine Geschenke erhalten, weil wir niemandem verpflichtet sein wollen. Wir wollen niemandem etwas schulden. Wir wollen nicht von Geschenken oder der Wohltätigkeit anderer abhängig sein – ›Ich kann selbst dafür bezahlen, danke. Ich brauche dich nicht‹.«[33]

Dieser Instinkt, eher zu kaufen, anstatt zu bitten, kostet uns im wahrsten Sinne des Wortes etwas. Ende 2018 erreichten die Kreditkartenschulden in den USA eine Rekordhöhe von etwa 8284 Dollar je Durchschnittshaushalt.[34] Wir statten unsere Häuser mit den gleichen Gegenständen aus, fahren mit unseren Autos zu den gleichen Schulen, den gleichen Geschäften und Events, ohne dass wir die Fenster herunterlassen und realisieren, wer nebenan wohnen könnte. Wir sind abgeschieden in unserer Autonomie, bezahlen selbst für alles und sind scheinbar autark. Und in der Zwischenzeit beuten viele Produzenten unsere natürlichen Ressourcen aus, um noch mehr Dinge für die voneinander isolierten Bürger zu produzieren, die ihrerseits versuchen, ihre Leere mit Gegenständen zu füllen.

Eine Buy-Nothing-Hochzeit

Haben Sie sich aber erst einmal entschlossen, lieber zu bitten, als zu kaufen, kann etwas Außergewöhnliches eintreten. Wir haben immer wieder gesehen, dass ein beherztes Bitten schöne Ergebnisse zeitigt. Eines der außergewöhnlichsten Beispiele dafür ist eine »Buy Nothing«-Hochzeit. Im Laufe der Jahre hat es viele davon gegeben, und diese Art der durch Nachbarn unterstützten Feier wird für alle Beteiligten zu einer besonders intimen Erfahrung, da die gemeinsame Teilnahme ein reiches Netz des Gebens und Empfangens schafft.

In einigen Fällen sind »Buy Nothing«-Hochzeiten ein großartiges Beispiel dafür, wie aus einem Zustand des Mangels ein Zustand des Überflusses werden kann, ein wundervoller Mikrokosmos des Gebens und Bittens, der wahre Freude und Verbundenheit bewirken kann, noch über die Gästeliste hinaus. Eine Hochzeit zu veranstalten ist nicht nur eine Herausforderung, sondern kann auch unfinanzierbar sein. »Buy Nothing«-Hochzeiten sind dagegen ein Rückfall in frühere und einfachere Zeiten, aber auch ein Weg, um die Hochzeitsindustrie zu umgehen.

Dies fängt oft schon mit dem Kleid an, das geliehen oder geschenkt wird. (Viele verheiratete Frauen haben ihre Hochzeitskleider in ihren Schränken hängen; sie werden nie wieder getragen. Bieten Sie dagegen Ihr Kleid einer zukünftigen Braut an, kann dies der erste Schritt dazu sein, dass Sie die Saat einer »Buy Nothing«-Hochzeit ausbringen.) Auch andere traditionelle Dinge und Höhepunkte, die bei einer Hochzeit wichtig sind, können umsonst miteinander geteilt werden: Essen und Wein, die von den Gästen mitgebracht werden, ein schöner Garten mit Tischen und Stühlen, eine Festfrisur, ein Standesbeamter, ein Streichquartett, Kerzen, Dekorationen, ein Oldtimer.

Die »Buy Nothing«-Projektteilnehmerin Markessa Pinder ist in Kinderheimen aufgewachsen, bis ihre Großmutter sie adoptierte, als sie zwölf Jahre alt war. Nachdem sie mit 27 von einem Freund geflohen war, der sie missbrauchte, ließ sie die Beziehung zu ihrer eigentlichen, wahren Liebe wiederaufleben und schmiedete mit ihm Hochzeitspläne.

Markessa nahm an, sie würden eine einfache Hochzeit im Rathaus veranstalten, mit zwei Freunden als Trauzeugen, weil sie und ihr Verlobter für die Ausbildung und ein Haus sparen wollten. Aber Markessa hatte kein passendes Kleid für diesen Anlass. Sie fragte in ihrer »Buy Nothing«-Gruppe in Kirkland, Washington, ob sie »ein einfaches Partykleid, irgendetwas« ausleihen könnte, »um hübsch auszusehen«.

Robyn Dosono, ein Mitglied der Gruppe, das Markessa nie kennengelernt hatte, hatte ein elegantes Kleid für sie, aber sie fragte sich auch, warum Markessa keine feierlichere Hochzeit ausrichtete, sondern eben nur eine Eheschließung im Standesamt. Privat schickte Markessa eine Nachricht an Robyn, worin sie erklärte, sie hätte keine Familie und nur wenige Freunde in der Gegend. »Das Ganze verschlingt enorm viel Geld. Hochzeiten sind teuer und mit einem Baby und zwei älteren Kindern – da träumt man doch wirklich von anderen Dingen, oder?«, erklärte Markessa später in den Lokalnachrichten.[35]

Robyn postete sofort in der Kirkland-Gruppe und fragte, ob jemand dem Paar zu einer Traumhochzeit verhelfen wollte. »Ich hatte nicht mal eine Mutter, also tat Robyn, was getan werden musste«, erklärte Markessa unter Tränen. Sieben Stunden nach Robyns Post hatte das Paar einen Veranstaltungsort, einen Hochzeitsfotografen und Videofilmer, Hochzeitskleidung und Kleidung für die Brautjungfern, zudem Tische, Stühle, Rosen und Hortensien, persönliche Hochzeitsgeschenke, Gourmet-Gerichte für das Abendessen, das als Buffet ausgerichtet wurde, und einen DJ, der die Feier moderieren sollte. Unaufhörlich trafen die von Fremden gegebenen Geschenke ein: Eine Frau durchsuchte eine Schublade mit alten Sachen und gab einen Ehering aus der früheren Ehe ihres Mannes gerne weiter. Es war eine Gemeinschaftsfeier, die mindestens 10 000 Dollar gekostet hätte, eine Bestätigung dafür, wie Liebe und die gemeinsame Nutzung unserer Talente und unserer Zeit über den Kauf von Dingen triumphieren können. »Es war, als hätten sie um eine Tasse Zucker gebeten, und nun erhielten sie den Kuchen, das Steak und den Hummer dazu«, meinte Carol Myers, eine Teilnehmerin.

»Buy Nothing«-Projektmitglied Erika O'Leary aus Beacon Hill, einem Stadtviertel in Seattle, hatte ebenfalls eine Hochzeit per Schenk-Ökonomie veranstaltet. Für sie war es eine Gelegenheit, ihrer Hochzeit eine besondere Bedeutung zu verleihen, denn die meisten ihrer Freunde waren Menschen, die sie in ihrer örtlichen Schenk-Ökonomie kennengelernt hatte. Laut *Seattle Times*, die von der Hochzeit berichtete, »schmiss« Erika eine »Buy Nothing«-Hochzeit mit einem gespendeten Kleid, gespendetem Kuchen, Dekoration, Blumen, einem Dolmetscher für amerikanische Gebärdensprache für taube Verwandte und einem Hochzeitsfotografen. Ihre größte Ausgabe waren 300 Dollar für den Veranstaltungsort.[36] Eine Hochzeit kann im Durchschnitt leicht 30 000 Dollar kosten. Weil aber die Teilnehmer einspringen, geht es bei Schenk-Ökonomie-Hochzeiten mehr darum, dass alle an diesem Übergangsritus teilhaben.

Schritt 2: Bitten

Wir haben das »Buy Nothing«-Projekt vorgestellt, bei dem Sie für eine Woche oder länger nichts kaufen. Vielleicht haben Sie ohnehin nicht das Bedürfnis verspürt, etwas zu kaufen. Vielleicht aber doch: Gibt es etwas, das Sie haben wollen oder zu brauchen glauben, sodass Sie einen Gang in den Laden erwägen? Gibt es einen Gegenstand, der repariert werden könnte, oder etwas, bei dem Sie einfach nur Hilfe benötigen? Machen Sie eine Liste dieser Bedürfnisse. Dann bitten Sie Ihre Nachbarn oder die Mitglieder Ihrer Spendengruppe um genau das Donut-Backblech, die Leiter oder die Hilfe bei der Reparatur der alten Lampe Ihrer Großmutter.

Also los: Bitten Sie! Es ist Zeit, aus Ihrer Komfortzone herauszukommen und einfach zu bitten! Dies ist die größte Hürde, die Sie davon abhält, mit Ihren Nachbarn, Freunden und Kollegen in Verbindung zu treten und mit Schwung und unbefangen in die Schenk-Netzwerke um Sie herum einzutreten. Dieses Verhalten wird dann auch anderen Menschen zeigen, dass sie ebenfalls um das bitten können, was sie haben wollen.

Die Menschen geben gerne weiter, was ihnen leichtfällt. Manche Menschen jäten gerne im Garten und helfen beim Aufräumen von Schränken, andere machen gerne Chili, einige können problemlos Lebensläufe verfassen, während andere gerne Auto fahren und froh sind, Fahrten anbieten zu können. Dies sind einige Beispiele dafür, was wir für andere tun können. Denken Sie an etwas, das Sie gerne erledigt haben wollen, wo Sie aber immer das Gefühl hatten, Sie müssten dafür jemanden anstellen, der Ihnen dabei hilft. Gehen Sie also hin und bitten um Hilfe – umsonst. Wahrscheinlich wird sich jemand freuen, dass Sie gefragt haben.

Christine, eine junge Mutter aus einem nördlichen Vorort von Detroit, brachte den Mut auf, um etwas zu bitten, wovon sie sich nie erträumt hätte, dass es wahr werden würde: um gesammelte Flugmeilen für einen Flug nach Korea. Christine wurde in Korea geboren, wuchs aber in Michigan bei ihrer Adoptivfamilie auf. Zu Beginn des Jahres hatte sie wieder Kontakt zu ihrer biologischen Familie in Südkorea aufgenommen und wollte sie zum ersten Mal besuchen. Christines Bitte gab einer Fremden die Chance, ihre überschüssigen Meilen für deren lebensverändernde Reise zu spenden. Voller Dankbarkeit schrieb Christine: »Diese Schenk-Gruppe hat mir eine Reise nach Südkorea geschenkt, damit ich meine biologische Familie zum ersten Mal besuchen kann. Ich bin überwältigt bei dem Gedanken, dass für diese Reise nun ein Termin im Herbst festgesetzt ist. Als ich nach Flügen suchte und über eine Reise von 6.000 Meilen nachdachte ... Da dachte ich an die Grundsätze der »Buy Nothing«-Gruppe: Keine Bitte hat einen größeren Wert als eine andere. Jede Bitte ist wichtig. Jede Bitte ist es wert, vorgebracht zu werden. Und so habe ich gebeten. Ich hätte mir nie träumen lassen, dass diese Bitte erfüllt würde. Ich schickte sie ins Universum, und das Universum schickte mir unsere Nachbarin.

Unsere Nachbarin Kristy war sehr selbstlos. Sie nahm sich gerade jetzt, während einer sehr anstrengenden Periode in ihrem Leben, die Zeit, mir diesen Flug zu ermöglichen. Sie erinnert uns alle daran, dass keine Bitte zu groß ist und, was mir momentan am wichtigsten ist, dass unsere Gemeinschaft dazu da ist, um einander bei unseren Reisen zu unterstützen. Ihr Geschenk an mich besteht aus weit mehr als nur aus den Flugmeilen. Es geht über jeden Geldwert hinaus. Freunde, dieses Geschenk ist eine Chance, dass ich Erinnerungen speichern kann, dass ich mit meiner Identität versöhnt werde, dass ich ein Ausmaß an Verständnis für meine Vergangenheit und Geschichte erfahre, das ich nie zuvor gehabt hatte. Wir alle haben etwas zu geben. Kristys Geschenk ist Liebe. Sie hat dieses Geschenk einer Nachbarin gegeben, die ihr fremd ist.«

Das Wohlfühl-Messgerät für Christines Spendennetzwerk in Michigan schlug heftig aus, weil nun jedes Mitglied ziemlich gut spürte, wie machtvoll das Schenken sein kann. Eine Nachbarin, deren Sohn in Korea unterrichtet hatte, bot sogar an, Christine mit beliebten Geschenkartikeln aus den USA zu versorgen, von denen sie wusste, dass sie in Korea sehr geschätzt würden, wie etwa Baseballzubehör, das sie ihrer Familie mitbringen könnte.

Lissa Jagodnik ist eine unserer ersten Freiwilligen aus dem Raum Seattle. Sie arbeitete an der Infrastruktur des »Buy Nothing«-Projekts mit, was dazu beitrug, dass daraus ein weltweites Netzwerk wurde. Sie erklärt, dass »Buy Nothing« mit der amerikanischen Tradition vergleichbar sei, neuen Nachbarn selbstgemachtes Gebäck zu bringen, womit man sie in der Nachbarschaft willkommen heißt: »Diese Nachbarin stand nicht mit einem Teller warmer Schokokekse vor der Tür, weil sie dachte, du bräuchtest Kekse, oder weil sie fand, die Kinder im Haus wären zu dünn. Sie stand mit ihren Keksen an der Tür, weil sie ihre neuen Nachbarn kennenlernen wollte. Sie wollte die Menschen kennenlernen, die gerade erst eingezogen waren; sie wollte sich einfach vorstellen. Eine örtliche Schenk-Ökonomie bietet jedem die Möglichkeit, mit einem Teller warmer Kekse in der Hand an die Tür des Nachbarn zu klopfen (wörtlich oder im übertragenen Sinne). Es ist eine Gelegenheit, sich vorzustellen und einander kennenzulernen. Dies ist unser primäres Ziel. Es geht wirklich nicht um die ›Kekse‹. Es geht nicht darum, wer mehr oder wer weniger hat, wer mehr und wer weniger braucht, es geht auch nicht um den Wert der angebotenen oder erhaltenen Geschenke. Es geht darum, Verbindungen herzustellen, den Menschen dabei zu helfen, sich willkommen zu fühlen, und nicht nur unsere materiellen Güter, sondern auch unser Selbst weiterzugeben.«

Alexas Buy-Nothing-Geschichte

»Ich dachte immer, dass Umweltschutz zugleich Entbehrung bedeutet. Als ich mit dem Geben anfing, erzählte ich Geschichten über das, was ich schenkte. Diese Halskette gehörte meiner Großmutter. Diese Lupe bereitete meinem Bruder und mir damals großen Spaß, weil wir damit Raupen und Kröten untersuchen konnten. Eine Nachbarin verschenkte ihre BHs, die sie nach einer beidseitigen Brustamputation nicht mehr tragen konnte. Diese Geschichten öffneten Türen, im wahrsten Sinne des Wortes. Nachdem ich um einen Kaffeebereiter gebeten hatte, befand ich mich unversehens im Wohnzimmer meiner Nachbarin. Ihre Kinder drückten mir ihr Kätzchen ins Gesicht und erzählten mir alles über sein komisches Verhalten, und was sie in der Schule machten. Die Nachbarn begannen miteinander zu reden, alles in Gang gesetzt durch das anfängliche Schenken von Dingen.

Im August 2017 bekam ich den Schreck meines Lebens. Am ersten Tag in meinem neuen Job bin ich beim Versuch, den Bus zu erwischen, gestürzt und habe mir dabei Hand und Fuß gebrochen. Schlimmer noch, ich bin in jener Woche von einer Wohnung ohne Aufzug in die nächste gezogen. Ich konnte nicht gehen, fahren, tippen, schreiben, mich nicht anziehen und körperlich kaum etwas leisten. In einem verzweifelten Appell berichtete ich meiner ›Buy Nothing‹-Gruppe davon. Sofort standen die Nachbarn Schlange, um mich zum Arzt zu fahren, und brachten mir selbstgekochtes Essen. Sie packten Kisten ein und aus, stellten die Möbel um, machten sauber, wuschen meine Wäsche und liehen mir einen Knie-Scooter.

Nun ist die Nachbarschaft für mich ein ganz anderer Ort. Die Menschen, die mit mir leben, sind keine Fremden, sie sind Familie. Wenn wir die Verbundenheit an die erste Stelle setzen und die Menschen über den Profit stellen, dann sind Freundlichkeit und Dankbarkeit das Ergebnis. Und zwar im Überfluss.«

Alexa Carey, Englisch-Professorin in Connecticut und Mitglied des Buy Nothing Global Team

Wenn Ihnen keine Dienstleistung einfällt, die Sie benötigen, oder etwas, das repariert werden muss, verdoppeln Sie Ihren Einsatz und versuchen, um irgendeine »Sache« zu bitten, die Sie brauchen oder haben möchten. Beispiele sind die sprichwörtliche Tasse Zucker, Regenstiefel für Ihre Tochter, eine Hundeleine für Ihren Welpen, ein Abendessen, das Sie für einen zukünftigen Abend ohne Kochen einfrieren können, alles, was auf Ihrer Einkaufsliste steht. Wir haben gesehen, dass Bitten um Ballkleider erfüllt wurden, um Brennholz, Hochzeitsfotografen, Hundesitter, Klaviere, Laptops, Umzugskartons, Bohrmaschinen, Laufgitter, Bleistifte, Thermobecher, Daunenjacken und Fahrten zum Flughafen.

Als ein Mitglied der Schenk-Ökonomie Heimweh hatte und vom Ausgang einer wichtigen Wahl etwas deprimiert war, beschloss es, immaterielle Geschenke zu erbitten. Das war ihre Bitte: »Ich bitte um etwas Lustiges, Fantastisches, Schönes, Merkwürdiges in der Art von gepixelten Bildern, Geschichten, fantastischen Blogs, Links zu Musik und so weiter, um den nächsten Tag mental ein bisschen strahlender und besser zu machen.« Das Geschenk lustiger Memes, prächtiger Fotos, schöner persönlicher Geschichten, Links zu bereichernden Blogs und Podcasts sowie Hunderte von ablenkenden, dummen Witzen, die sie auf ihrem Social-Media-Account erhielt, trugen sie durch eine schwierige Zeit. Wir sehen täglich ähnliche Anfragen in der Schenk-Ökonomie und in persönlichen Gesprächen auf der ganzen Welt. Das Geschenk der Freundlichkeit und der Aufmerksamkeit ist immer willkommen. Denn es hat ja seinen Grund, dass Katzenvideos so beliebt sind.

Alle Gaben sind gleich wertvoll

In einer Schenk-Ökonomie gibt es einige wichtige unausgesprochene Regeln. Erstens: Alle Geschenke haben den gleichen Wert. Wir bemessen sie nicht nach einem möglichen Geldwert. Eine Wagenladung Holz zum Heizen eines Hauses kann für jemand genauso viel Wert haben wie ein Stromkabel für einen Laptop. In einer Schenk-Ökonomie können und wollen wir die Gaben nicht mit einem Geldwert versehen. Und natürlich sind die Verbindungen, die entstehen, ohnehin unbezahlbar.

Zweitens gehen wir davon aus, dass unser Geschenk an einen anderen nicht mit einem Preisschild versehen wird, um es später wieder in die Marktwirtschaft einzuführen, es sei denn, Sie machen diese Absicht von Anfang an deutlich, wenn Sie um das Geschenk bitten. Die meisten von uns werden davon ausgehen, dass jedes Geschenk umsonst gegeben, umsonst angenommen und nicht sofort in Bargeld umgewandelt wird. Das hat seinen Grund.

Zu Beginn des »Buy Nothing«-Projekts entdeckten wir, dass einige wenige Leute heimlich die Geschenke weiterverkauften, die ihnen von anderen Gruppenmitgliedern gegeben worden waren. Im Wesentlichen haben sie die Geschenke, die sie erhielten, zu Geld gemacht. Das hat das Fundament unseres sozialen Experiments erschüttert, einige (ärgerliche) Spender sogar bis zu dem Ausmaß, dass sie über den Wiederverkäufer in einer Art Hexenjagd herfielen. Die Emotionen gingen hoch, es entstand das tiefe Gefühl, verraten worden zu sein. Warum scherten sich die Leute um jemanden, der ihre kostenlose Gabe für Geld weiterverkaufte?

Die Gesundheit einer Schenk-Ökonomie hängt vom Geben, vom Bitten und von der Dankbarkeit ab. Aber es gibt die stillschweigende Prämisse, dass Geschenke nicht zu Geld gemacht und auch nicht in eine Hierarchie von Werten eingeordnet werden dürfen. Wenn wir dies tun, würden wir alle um genau das konkurrieren, was der Markt als die wertvollsten Geschenke definiert. Unser eigenes Gefühl für den Wert bestimmter Geschenke würde verschwinden, und es gäbe ein Gerangel um die teuren Gegenstände, während die weniger wertvollen liegengelassen und höchstwahrscheinlich auf der Mülldeponie landen würden.

In einer gesunden Schenk-Ökonomie wird auch davon ausgegangen, dass ein Geschenk vom Empfänger so benutzt wird, wie es ist, und nicht »in Geld verwandelt« wird. Eine Schenk-Ökonomie ist ein Gegenmittel zur Geldwirtschaft; sie steht im Gegensatz zur Umwandlung von Freundlichkeit in Geld. Wenn die Zeiten wirklich hart sind, können wir um genau das bitten, was wir brauchen, und nicht um Geld. Statt heimlich Geschenke weiterzuverkaufen, um beispielsweise Geld für einen neuen Wintermantel zu bekommen, können wir viel einfacher und gleich von Anfang an um den Mantel bitten. Eine »Buy Nothing«-Mentalität hält uns davon ab, Dinge mit einem Geldwert zu belegen, und fordert uns auf, ehrlich zu sein. Wenn wir mit unseren Nachbarn teilen, werden Ehrlichkeit und eine vollständige Transparenz Vertrauen aufbauen, und Vertrauen ist unbezahlbar.

Dasselbe gilt für das Bitten. In einer wirklichen Schenk-Ökonomie ist keine Bitte zu groß oder zu klein. Ein gutes Experiment, das Sie in jeder Schenk-Gruppe durchführen können: Bitten Sie die Mitglieder darum, eine große Bitte und eine kleine Bitte zu formulieren. Lassen Sie jedes Mitglied diese Bitten aufschreiben und der Gruppe präsentieren. Falls Sie keine Schenk-Gruppe haben, dann nutzen Sie die Gelegenheit und posten Sie die Bitten in Ihren Social-Media-Accounts oder an Orten, an denen Ihre Kollegen oder Ihre soziale Gemeinschaft sie sehen können. Veröffentlichen Sie sie dort als Beispiel und bitten andere, das Gleiche zu tun. Dieses Bitt-Experiment illustriert perfekt, wie eine nicht auf Geld beruhende Kultur des Gebens sich entfalten und uns vermitteln kann, wie etwas, das für die einen als »groß« gilt (also von größerem Wert ist), für andere eher klein und unbedeutend erscheinen kann, etwas, das sie Ihnen sehr gerne geben würden. Was ein Mensch für wichtig hält und gerne bekommen würde, etwa Hilfe bei einer Kühlschrankreparatur, ist oft eine einfache Bitte, die ein anderer ohne Schwierigkeiten erfüllen kann. Wir haben Geschenke wie Autos, Boote und Wohnungen gesehen, um die gebeten wurde und die man auch erhielt, aber auch Geschenke wie Katzenminze, Zeitungen und leere Schuhkartons.

Große Bitte, kleine Bitte

In einer »Buy Nothing«-Gruppe in Silver Spring, Maryland, bat die örtliche Leiterin Elisa Ferrante ihre Gruppenmitglieder, an einer Übung für große Bitten / kleine Bitten teilzunehmen. Sie schrieb: »Ich möchte, dass jeder von euch an etwas Kleines denkt, das ihr wahrscheinlich diese Woche kaufen würdet, etwas so Kleines, dass ihr nicht auf den Gedanken kommt, darum zu bitten – und nun bittet jetzt genau darum! (Wer weiß, ob jemand es euch schenken kann; vielleicht gibt er oder sie es tatsächlich!) Und dann … denkt an etwas Großes, das ihr nur in euren kühnsten Träumen gerne bekommen würdet, etwas so Großes, dass man nicht daran denkt, darum zu bitten – und nun bittet jetzt genau darum! (Wer weiß, ob jemand es euch schenken kann; vielleicht tut er oder sie es tatsächlich!)«

Nach wenigen Minuten war Anna Carson die Erste, die sich einklinkte und teilnahm: »Was für eine tolle Idee! Meine große Bitte ist ein Kajak. Ich wünsche mir eines, seitdem ich vor sieben Jahren nach Maryland gezogen bin, und möchte es gerne auf dem Anacostia benutzen, um bei meinen Fahrten Flaschen und Müll aufzusammeln. Die kleine Bitte: Mädchenhaarschleifen. Danke, dass ihr das alle gelesen habt!«

Wenige Minuten später antwortete Dana, ein anderes Mitglied: »Anna Carson, ich habe so viele Mädchenhaarschleifen, dass meine Tochter sich weigert, sie zu tragen! Ich schenke sie dir gerne.«

Einige Augenblicke später kam die große Überraschung von Kelli Cronin, einer Nachbarin: »Anna Carson, ich habe ein aufblasbares Kajak, und ich habe meinen ganzen Mut zusammengenommen, um es loszuwerden. Es wäre einfacher für mich, wenn ich wüsste, du würdest es gerne benutzen!«

Anna antwortete dankbar und war schockiert darüber, wie leicht es war: »Vielen Dank, Kelli!!! Ich hätte es gerne und verspreche, die örtlichen Gewässer beim Paddeln zu säubern! Ich habe das Gefühl, dass ich gerade im Lotto gewonnen habe!«

Es stimmt, Schenk-Ökonomien können Geld sparen, aber noch wichtiger: Sie können uns helfen, das Geld aus der Sache herauszunehmen. »Dein Geld ist hier nichts wert«, sagen wir oft, denn in einer Wirtschaft des Teilens hat Geld tatsächlich keinen Wert. Es ist der Akt des Gebens und Bittens, der den größten Wert hat. Wir können die Grenzen zwischen den Habenden und den Habenichtsen verwischen und uns alle für gleich wert erachten. Die Schenk-Ökonomie hilft uns, von dem Denken wegzukommen: »Mehr für dich bedeutet weniger für mich«, und stattdessen die Denkweise anzunehmen: »Mehr für dich bedeutet mehr für mich.« Oder, noch besser, unser Endziel: »Mehr für dich bedeutet mehr für uns alle.«

In einer Kultur des Gebens hat Geld keinen Wert.

Unerwartete Verbindungen

Um etwas zu bitten, das man haben möchte, kann auch unbeabsichtigte Auswirkungen haben. Wenn wir abholen, worum wir gebeten haben, könnten wir überrascht sein, auf wen wir dabei treffen. Für Jaime Rosier, die in der Nähe von Los Angeles lebt, hat der Akt des Bittens um einen Gegenstand und später dann der des Erhaltens buchstäblich ihr Leben verändert. Ein Ehepaar in ihrer Schenk-Ökonomie bot etwas an, das sie sich wünschte, und sie verabredete sich mit dem Paar, um den Gegenstand kurz abzuholen. Jaime war auf dem Weg zu einem Konzert und hatte daher wenig Zeit. Das Ehepaar überredete sie aber, auf ein Glas Wein hereinzukommen, und stellte sie seinem Freund vor, der gerade zu Besuch war. Es war ein schöner Kurzbesuch, aber Jaimes Konzertkarte würde nicht warten, also verabschiedete sie sich trotz der Proteste. Sie fuhr mit ihrem Geschenk nach Hause, merkte aber, dass sie viel lieber zu diesen Nachbarn zurückkommen würde, als in ein Konzert zu gehen.

Zwei Tage später war sie wieder dort, um ein weiteres Geschenk abzuholen, und wie es das Schicksal wollte, war auch der Freund wieder da. Sie verbrachten gemeinsam mehrere Stunden, und Jaime wurde schnell zu einer Freundin des besten Freundes ihrer Geschenkgeber. Sie tauschten ihre Telefonnummern aus, um in Kontakt zu bleiben. »Ich war damals Single und wollte mich unter die Leute mischen. Er war gutaussehend, intelligent, ausgelassen, abenteuerlustig und ein sanftmütiger Mann«, erinnert sich Jaime.

Als sie eine SMS von ihrem neuen Freund bekam, führte dies zu ihrer ersten Verabredung, der bald eine zweite folgte, und seitdem treffen sie sich immer wieder. »Fast ein Jahr war vergangen, da wurde mir mein Herz von diesem unglaublich liebevollen, freundlichen, albernen, kreativen, nachdenklichen Gentleman von einem Mann gestohlen. Ich bin überglücklich, sagen zu können, dass er mich gefragt hat, ob ich ihn heiraten will, und ich sagte: ›Sehr gerne!‹«

Wir haben solche Geschichten schon tausendmal gehört: Menschen finden ihren besten Freund oder einen Seelenverwandten durch »Buy Nothing«. Es sind zu viele Geschichten, um sie alle hier zu erzählen. Wir werden geradezu überschwemmt mit freudigen Geschichten, die davon handeln, wie man über das Geben, Bitten und die Dankbarkeit liebe Freunde gefunden hat. Gemeint sind damit nicht nur Kumpel, sondern Menschen, die einem bei den großen Schritten im Leben zur Seite stehen. Alle, die im Folgenden aufgeführt sind, sind echte Beispiele für wertvolle Freunde und Seelenverwandte, die über einen einfachen und dennoch revolutionären Aufruf zu »Buy Nothing« stießen:

- Liturgen für intime Hochzeiten.
- Freunde, die eine Feier für ein neugeborenes Baby organisieren.
- Die Leute, die Ihre Hand halten, während Sie vor der Notaufnahme auf Neuigkeiten über Ihr Kind warten.
- Die gütigen Menschen, die Sie kleiden und ernähren, nachdem Ihr Haus abgebrannt ist.

- Die Freundin, die auftaucht und sich um Ihr Kleinkind kümmert, während Sie Ihr zweites Kind zur Welt bringen.
- Der beste Freund, die beste Freundin, den oder die Sie anrufen, wenn Sie einen geliebten Menschen verlieren.
- Diejenigen, mit denen Sie Ihre Ferien verbringen.
- Die Trauzeugen, die Sie um sich haben wollen, wenn Sie im engsten Kreis heiraten.
- Die Person, die Sie schließlich heiraten.

Ihre Bereitschaft, um das zu bitten, was Sie brauchen, und danach die persönliche Begegnung mit dem Geber könnten der Katalysator für Ihre eigene Liebesgeschichte sein. Und wenn Sie schon beim Bitten sind, bieten Sie auch etwas zum Verschenken an. Es ist immer hilfreich, wenn man zeigt, dass man aktiv am Netzwerk des Gebens und Empfangens teilnimmt, das dazu da ist, diese Lebensweise zu unterstützen. Je mehr Sie geben, desto mehr Gutes wird Ihnen in vielfacher Gestalt widerfahren. Genau so funktioniert es, und je früher Sie sich auf diese Denkweise einlassen, desto eher werden Sie die Früchte ernten. Und dann werden Sie, wenn Sie wirklich etwas brauchen, einen leichten Stand haben. Die Menschen werden sich geradezu überschlagen, um Ihnen etwas zu geben.

Je mehr Sie geben, desto mehr Gutes wird Ihnen in vielfacher Gestalt widerfahren.

Wir laden Sie ein zu bitten

Sie sind nun bereit, das *Bitten* in die Praxis umzusetzen. Wir laden Sie ein, dreierlei Bitten vorzubringen. Ihre erste Bitte wird um etwas sein, was Sie haben wollen oder brauchen, etwas, das auf Ihrer Einkaufsliste steht. Verbinden Sie Ihre Bitte mit einer kleinen Geschichte, in der Sie erklären, warum Sie diesen Gegenstand haben möchten oder brauchen. Das kann auch so etwas Merkwürdiges und Wildes wie folgender Post sein, der von der Hundebesitzerin Jamie Bechtel Morrison in unserer eigenen lokalen »Buy Nothing«-Gruppe veröffentlicht wurde: »Also, ich kann gar nicht glauben, dass ich das hier schreibe, aber ich brauche tote Ratten. Wir bilden unseren Such- und Rettungshund aus (Atlas – den einige von euch bei seiner Kojoten-Suche schon gesehen haben …), der für ein Naturschutzprogramm lernen soll, einen Rattenbau aufzuspüren (Naturschutz auf einer Insel – tolle Arbeit). Wenn ihr also tote Ratten habt: Ich habe einen speziellen Gefrierschrank nur für tote Ratten. Mein Gott, ich wünschte, ich würde nur Spaß machen …«

Jamies Geschichte stieß auf große Resonanz und lieferte den Kontext für ihre seltsame Bitte, löste aber auch ein intensives Gespräch über ungiftige Rattenbekämpfung unter den Mitgliedern der Gemeinschaft aus. Jeder konnte etwas damit anfangen, weil wir ein großes Rattenproblem auf Bainbridge Island haben, und Jamie konnte ohne Schwierigkeiten sechs Ratten bekommen, die man ihr kostenlos für die Ausbildung ihres Hundes gab. Eine Win-win-Situation.

Ihre zweite Bitte ist die um Hilfe, gleichgültig, ob es sich um Hilfe bei einem Projekt handelt oder bei einer Reparatur. Denken Sie darüber nach, wofür Sie Hilfe benötigen, schreiben Sie auf, was Ihnen als Erstes in den Sinn kommt, und dann raus damit! Vielleicht brauchen Sie Hilfe beim Zusammenbau eines Möbelstücks, das aus einer Kiste ausgepackt werden muss. Vielleicht brauchen Sie jemanden mit einem Lastwagen, der Ihnen hilft, den alten Trockner aus Ihrem Keller wegzubringen, oder jemand, der ein riesiges Spinnennetz in Ihrem Haus entfernt. Liesl brauchte einmal Hilfe bei der Übersetzung eines Arbeitsvertrages, der auf Japanisch geschrieben war. Wir konnten kaum glauben, dass ein japanischer Muttersprachler aus unserer Nachbarschaft dieses Dokument, das aus einer Seite bestand, mühelos übersetzen konnte. Für Liesl war es eine große Bitte, für unseren Nachbarn aber eine leichte Aufgabe.

Die drei wichtigsten Dinge auf unserer ewigen Liste der Dinge, bei denen wir immer Hilfe brauchen, sind (1) Hilfe beim Hausputz, (2) Hilfe bei der Unkrautbekämpfung in einem verwilderten Garten und (3) die Suche nach jemandem, der die Kinder von einer Veranstaltung aus der Schule abholt, wenn wir mit einer dringenden Arbeit beschäftigt sind.

Ihre dritte Bitte wird etwas sein, das nur für Sie bestimmt ist. Betraf Ihre erste Bitte einen Gegenstand für ein anderes Familienmitglied? Das dachten wir uns. Jetzt ist es an der Zeit, darüber nachzudenken, was *Sie* wollen, etwas, an das Sie zwar gedacht, es aber nie bekommen haben, etwas, das Sie glücklich macht und nicht auch noch Ihren Kindern, Enkeln oder Ihrem Partner Freude bereiten soll. Es muss etwas sein, das Sie vielleicht sogar als albern bezeichnen würden oder an das Sie gedacht, es aber nie erhalten haben, weil es sich, nun ja, egoistisch anfühlt, Dinge nur für sich selbst zu bekommen. Deshalb los jetzt: Bitten Sie um das, was auf Ihrer geheimen Wunschliste steht, und dann warten Sie ab, was passiert. Vielleicht kriegen Sie genau das, was Sie sich wünschen.

Wenn Sie herausgefunden haben, worum Sie bitten möchten, entscheiden Sie, wie Sie darum bitten möchten. Sie können innerhalb einer großen Gruppe bitten, oder Sie können Ihre Bitte an einige wenige Auserwählte richten. Je mehr Leute von Ihrer Bitte erfahren, desto mehr Leuten werden im Umkehrschluss Ihnen zeigen, wie das geht. Probieren Sie alle Gruppen aus, in denen Sie Ihre ersten Geschenke geteilt haben – Freunde, Familie, Nachbarn, Arbeitskollegen, denen Sie in Schritt 1 etwas gegeben haben, um dann in Schritt 2 Ihre Bitte zu äußern. Kommen Sie zum Diskussionsforum auf unserer Website buynothinggeteverything.com, um über die Herausforderung zu sprechen, die das Bitten für Sie darstellt, und sehen Sie, wie andere Menschen Ihnen vielleicht helfen können, diese Herausforderung zu bestehen. Nehmen Sie sich die Freiheit, Ihre merkwürdigen und unkonventionellen Fragen diesem Buch anzulasten. Gestehen Sie Ihren Freunden und Nachbarn, dass Sie sich gerade der siebenstufigen »Buy Nothing«-Herausforderung stellen, Ihrem ganz persönlichen Plan, nichts zu kaufen und dennoch alles zu erhalten, und vielleicht schließen sich die anderen Ihnen an.

Wenn bei Ihnen Nervosität aufkommt, beherzigen Sie bitte Folgendes: Wir wissen um die Verwundbarkeit, die damit einhergeht, wenn man um etwas bittet. Es kann einschüchternd wirken, aber wir sind der lebende Beweis, dass man es nicht nur überleben kann, sondern dass es auch der Schlüssel zum Aufbau einer blühenden Schenk-Ökonomie ist, die Ihnen genau das beschert, was Sie haben wollen und brauchen. Und das gilt nicht nur für Materielles, sondern auch für eine Fülle von Beziehungen und Freude.

Schritt 3: Wiederverwenden und Ablehnen

Das Motto »Reduzieren, Wiederverwenden, Recyclen« wurde auf dem Höhepunkt der Umweltbewegung in den 1970er Jahren formuliert, und die drei Begriffe sind absichtlich nach Wirkung angeordnet, nämlich von der größten zur geringsten, was zufällig auch der Reihenfolge »vom Schwierigsten zum Einfachsten« entspricht.

Viele von uns sind es gewohnt, unsere Wertstoffe in einer separaten Mülltonne zu entsorgen, und kommunale Abholsysteme machen es leicht, diese Gegenstände denen zukommen zu lassen, die sie wieder in nützliche Dinge verwandeln wollen. Die Wiederverwendung ist wohl etwas anspruchsvoller, aber eindeutig besser für die Umwelt. Das Reduzieren kann auf den ersten Blick am schwierigsten erscheinen, da es uns dazu herausfordert, unsere Verbraucherkultur und unsere Denkweise zu ändern.

Wir glauben, dass es höchste Zeit ist, sich auf den Begriff zu konzentrieren, der hier ausgelassen wurde, jenen mit der größten unmittelbaren Wirkung: Gemeint ist das Verweigern. Stellen Sie sich eine »Kauf-Hierarchie« vor: Zuerst kommt das Verweigern, dann das Reduzieren, Wiederverwenden und am Ende das Recyceln. Wenn Sie sich weigern, den brandneuen, gerade erst hergestellten Artikel überhaupt zu kaufen, wird er keine nicht erneuerbaren Ressourcen in Anspruch nehmen oder in unseren Wassereinzugsgebieten beziehungsweise auf Mülldeponien landen. Können Sie überhaupt vermeiden, diesen Artikel neu zu kaufen? Uns gefällt, dass das englische Wort *refuse* zwei Bedeutungen hat: Zunächst ist es ein Substantiv und bezeichnet den Müll, den wir in unseren Mülltonnen entsorgen. Die andere Bedeutung beruht auf einem Verb und meint eine fehlende Bereitschaft, etwas anzunehmen oder zu gestatten, und im wörtlichen Sinne nein zu sagen. In der Sprache von »Buy Nothing«, der Sprache des Nichts-Kaufens, ist die Verbindung zwischen den beiden Wörtern sehr aufschlussreich. Wenn Sie nämlich neue Anschaffungen verweigern – *refuse* – und stattdessen die Dinge anderer Leute benutzen – *use* –, besteht eine gute Chance, die Treibhausgas-Emissionen zu reduzieren, genau wie die Menge an Müll – *refuse* –, die für die Deponie bestimmt ist. In der Abfallhierarchie – wenn es um die Auswirkungen auf die Umwelt geht – steht das Reduzieren an der Spitze der Pyramide. Das Recycling rangiert danach, weil es Energie benötigt und Abfall produziert. Die Verweigerung aber – das *refusing* – ist eindeutig das Beste.

Wenn diese Ideen für Sie wie ein Rückblick auf vergangene Tage klingen, liegen Sie nicht ganz daneben. »Buy Nothing« erinnert an eine Zeit, in der die Amerikaner aufgefordert wurden, sparsamer zu leben. Während des Zweiten Weltkriegs forderte die Regierung die Bürger auf, »es aufzubrauchen ... abzunutzen ... damit auszukommen ... oder darauf zu verzichten«, wie in einer Kriegsmeldung der Vereinigten Staaten zu lesen ist, die vom War Advertising Council verbreitet wurde, einer gemeinnützigen Werbeagentur, die Anzeigen im Sinne des Gemeinwohls schaltete, und vom Office of War Information genehmigt wurde, einer staatlichen Organisation zur Verbreitung von Kriegswerbung und -information. Einige Umweltschützer und Wissenschaftler schlagen angesichts der heutigen Rohstoffgewinnung einen ähnlichen Ton an, um Klimawandel und Umweltverschmutzung entgegenzutreten. Viele von uns haben Verwandte, wie Rebeccas Großmutter Inge, die den Krieg miterlebt und ihre genügsame Lebensweise weitergegeben haben.

Anmerkungen von Rebecca: Großmama Inges Buy-Nothing-Geschichte

Der Weg meiner Großmama Inge, der sie den Holocaust überleben ließ, verlief im Zickzack: von ihrem Elternhaus in Danzig nach England, wieder zurück nach Danzig, dann nach Berlin und wieder nach England, dann auf ein Schiff, das unterging, zurück nach England, dann auf ein anderes

Schiff, das es bis nach Kanada schaffte. Mithilfe von Fremden machte sie sich auf den Weg nach San Francisco, wo sie sich niederließ und Künstlerin und Dichterin wurde. Sie war stolz darauf, eine neue Verwendung für Dinge zu finden, und als meine erste Tochter in der ersten Nacht von Chanukka, dem jüdischen Lichterfest, geboren wurde, erzählte sie mir, wie sie dieses Fest während des Krieges gefeiert hatte. Sie hatte keine Kerzen gehabt, geschweige denn eine metallene Menora, um die Kerzen dort einzustecken. Also stopfte sie Streichhölzer in einen langen Riss auf der Oberfläche ihres Tisches und ließ jeden Abend deren flüchtiges Licht ihr Zimmer für ein paar Sekunden erhellen. Wiederverwendung, Umnutzung und die Suche nach Nahrung hielten sie während ihres Flüchtlingsdaseins an Körper und Geist lebendig, und nachdem sie an einen sicheren Ort umgesiedelt war, behielt sie diese Gewohnheiten bei und wandte sie auf ihre Kunst an. Jeden Tag suchte sie den Erdboden ab, als sie spazieren ging, und suchte nach allem, was sie für eine Skulptur, Malerei oder Collage verwenden konnte. Meine Schwestern und ich suchten gleichfalls den Boden für sie ab und brachten ihr unsere Fundstücke. Sie war erfreut, als ich eine altmodische Armbanduhr fand, die von einem Autoreifen zerdrückt worden war; meine Oma rettete jedes winzige Zahnrad aus den Überresten, um es in einem ihrer multimedialen Werke einzusetzen.

Sie häkelte übrig gebliebene Garnstücke zu seltsamen und wunderbaren Tieren, die zerknautscht wirkten, weil sie sie mit gewaschenen Plastiktüten gefüllt hatte. Während einer Familien-Campingreise im Sommer kaufte Oma Inge mir eine Packung Kaugummi und drehte jede Einwickelfolie zu einem anderen wilden Tier; es entstand ein ganzer Zirkus, mit dem ich spielen konnte, als wir mit ihrem Wohnmobil an der Küste Kaliforniens entlangfuhren. Bis heute stütze ich mich auf die Erinnerung an sie, als Leitfaden für das Wiederverwenden, und ich glaube, sie würde sich über die »Buy Nothing«-Bewegung freuen.

Wie sich die Dinge doch verändert haben. Für diejenigen von uns, die in den 1980er, 1990er und frühen 2000er Jahren aufwuchsen, als unsere Popkultur uns dazu anhielt, uns und andere nach Menge, Neuheit und Markennamen unserer Besitztümer zu beurteilen, kann ein Lebensstil, der die Wiederverwendung nach eigenem Gusto propagiert, nun ja, leicht uncool erscheinen. Versuchen wir also, Ihre Meinung zu ändern, und vielleicht können wir alle den kreativen Geist von Oma Inge übernehmen, wenn es darauf ankommt, Altes und Weggeworfenes wieder neu zu beleben. Hier sind ein paar Gründe, warum die Wiederverwendung eine positive Wirkung haben kann:

- **Wirtschaftliche Gründe:** Nach einer Analyse des Institute for Local Self-Reliance, des Instituts für Lokale Selbstversorgung, schafft das Wiederverwenden pro 10 000 Tonnen Abfall im Jahr zwischen 28 und 296 Jobs (zum Beispiel für die Reparatur von Holzpaletten und für die Computer-Wiederverwendung). Deponien und Verbrennungsanlagen schaffen 1 Arbeitsplatz pro 10 000 Tonnen jährlichen Abfalls.[37]

- **Ökologische Gründe:** Wiederverwendung ist besser als Recycling. Das Recyclen, also die Umwandlung eines Produkts am Ende seiner Nutzungsdauer in etwas Neues, erfordert den Einsatz von Energie, sowohl, um den massenhaften Abfall zu den Produktionsanlagen zu transportieren, als auch für die eigentliche Zerlegung und Neugestaltung des Materials. Einige Materialien haben einen geschlossenen Kreislauf, aber viele erfordern den Einsatz von zusätzlichem, bislang unbenutztem Material, um wieder als Konsumgüter einsetzbar zu sein. Die Wiederverwendung kann von Einzelpersonen zu Hause, aber auch von kleinen örtlichen Unternehmen durchgeführt werden, was den Einsatz von Energie und den Kohlenstoff-Fußabdruck beim Transport verringert.
- **Persönliche Gründe:** Wiederverwendung weckt das kreative Denken und macht Sie stolz auf Ihre Arbeit, sobald Sie altes Zeug in etwas neu Genutztes und Nützliches verwandeln. Zugegeben, wir haben keine Statistiken darüber, wie viel glücklicher Sie sein würden, wenn Sie öfter Dinge wiederverwenden, aber wir haben gesehen, wie diese Einstellung immer wieder überraschende Freude bei »Buy Nothing«-Mitgliedern ausgelöst hat. Sarah aus Connecticut gibt gerne mit dem gebrauchten Spiegel in ihrem Gästezimmer an, den sie neu und rustikal bemalt hat. Storm Furness aus Queensland, Australien, hatte folgendes Aha-Erlebnis: Wenn Sie Ihre Einkaufstasche vergessen haben, bedienen Sie sich einfach an der Plastiktüten-Recycling-Tonne, die sich normalerweise

an der Eingangstür jedes Ladens befindet. Und unsere eigene Nachbarin Michelle White steckt die übrig gebliebenen Strünke von Römersalatköpfen in ein Glas mit Wasser. Sie schlagen dort Wurzeln und produzieren direkt auf ihrem Fensterbrett weiteren Römersalat. Ein wiederverwendetes Salatherz, ein Sellerieherz und sogar Lauchzwiebeln und Rüben können im Lauf der Zeit weitere Nahrungsmittel hervorbringen. Die Wiederverwendung nimmt viele Formen an und gibt Ihnen die Möglichkeit, Ihre Sachen aus einem völlig neuen Blickwinkel zu betrachten. Es ist ungeheuer befriedigend, wenn Sie Möglichkeiten gefunden haben, das Geld in Ihrem Portemonnaie zu behalten, indem Sie neue Verwendungszwecke für das finden, was Sie bereits besitzen.

Viele Menschen glauben, dass das Wiederverwenden von Dingen Zeit braucht, und für diejenigen, die Vollzeit arbeiten, Kinder haben und ein geschäftiges Leben führen, scheint dies nicht möglich zu sein, da es mehr Arbeit bedeuten könnte. Wir glauben aber, dass das Wiederverwenden oft tatsächlich eine Erleichterung ist und Ihnen den Weg zum Laden oder die Stunden ersparen kann, die mit einer Online-Bestellung neuer Sachen draufgehen. Zu lernen, wie man Dinge ersetzt, die wir üblicherweise kaufen – etwa Einwegartikel durch haltbarere, wiederverwendbare Artikel, die wir bereits besitzen –, könnte auf Ihrem Weg zu »Buy Nothing« der wichtigste Schritt sein.

Ein Experiment im Nichts-Kaufen

Vor ein paar Jahren erklomm Rebecca die nächste Stufe: Sie zwang sich dazu, ein Jahr lang jeden Tag dasselbe schwarze Second-Hand-Baumwoll-Wickelkleid zu tragen, wobei die anderen Teile ihrer Garderobe gratis aus der Schenk-Ökonomie kamen, bei der sie Mitglied war. Die Bekleidungsindustrie ist der zweitgrößte Umweltverschmutzer der Welt, hinter der Ölindustrie. Wir kaufen mehr Kleidung und tragen sie für kürzere Zeit. Die US-Umweltschutzbehörde schätzt, dass von den 16 Millionen Tonnen der im Jahr 2015 produzierten Textilien 10,5 Millionen auf Deponien entsorgt wurden. Nur 2,5 Millionen Tonnen wurden recycelt, wobei sich diese Zahl leicht erhöhen ließe, da fast alle Textilien wiederverwendet oder recycelt werden können.[38] Synthetische Stoffe werden sich nie wirklich zersetzen, natürliche Fasern können dagegen irgendwann kompostiert werden.

Rebeccas Ein-Kleid-Experiment

Ich wollte herausfinden: Kann ich wirklich ein einziges Second-Hand-Kleid ein ganzes Jahr lang jeden Tag tragen? Würde es alle meine Aktivitäten und das regelmäßige Waschen aushalten? Würde irgendjemand aus meiner Umgebung es bemerken? Würde es mich langweilen oder würde ich es unpraktisch finden, nur ein Kleid zu haben? Ich habe Antworten auf alle meine Fragen erhalten: Ja, es stimmt, wenn man auf schonendes Waschen und Trocknen an der Luft achtet, kann auch ein dünnes Second-Hand-Baumwollkleid ein ganzes Jahr lang das tägliche Tragen aushalten. Nein, Sie werden keine unausgesprochenen gesellschaftlichen Regeln verletzen, wenn Sie jeden Tag dasselbe tragen, vor allem, wenn Sie es täglich mit Accessoires ergänzen, die jeden Tag neue Farben, ein anderes Gewebe und Muster in Ihren Look bringen. Tatsächlich waren die Einzigen, die das bemerkt haben, diejenigen, denen ich es erzählt habe. Hätte ich es nicht erwähnt, wären die Leute ernsthaft schockiert gewesen, wenn sie erfahren hätten, dass ich jeden Tag dasselbe Kleid getragen habe. Von diesem überraschenden Ergebnis habe ich sehr viel gelernt: Menschen, mit denen wir jeden Tag arbeiten, achten weniger auf die Grundausstattung unserer Garderobe, sondern mehr darauf, was am farbenfrohsten oder visuell am aufregendsten ist. Das gab mir die Gelegenheit, ein Jahr lang sämtliche Arbeitstage zu genießen, dazu eine Hochzeit mitzumachen, eine Beerdigung, Ferien, Wandern und einen Campingausflug mit der Schule – alles in diesem einen Kleid.

Wir erwarten nicht, dass viele Menschen bereitwillig ihre gesamte Garderobe durch ein einziges Kleidungsstück ersetzen, so wie Rebecca es tat. Aber was sie gelernt hat, lässt sich auf uns alle übertragen: Wir können einen persönlichen Stil entwickeln, der auf einer sehr einfachen Grundausstattung beruht, und diese Stücke müssen nicht nagelneu sein. Konzentrieren Sie sich auf das, was Sie wirklich lieben, und tragen Sie es, sooft Sie wollen.

Warum Kaufen sich gut anfühlt, nichts zu kaufen sich aber besser anfühlen kann

Wir kennen den Reiz von Neuanschaffungen: die frische Energie, die dieser Artikel mit sich bringt; die Vorstellung, etwas Neues zu haben, das nur einem selbst gehört; die Befriedigung, die wir spüren, wenn wir uns endlich etwas leisten können, wofür wir gespart haben; oder wenn ein Kauf quasi wie ein Meilenstein ist, wie der Kauf Ihres ersten Geschäftsanzugs. Wir sagen nicht, dass Sie diese Erfahrungen und die damit verbundenen positiven Gefühle vollständig aus Ihrem Leben verbannen sollen. Wir wollen Ihnen vielmehr zeigen, wie Sie die gleiche Freude und dazu noch weiteres Vergnügen empfinden können, wenn Sie nichts kaufen, anstatt etwas Neues anzuschaffen.

Viele von uns kennen das schnelle Vergnügen und die Leichtigkeit des Online-Shoppings: Man kauft dort alles, von Büchern über Badeanzüge bis hin zu Matratzen. Wir sind alle so gepolt, dass wir sofort einen Dopamin-Schub bekommen (ein Neurotransmitter, der von den Gehirnzellen freigesetzt wird und als »Wohlfühlhormon« gilt), wenn wir das, was wir haben wollen, per Knopfdruck antizipieren. Wenn das Produkt uns zwei Tage später an der Haustür geliefert wird, gibt es aufgrund der verzögerten Befriedigung noch einen weiteren Dopamin-Schub. Unsere neuesten Käufer, die Generation Z, also die unter Zweiundzwanzigjährigen, werden beim Klamottenkauf und allem anderen, was sie haben wollen, stark durch ihre Social-Media-Plattformen beeinflusst. (Wir kennen das aus erster Hand als Mütter von Jugendlichen.) Wir wissen: Der Nervenkitzel, den der neue Besitz auslöst, ist sehr real. Aber wir alle können den gleichen Dopamin-Schub bekommen, wenn wir das, was wir haben wollen und brauchen, kostenlos und als Geschenk aus unserer Gemeinschaft erhalten: vom ganz Alltäglichen und Notwendigen bis zu den heißersehnten Luxusgütern und Schätzen.

Wir haben immer und immer wieder gesehen: Wenn Menschen sich dafür entscheiden, Dinge zu teilen und wiederzuverwenden, bringen diese Aktionen mindestens so viel Freude, wie der Kauf von neuen Dingen jemals bewirken könnte. Es stimmt, wir Menschen sind so gepolt, dass wir Zeug ansammeln und es für Zeiten lagern, in denen die Ressourcen knapp sind. Aber wir sind auch so gestrickt, dass wir Freude an der Verbindung mit unseren Mitmenschen empfinden und Ressourcen teilen, damit unser gemeinsames Überleben und unser Erfolg als Gesellschaft sichergestellt sind.

Das Wiederverwenden ist einer der wichtigsten Schritte für »Buy Nothing«, aber auch einer, der sehr leicht missverstanden werden kann. Wir wissen, dass der Gedanke an das Wiederverwenden Erinnerungen an Verwandte auslösen kann, die Krieg und Notzeiten durchgemacht und ihre Überlebensstrategien auch in Friedenszeiten verfolgt haben, so wie etwa Ihre Großmutter es abgelehnt hat, ihre durchgesessene Couch mit Blumenmuster aus den Siebzigerjahren wegzuwerfen. Aber das Wiederverwenden kann sich in der Denkweise einer Schenk-Ökonomie ganz anders anfühlen, denn es gibt einen Anreiz, zu teilen, statt zu horten, zu geben und zu empfangen, um den unmittelbaren Bedürfnissen Ihres Haushalts entgegenzukommen. Wenn wir diese Überlebensstrategie loslassen, können wir durch das Wiederverwenden von Dingen Zeit, Geld und mentale Energie sparen.

Versuchen Sie zunächst einmal, jeden neuen Gegenstand, der in Ihr Haus kommt, mit Blick auf seine nächste Verwendung einzuschätzen. Nehmen Sie zum Beispiel Nudelsauce: Wählen Sie eine Sauce in einem Glas mit großer Öffnung, damit Sie dieses Glas für die Aufbewahrung von Resten benutzen können (kein Abspülen nötig; füllen Sie einfach Ihre Nudeln mit Sauce gleich wieder hinein und bewahren Sie sie für das Mittagessen am nächsten Tag auf). Später dann lässt sich das Glas für unendlich viele weitere Nutzungsmöglichkeiten im Haushalt verwenden, bis es schließlich die Blumen einer Freundin beherbergt, wenn man selbst zu viele Gefäße hat und Platz schaffen muss.

Das funktioniert mit allem, was Sie haben wollen oder brauchen. Kleidung kann zum Beispiel in Lumpen geschnitten werden, um Papiertücher zu ersetzen. Liesl wurde zur einschlägigen Sammlerin, als sie nur noch ein altes T-Shirt hatte, um Haarballen ihrer Katze aufzuwischen. Dank des stetigen Nachschubs an abgetragenen Kindershirts – die gewaschen und wiederverwendet oder zur Unkrautbekämpfung im Garten eingesetzt werden können, wenn die Arbeit einfach zu schmutzig ist, um den Lumpen noch einmal zu benutzen – musste sie acht Jahre später noch immer keine neuen Papiertücher kaufen.

Wenn Sie Lebensmittel in Plastikverpackungen kaufen müssen (was, seien wir ehrlich, ziemlich unvermeidlich ist), denken Sie sich kreative Wege zur Wiederverwendung aus. Wir haben eine lokale Tortilla-Marke gefunden, die in sehr robusten wiederverschließbaren Plastikbeuteln geliefert wird. Wir bekommen also die Quesadillas, die unsere Kinder essen wollen, und dazu Tüten, die jahrelang wiederverwendet werden können – für den Einkauf von Nahrung in größeren Mengen, für Tiefkühlmahlzeiten, Schulessen, Reiseverpackungen, für nasse Wandersocken und all die anderen Dinge, die eine wasserdichte Hülle benötigen. Die kreative Wiederverwendung von Alltagsgegenständen spart Zeit, Platz und Geld und vermittelt Ihnen ein Gefühl des Stolzes auf Ihren eigenen Einfallsreichtum und Ihre Genialität.

Sobald Sie mit dem Wiederverwenden klarkommen, können Sie einen Schritt weitergehen, etwa zum Renovieren, Neupolstern, Sanieren, Restaurieren, zu Umbau, Neulackieren und Reparieren. Möbel, Lampen und Spiegel eignen sich sehr gut dafür. Sie können diese Gegenstände bei sich zu Hause finden oder erhalten sie über die Schenk-Ökonomie. Dann frischen Sie sie so auf, dass sie eindeutig Ihnen gehören. Aus dem Alten etwas Neues und für Sie Maßgeschneidertes zu machen ist höchst erfreulich.

Wenn Sie das nächste Mal etwas brauchen, schauen Sie nach, was Sie bereits besitzen, bevor Sie online oder in einem Geschäft danach suchen. Wenn Sie beispielsweise merken, dass Sie keine Shorts zum Anziehen haben, dafür aber ein paar löchrige Jeans, können Sie hübsche Shorts daraus machen, die zu Ihren neuen Lieblingsshorts werden. Oder vielleicht entdecken Sie längst vergessene Jeans, die bei einer Schenk-Räumungsaktion ganz hinten in Ihrem Schrank vergraben wurden. Haben Sie nichts, was Sie wiederverwenden können? Dann bitten Sie in Ihrer Schenk-Ökonomie um das, was Sie brauchen – zur Wiederverwendung eignen sich auch die Sachen anderer Menschen, nicht nur Ihre eigenen. Diese kleinen Offenbarungen zeigen, dass das Leben ohne den Kauf von weiterem Zeug gar nicht so anders ist. Wir glauben, dass wir damit zu dem klugen und umweltfreundlichen Lebensstil gelangen, den unsere Vorfahren praktizierten, und das Beste ihrer Gebräuche in die Wohnungen unseres 21. Jahrhunderts übertragen.

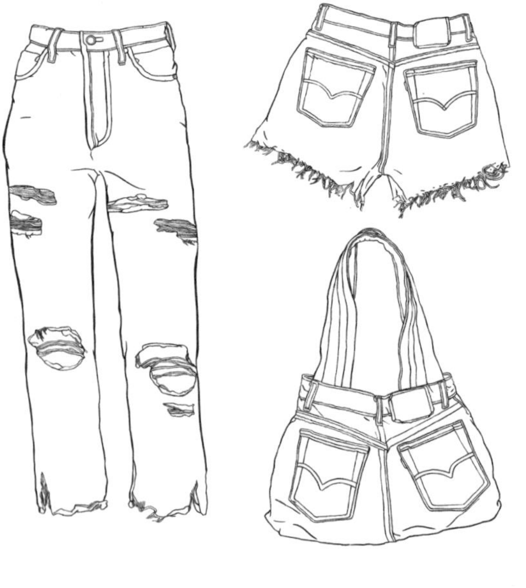

Leben mit weniger Lebensmitteln

Die Küche bietet viele Möglichkeiten, Geld und Ressourcen zu sparen. Die meisten von uns neigen dazu, im Supermarkt zu viel einzukaufen, und dann bleibt uns der Abfall, wenn das Produkt schlecht wird. Das US-Landwirtschaftsministerium und die US-Umweltschutzbehörde schätzen, dass jeder Mensch in den Vereinigten Staaten allein im Jahr 2010 knapp 100 Kilo an verdorbenen Nahrungsmitteln entsorgt hat. Beide Behörden arbeiten gemeinsam daran, das Ausmaß dieser Verschwendung bis 2030 zu halbieren.[39] Wir glauben, dass jeder von uns mit einer »Buy Nothing«-Lebensweise dieses Ziel noch schneller erreichen und sogar übertreffen kann.

Füllen Sie Ihre Regale mit Grundzutaten, Ihren Lieblingskräutern und Gewürzen, dann verbrauchen Sie, was in Ihrer Speisekammer ist, anstatt besondere Zutaten für ausgefallene neue Rezepte zu kaufen. Sie müssen keine Lebensmittel kaufen, von denen Sie nur ein bisschen brauchen und die danach wahrscheinlich herumliegen und Platz wegnehmen, bis Sie ein anderes Rezept dafür finden. Decken Sie sich mit Ihren Lieblings-Grundnahrungsmitteln ein und kochen Sie damit. So werden Sie nicht nur Platz in Ihren Regalen freimachen und sich den Müll von ungegessenen Zutaten ersparen, sondern Sie sparen auch Ihr Geld. Wenn Sie Reste haben, die nicht sofort gegessen werden, deponieren Sie sie in der Gefriertruhe. Sie werden froh sein, sie an einem Abend aufwärmen zu können, an dem Sie nicht kochen wollen.

Zehn Dinge zum Wiederverwenden statt zum Wegwerfen

Hier ist eine kurze Liste von zehn üblichen Dingen, die man wiederverwenden sollte, anstatt sie wegzuwerfen. So können Sie Ihre Mahlzeiten und Vorräte strecken und Ihre Einkaufsrechnungen vermindern:

1. *Zitronenschalen*. Wir verwenden sie als Zutaten für einen Allzweckreiniger (Rezept auf Seite 151); getrocknete Orangen- oder Zitronenschalen verwenden wir als Feueranzünder, oder wir legen sie auf den Boden von Mülleimern, weil sie tolle Desodorierungsmittel sind.
2. *Brokkoli, Blumenkohl, Mangold*. Werfen Sie die Strünke nicht weg. Die gehackten Strünke werden unter Rühren kurz angebraten und zu Salaten verarbeitet, oder Sie bereiten daraus im Kühlschrank in einem Essigglas mit einer Knoblauchzehe und etwas Honig eingelegtes Gemüse.
3. *Kaffeesatz*. Sie können das Kaffeemehl für Gesicht, Füße, Arme oder Beine als Peeling verwenden oder zur Not zum Reinigen Ihres Geschirrs. Wir sparen Geld für Dünger für unsere Heidelbeerbüsche und streuen stattdessen Kaffeesatz unter den Pflanzen aus. Blaubeeren lieben Kaffeesatz! Und wir sind auch dafür bekannt, dass wir Kaffeesatz in Steakmarinaden benutzen sowie als geheime Zutat bei Brownies (sehr feines Espressomehl eignet sich dafür am besten).
4. *Eierschalen*. Legen Sie eine Handvoll saubere, zerdrückte weiße Eierschalen in einen feinmaschigen Beutel, geben Sie die Schalen zu Ihrer Weißwäsche in die Waschmaschi-

ne, und die Schalen werden den Grauschleier aus Ihren hellen Stoffen entfernen. Sie brauchen kein Bleichmittel! Oder verwenden Sie die Schalen als natürlichen Kalziumzusatz. Die Forschung hat gezeigt, dass Eierschalen viele nützliche Eigenschaften haben.[40] Vergessen Sie also Ihre Pillen und backen Sie Ihre Eierschalen einfach bei 180 Grad Celsius acht Minuten lang. Lassen Sie sie abkühlen und vermahlen sie dann zu einem feinen Pulver. Fügen Sie dieses Nahrungsergänzungsmittel (einen Teelöffel oder weniger) Ihrem Lieblingssmoothie oder -saft pro Tag hinzu. Erkundigen Sie sich bei Ihrem Arzt oder Heilpraktiker nach der Verträglichkeit und der angemessenen Dosierung.

5. *Weinkorken.* Weinkorken ergeben tolle … na was wohl … Pinnwände! Verwenden Sie einen alten Bilderrahmen oder Spiegel und kleben Sie die Korken fest, wobei der Spiegel oder der Hintergrund Ihres Rahmens vollständig bedeckt werden. Verwenden Sie Ihre Korken … Sie haben es erraten … um allerhand Flüssigkeiten in hübschen, wiederverwendbaren Glasflaschen zu verschließen. Suchen Sie online nach »Kork-Wiederverwendung«, und Sie werden Hunderte von weiteren Ideen finden. Das ist unser Favorit: Topfdeckelgriffe mit Korken. Wenn Sie Topfdeckel aus Metall haben, die zu heiß werden, sodass man sie nicht mehr anfassen kann, stopfen Sie zwei oder drei Korken quer unter den Deckelgriff und fassen stattdessen diese Korken an. Simsalabim! Sind auch nach stundenlangem Kochen noch kühl.
6. *Zwiebelschalen.* Geben Sie sie in Suppen und in Ihren Schongarer: Mehr als 500 000 Tonnen Zwiebelabfälle werden jedes Jahr allein in der Europäischen Union weg-

geworfen, doch diese Knollen sind mitsamt den Fasern in ihrer Schale sehr nahrhaft![41]

7. *Parmesan-Rinde*. Heben Sie sie auf und geben Sie sie in Ihre Brühe. Die Rinde verfeinert Ihre Minestrone oder Ihre Gemüsesuppe!
8. *Bohnenwasser*. Wenn Sie Bohnen in einem Dampfkochtopf oder einem Schongarer zubereiten, heben Sie das Bohnenwasser auf; es bildet eine leckere und nahrhafte Grundlage für Suppen.
9. *Teeblätter*. Trockener, gebrauchter schwarzer Tee ist ein Geruchsentferner. Teeblätter eignen sich hervorragend als Desodorierungsmittel zur Beseitigung von Gerüchen aus dem Kühlschrank, vom Teppich und vom Hundekörbchen. Kräuter- und Schwarzteeblätter sind hervorragender Instant-Kompost für Topfpflanzen oder Gärten.
10. *Zahnbürsten*. Werfen Sie gebrauchte Zahnbürsten nicht weg. Sie eignen sich hervorragend zum Reinigen. Bewahren Sie eine unter dem Waschbecken auf, zum Schrubben der Wasserhähne und Spülbeckenränder. Eine andere benutzen Sie als Fingernagelreiniger nach der Gartenarbeit. Stecken Sie eine in Ihren Eimer mit Reinigungsmitteln zur Fleckentfernung auf Teppichen und Möbeln. Und bewahren Sie eine Zahnbürste in der Waschküche auf, zum Ausbürsten von Flecken.

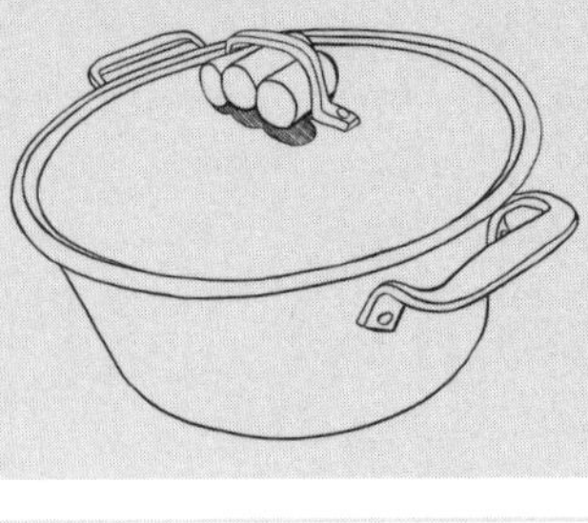

Wir planen unsere Mahlzeiten um das Gemüse herum, das gerade in unseren Gärten und auf nahe gelegenen Bauernhöfen Saison hat. Zudem verbrauchen wir das, was im Kühlschrank und in der Speisekammer ist, indem wir diese Hauptgerichte aus Gemüse oder Obst damit ergänzen. Wenn Brombeeren Saison haben, pflücken wir, so viel wir können, und zwar umsonst in den örtlichen Parks. Wir frieren sie ein, damit wir das ganze Jahr über Brombeersmoothies zum Frühstück genießen können. Und Grünkohl, der zwölf Monate lang in unseren Gärten im pazifischen Nordwesten wächst, ist ein Grundnahrungsmittel, das für alles Mögliche verwendet werden kann, von Smoothies über Salate bis zu Snacks (viele Grünkohl-Hasser lieben Grünkohlchips) und den Gemüsesaucen des Hauptgangs.

Bevor Sie einkaufen, erstellen Sie eine Liste der wichtigsten Zutaten, die Sie bei vielen Gerichten in der Woche einsetzen können. So vermeiden Sie Spontankäufe. Wir haben festgestellt, dass vollwertige Lebensmittel die einfachsten, erschwinglichsten und gesündesten Grundnahrungsmittel für unsere Mahlzeiten sind, und je weniger Zutaten in die Mahlzeit kommen, desto schneller geht es. Die Hauptzutaten, die wir im Geschäft kaufen (in der Regel in großer Menge), sind Süßkartoffeln, Mandeln, Cashewnüsse, Erdnussbutter, getrocknete schwarze Bohnen und Pintobohnen, getrocknete Kichererbsen sowie Linsen, Mehl- und Maistortillas, außerdem Reis, Mehl und Nudeln. Aus diesen Zutaten können wir Hunderte von verschiedenen Mahlzeiten zubereiten. Mahlzeiten aus nur drei Zutaten sind ebenfalls eine gute Möglichkeit, Lebensmittel, Geld und

Zeit zu sparen. Machen Sie einfach eine Online-Recherche, und Sie werden erstaunt sein, was Sie finden. Zu unseren Favoriten gehören Cheddar-Brokkoli-Ei-Muffins, Bananen-Mandel-Ei-Pfannkuchen, Bananen-Beeren-Smoothies, Erdnussbutter-Riegel und Knoblauch-Grünkohl-Spiegeleier.

Grünfutter suchen statt kaufen

Stellen Sie sich vor, Sie könnten aus zwei Tüten mit Lebensmitteln oder mit noch weniger Gekauftem eine ganze Woche lang Mahlzeiten für eine vierköpfige Familie zubereiten. Dies ist unser Ziel, und wir tun es auch mit Erfolg, denn wenn wir Zeit haben, stöbern wir nach vielen der von uns verwendeten Hauptzutaten und bauen sie an, wie Brennnesseln (während der Saison); Brunnenkresse (wild wachsend); Beeren (wir pflücken sie und frieren sie ein); Gartengemüse wie Grünkohl und Kohl; Kartoffeln, Zwiebeln und Knoblauch, die wir anbauen und lagern; Champignons (gesammelt) und unsere Hühnereier. Fallingfruit.org ist eine große Hilfe bei der Suche nach Nahrungsmitteln, die überall auf der Erde geerntet werden können. Überall, ganz gleich, ob Sie auf dem Land, im Vorort oder mitten in der Stadt leben: Fallingfruit kann Sie zu dem Überfluss hinführen, der um Sie herum wächst. Wenn die Nahrungssuche neu für Sie ist, befolgen Sie die goldene Regel: Nie etwas essen, was man nicht eindeutig identifizieren kann. Wenn Sie mit Ihren einheimischen Früchten, Pilzen, Nüssen und Pflanzen nicht vertraut sind, bitten Sie einen Experten vor Ort um Anleitung.

Liesls 5 Mahlzeiten aus 1 Huhn

Bei Liesl zu Hause ist das Huhn eine der Lieblings-Proteinquellen für die ganze Familie, und Liesl verbraucht alle Teile vom Huhn. Hier sind Tipps, wie man fünf Mahlzeiten aus einem einzigen Huhn zubereitet. »Wir fangen mit dem ganzen rohen Huhn an, braten es meist nach Mark Bittmans Rezept in der *New York Times*.[42] Dann bestreiten wir etliche Mahlzeiten davon, hier zunächst Mahlzeit 1: Ein Abendessen mit gebratener, in Scheiben geschnittener Hühnerbrust, mit Schlegeln, Oberschenkeln und Flügeln. Mahlzeit 2: Enchiladas oder gebratener Reis, wobei die restlichen Fleischstücke verwendet werden. Mahlzeit 3: Wir verwenden die Knochen als Grundlage für Hühnerbrühe, zusammen mit Gemüseabfällen wie Zwiebelschalen, Knoblauchschalen und Karottenenden. Sie können die Knochen einfrieren, wenn Sie die Brühe nicht sofort zubereiten wollen. Mahlzeit 4: Wir bewahren Brühe und Knochen auf, stellen die Brühe für andere Verwendungszwecke beiseite, fügen dann den Knochen etwas mehr Wasser hinzu und lassen sie lange und langsam köcheln, bis wir daraus Knochenbrühe gemacht haben, wobei die Knochen anfangen sich aufzulösen. Mahlzeit 5: Nun machen wir aus diesen weichen Knochen Hundefutter: Wir geben sie in einen sehr leistungsstarken Mixer mit ein wenig Knochenbrühe, bis alles zu einer Paste ohne Knochensplitter verrührt ist. Diese lagern wir in einem Einmachglas im Kühlschrank, als Beilage zu den Mahlzeiten unseres Welpen. Wenn wir damit fertig sind, hat das Huhn die ganze Familie ernährt, und nichts bleibt davon übrig.«

Schritt 3: Wiederverwenden und Ablehnen

Abgesehen davon, dass wir das, was wir in der Speisekammer und im Garten haben, für unsere wöchentlichen Mahlzeiten verbrauchen: Was können wir uns sonst noch weigern zu kaufen? Hier sind einige stressfreie Möglichkeiten, nein zu Einwegartikeln und ja zu dauerhafteren und nachhaltigeren Alternativen zu sagen.

Um Ihren Abfall zu reduzieren, wenn Sie unterwegs sind, können Sie einen wiederverwendbaren Becher mit sich führen, damit Sie keine Einweg-Kaffeebecher verschwenden. (Wenn Sie Ihren eigenen Becher mitbringen, erhalten Sie in einigen Coffeeshops sogar einen Rabatt!) Bewahren Sie in Ihrer Handtasche oder in Ihrem Büro leichtes Geschirr auf (Bambusgeschirr hat wenig Gewicht), damit Sie nichts aus Plastik verwenden müssen. Nehmen Sie immer einen faltbaren, wiederverwendbaren Stoffbeutel mit, damit Sie Ihre Einkäufe darin nach Hause tragen können (oder bewahren Sie die Taschen im Kofferraum auf).

Fühlen Sie sich aber bitte nicht unter Druck gesetzt, *all das* zu tun, was wir Ihnen unten erläutern. Unsere Listen und Ideen sollen Sie dazu inspirieren, einfach mehr wiederzuverwenden und zu recyceln, und Sie nicht stressen. Wählen Sie die Vorschläge aus, die sich für Sie gut und inspirierend anfühlen. Machen Sie zuerst die Schritte, die für Sie am einfachsten sind, und tauchen Sie später tiefer ein. In Anlehnung an unsere sparsamen Großmütter haben wir hier eine Liste von 50 Artikeln aufgeführt, die nicht mehr auf unseren Einkaufszetteln stehen:

50 Dinge, die wir nie mehr kaufen

1. **Papiertücher.** Die Nachhaltigkeitswebsite TreeHugger führt an, dass Einweg-Papierprodukte ein Viertel unserer Deponieabfälle ausmachen, und wir haben aus vertrauenswürdigen Statistiken erfahren, dass man 50 000 Bäume pro Tag benötigen würde, um die Anzahl der Papiertücher zu ersetzen, die jeden Tag weggeworfen werden.[43] Verwenden Sie also stattdessen Tücher aus Stoff! Sie müssen nicht schick sein. Sie können Lumpen benutzen oder Stofftücher aus alten Küchenhandtüchern, löchrigen Laken und sogar aus alten T-Shirts. Wenn Sie Ihre Stofftücher in einem hübschen Korb oder in einer Schublade in Ihrer Küche aufbewahren, sind sie immer griffbereit für alle Reinigungsarbeiten. Geben Sie sie in die Waschmaschine, und Sie haben wiederverwendbare Wischtücher für die größte Schweinerei, die Sie sich vorstellen können.
2. **Papierservietten.** Verwenden Sie Ihre Stoffservietten immer und immer wieder. Wenn Sie keine hübschen Stoffservietten haben, machen Sie sich doch Ihre eigenen, indem Sie alte Baumwolllaken, ein Hemd, einen Rock oder eine Tischdecke wiederverwenden. Wir haben beide ständig etwa dreißig Baumwollservietten für den täg-

lichen Gebrauch in einer Schublade verstaut. Servietten sind sehr einfach herzustellen: Suchen Sie einfach im Internet nach »Wie stellt man Stoffservietten her«, und Sie werden viele großartige Ideen bekommen.

3. **Papiertaschentücher**. Benutzen Sie eines aus Stoff! Das hat Ihr Großvater auch so gemacht.
4. **Müllsäcke**. Ja, wir kaufen sie nicht mehr, weil es wirklich keinen Grund gibt, unsere Mülltonnen damit auszukleiden, wenn ohnehin alles an der Müllannahmestelle in einen großen Container geworfen wird. Je nach Gemeinde müssen Sie Ihre Mülltonnen möglicherweise gar nicht mit Plastik auskleiden, das sowieso nur auf der Mülldeponie landet. Denken Sie mal nach und danken uns später. Wenn Sie Ihren Müll dennoch in Beuteln haben müssen, verwenden Sie alte Tierfutterbeutel, Futtersäcke oder andere große Beutel, die Sie oder Ihr Geber-Netzwerk im Überschuss haben, anstatt immer mehr neues Polyethylen in die Deponie einzubringen. Denken Sie dran: Sie können um das bitten, was Sie brauchen. Ihre Anfrage ermöglicht es anderen Leuten, Ihnen etwas zu geben, und sie sind vielleicht vollkommen begeistert darüber, Ihnen das zu geben, für dessen Müllentsorgung sie anderenfalls auch noch zahlen müssten.
5. **Zip-Beutel und Gleitverschlussbeutel** sind in vielerlei Hinsicht nützlich. Sie wiederzuverwenden, statt sie zu kaufen, erspart Ihnen eine ganze Menge. Drehen Sie sie einfach von innen nach außen und waschen Sie sie in Ihrer Küchenspüle mit kaltem Wasser und Geschirrspül-

mittel – da sie aus Polyethylen hergestellt sind, einem undurchlässigen Kunststoff, können Sie sie genauso waschen, wie Sie Ihr Geschirr waschen. Wir befestigen sie danach an einer hölzernen Vorrichtung zum Trocknen, einer Halterung neben der Küchenspüle, aber Sie können sich auch eine Trockenvorrichtung bauen, indem Sie Essstäbchen in einen Halter für Zahnbürsten stecken und die Beutel kopfüber zum Trocknen über die Essstäbchen stülpen. Das ist ganz einfach. Einige Leute trocknen die Beutel an ihrem Kühlschrank, wobei sie sie mit ihren Kühlschrankmagneten an der Tür befestigen. Wir gehen noch einen Schritt weiter und waschen tatsächlich alle Plastiktüten zur Wiederverwendung. Hoffentlich hat dieses Buch Sie davon überzeugt, nie wieder Plastiktüten zu kaufen und umweltfreundlichere Materialien wie Glasgefäße zur Aufbewahrung von Lebensmitteln zu verwenden. Aber wenn Sie tatsächlich Plastiktüten brauchen, ist das Waschen und Wiederverwenden ein guter Weg. Und wenn die Tüten das Ende ihrer Nutzungsdauer erreicht haben, recyceln Sie sie! Wiederverschließbare Beutel können im Supermarkt in die Plastiktüten-Recyclingtonne geworfen werden, solange sie sauber und trocken sind.

6. **Gefrierbeutel**. Unserer Meinung nach sind Gefrierbeutel nur ein weiterer Marketingbetrug. Verwenden Sie stattdessen einfach zwei wiederverwendbare, wiederverschließbare Beutel, um eine dickere Isolierung zwischen Ihren gefrorenen Lebensmitteln und Ihrer Gefriertruhe

zu erhalten. (Siehe Punkt 5 zum Auswaschen der wiederverschließbaren Beutel und die anschließende Wiederverwendung.) Wenn Sie Tiefkühlkost kaufen, die in dicken wiederverschließbaren Beuteln geliefert wird, sollten Sie diese in jedem Fall wiederverwenden.

7. **Wiederverwendbare Stoffbeutel.** Das sind die Taschen, die Sie zum Einkaufen mitbringen, damit Sie nicht Papier oder Plastik aus einem Geschäft verwenden müssen. Bewahren Sie sie zusammen mit Ihrem wiederverwendbaren Becher und anderen Sachen auf. Die Herstellung von Rebeccas T-Shirt-Tasche nimmt höchstens zehn Minuten in Anspruch und ist dazu eine einfache Alternative zu den im Handel erhältlichen Plastik- und Papiertüten.

Rebeccas T-Shirt-Tasche ohne Nähen

Durch die Umnutzung eines gebrauchten T-Shirts und die Reduzierung von Einwegtaschen ist diese T-Shirt-Tasche ein »Buy-Nothing-Win-Win«.

- Schneiden Sie die Ärmel eines alten T-Shirts ab, um daraus die äußeren Kanten der Taschenhenkel zu machen. Sie können diese Ärmel zu Lumpen machen; sie eignen sich besonders gut zum Trocknen von Gläsern – sowohl von denen, mit denen Sie lesen, als auch von denen, aus denen Sie trinken.
- Schneiden Sie den Halsausschnitt ab, um die Öffnung der Tasche und die inneren Kanten der Griffe zu machen. Le-

gen Sie einen Teil davon beiseite für eine andere Verwendung – ich binde sie beispielsweise gerne um meine Zeitschriften, verwende sie als Kopf- oder Haarbänder, oder um meine Tomatenpflanzen im Sommer zu befestigen.

- Hat Ihr T-Shirt einen umgeschlagenen und abgesteppten Saum an der Taille? Wenn ja, können Sie ihn abschneiden und zusammen mit dem Halsausschnitt verwenden, um den nächsten Schritt leichter zu machen.
- Legen Sie das Shirt flach auf einen Tisch und ergreifen die rechte und linke untere Ecke. Binden Sie sie zu einem Doppelknoten zusammen (rechts über links, dann links über rechts), damit Ihr Beutel einen geschlossenen Boden erhält. Sind die Enden zu kurz zum Binden, nehmen Sie das Stück vom Halsausschnitt, um sie zusammenzubinden, auf der Innen- oder der Außenseite des Shirts (beides geht; wählen Sie das Aussehen, das Ihnen am besten gefällt). Ihr Beutel ist einsatzbereit.

8. **Allzweck-Zitrus-Reiniger.** Benutzen Sie Zitrusschalen und Essig, um einen Allzweckreiniger herzustellen. Geben Sie einfach Ihre Orangenschalen (oder Zitronen- beziehungsweise Limettenschalen) in ein großes Glas und

fügen Branntweinessig hinzu, bis die Schalen bedeckt sind. Geben Sie mit der Zeit weitere Schalen hinzu, bis das Glas voll ist; achten Sie darauf, dass der Essig alle Schalen bedeckt. Lassen Sie das Glas mit Zitrusschalen mindestens einen Monat lang stehen, und Sie werden einen ausgezeichneten Zitrus-Reiniger haben, der Fett genauso durchdringt wie jedes gekaufte Reinigungsmittel. Wir geben eine Mischung aus einem Teil Orangenschalenessig und zwei Teilen Wasser in eine Sprühflasche – und erhalten ein prima Reinigungsmittel! Wenn Sie den Essig nicht gerne riechen, können Sie ihn mit Ihrem bevorzugten ätherischen Öl versetzen, um den perfekten Duft für Ihr Zuhause zu kreieren.

9. **Waschmittel**. Wir haben beide das folgende Rezept für Waschmittelkonzentrat verwendet, immer wieder, jahrelang. Online finden Sie viele Variationen dieses Rezeptes. Alle funktionieren gut. Für eine volle Waschmaschinenladung brauchen Sie nur einen Esslöffel (vielleicht zwei knappe Esslöffel, wenn die Wäsche sehr verschmutzt ist). Eine einzelne Charge dieses Waschmittels reicht in einem Drei-Personen-Haushalt mehrere Monate lang.

   Was Sie brauchen: Borax, Waschsoda und einen Riegel Seife (nichts geht über ein Stück Gallseife für die Fleckenbehandlung). Was Sie tun müssen: Verwenden Sie die feine Seite einer Handreibe, um Ihr Seifenstück in eine große Rührschüssel zu raspeln, oder zerkleinern Sie die Seife in zweieinhalb Zentimeter große Stücke und geben diese dann in eine Küchenmaschine, um sie zu häckseln. Geben Sie je eine Tasse Borax und Waschsoda hinzu. Mischen Sie von Hand und tragen Sie dabei wiederverwendbare Gummihandschuhe als Schutz. Sie können dafür auch eine Küchenmaschine benutzen. Verrühren Sie die Masse, bis sie gut durchmischt und glatt ist. Lagern Sie die fertige Mischung in einem großen Glas und halten Sie den Deckel zwischen den Anwendungen fest verschraubt. Bewahren Sie diese deutlich gekennzeichnete Mischung außerhalb der Reichweite von Kindern oder Tieren auf, denn die Inhaltsstoffe sind nicht zum Verzehr bestimmt! Als Weichspüler und zur Reduzierung der Seifenablagerungen auf der Kleidung und in Ihrer Waschmaschine können Sie weißen Essig zu jeder Waschladung geben. Alle Inhaltsstoffe sind leicht erhältlich in wiederverwertbarer, kunststofffreier Verpackung und kosten weniger Geld als die gleiche Menge an kommerziell hergestelltem Wäschewaschmittel.

10. **Trocknertücher oder Weichspüler**. Stellen Sie stattdessen Trocknerbälle her! Sie reduzieren Ihre Trocknerzeit um mindestens 10 Prozent. Trocknerbälle sind auch ein Ersatz für Weichspüler und Trocknertücher, da sie statische Anhaftungen entfernen und Ihre Stoffe weicher machen. Sie können sogar einen lieblichen Duft hinzufügen, wenn Sie sich für die Verwendung von Ölen auf den Kugeln entscheiden. Um diese Trocknerbälle herzustellen, brauchen Sie nur einen alten Wollpullover oder Garn aus 100 Prozent Wolle. Formen Sie Ihren Pullover (oder das Garn) zu einem Knäuel, wickeln Sie etwas zu-

sätzliches Wollgarn darum und ziehen diese Kugel zur Größe einer großen Orange zusammen. Jetzt schnappen Sie sich einige Socken aus Ihrer Schachtel mit einzelnen Socken (wir sind sicher, dass Sie genug davon haben), legen je ein Wollknäuel in eine Socke und binden das Ende zu. Wolle verfilzt leicht, wenn sie Wasser, Wärme und starker Bewegung ausgesetzt wird. Geben Sie diese Socken mit den Wollkugeln in Ihre Waschmaschine und stellen dann einen kräftigen, heißen Waschgang ein (geben Sie außerdem einen Schuss Waschmittel und ein paar Handtücher oder T-Shirts dazu, um die Ladung aufzufüllen). Sie können sie in einer Heißwäsche zweimal durchlaufen lassen, um sicherzugehen, dass die Wollknäuel verfilzen. Wenn Sie keinen Zugang zu einer Waschmaschine haben, können Sie einen großen Kübel mit heißem Seifenwasser in Ihre Badewanne oder auf den Boden stellen, dazu ein altmodisches Waschbrett, um die Wolle durchzuwalken und zu Bällen zu reiben. Dann gibt man sie in den Trockner und stellt eine hohe Temperatur ein, bis sie trocken sind. Binden Sie nun die Socken auf und befreien die gefilzten Wollknäuel aus ihren Sockenhüllen. Sie sollten nun eigentlich ziemlich gut verfilzt sein. Sie können die Wollknäuel ungefähr bei jeder vierten Wäschetrocknung mit wenigen Tropfen Ihres ätherischen Lieblingsöls beträufeln, um Ihrer Wäsche einen angenehmen Duft zu verleihen.

11. **Backofen-Reiniger**. Erinnern Sie sich an den Allzweckreiniger aus Zitrusfrüchten, über den wir in Punkt 8 be-

richtet haben? Setzen Sie eine Lösung an, die jeweils zur Hälfte aus dem Allzweck-Zitrus-Reiniger und aus Wasser besteht, und verwenden Sie sie in Ihrem Ofen. Der Reiniger dürfte jedes Fett und alles Verkohlte entfernen, ohne die chemischen Dämpfe konventioneller Reiniger.

12. **Teppichreiniger**. Streuen Sie eine dünne Schicht Backsoda, gemischt mit ein paar Tropfen Ihres bevorzugten ätherischen Öls, auf Ihren Teppich und saugen Sie es dann auf. Dadurch wird der Teppich aufgefrischt. Wenn Sie Borax zu dieser Mischung hinzufügen, wird der Teppich zudem noch gereinigt. Doch Achtung, wenn Sie Haustiere und Kinder haben: Borax kann leicht reizend sein und sollte nicht in den Körper gelangen.
13. **Fensterputzmittel**. Verwenden Sie einen Teil weißen Essig und zwei Teile Wasser mit einem kleinen Tropfen Spülmittel zur Reinigung Ihrer Fenster und wischen Sie sie mit Zeitungspapier ab, anstatt mit Papiertüchern, die nur Fusselrückstände auf Ihren Fenstern hinterlassen.
14. **Scheuerpulver für Kochgeschirr**. Verwenden Sie diese Mischung, wenn angebrannte Lebensmittel an Ihrem Geschirr, den Töpfen und Gusseisenpfannen kleben. Wir geben meist je zehn Tropfen Teebaum- und Lavendelöl (oder ein anderes Öl nach Wahl) in genügend Backsoda und füllen es in ein altes Halbliterglas. Das ist alles. Es scheint teuflisch einfach zu sein, hat aber eine himmlische Wirkung. Es funktioniert! Es riecht wunderbar, weil Sie die Öle verwenden, die Sie mögen. Bohren Sie ein paar Löcher in den Deckel Ihres Glases, streuen das Backsoda

über das nasse Geschirr in der Spüle und schrubben Sie dann von Hand oder mit einem unserer selbstgemachten Topfschrubber (siehe Punkt 15), und Ihr Geschirr wie auch das Waschbecken werden blitzsauber. Sorgen um die Hygiene? Die meisten Geschirrspülmittel desinfizieren Geschirr nicht. Sie entfernen aber Lebensmittelpartikel, die Grundlage und sicherer Unterschlupf für schädliche Bakterien sein können, und sie reinigen die Oberfläche des Geschirrs von Ölen und anderen Substanzen, die wir nicht berühren oder wieder essen wollen. Die Kombination aus Backsoda und ätherischen Ölen leistet all das auch, und wenn Sie Ihre Finger benutzen anstelle eines Schwamms, vermeiden Sie einen weiteren verbreiteten Überträger für Bakterien. Immer noch besorgt? Fügen Sie ein paar Tropfen Ihrer Lieblingsseife hinzu.

15. **Topfschrubber.** Alte, gebrauchte Aluminiumfolie funktioniert wirklich gut als Topfschrubber für mindestens eine Woche, wenn Sie sie zerknüllen. Lachen Sie nicht. Es funktioniert, und wenn Ihre zerknitterte Folie ganz flach ist, werfen Sie sie einfach in Ihre Wertstoffsammlung (falls Ihre Stadt Folie annimmt) und nehmen Sie Ihr nächstes Stück schmutziger Aluminiumfolie als Topfschrubber. Sie können auch die Beutel aus steifen Plastiknetzen, die kleinen Säcke also, in denen meist Zitrusfrüchte und Kartoffeln verpackt werden, benutzen und sie zu Topfschrubbern umwandeln: Nehmen Sie diese Netzbeutel und falten Sie sie zickzackartig in fünf

bis sieben Zentimeter breite Abschnitte. Binden Sie die Mitte, so fest wie möglich, mit einer Schnur zusammen. Wenn das Bündel fest verknotet ist, schneiden Sie die Enden der Schnur ab (Baumwollreste können kompostiert werden) und schneiden dann jede Schlaufe des Beutels auf, wobei sich die Enden aufplustern.

16. **Einweg-Bodenwischtücher**. Wenn Sie einen entsprechenden Bodenwischer verwenden, brauchen Sie diese Tücher nicht immer wieder neu zu kaufen. Benutzen Sie einfach einen Waschlappen, ein Mikrofasertuch oder eine Stoffwindel, die Sie waschen und wiederverwenden.
17. **Wasserflaschen aus Plastik**. Wenn Sie nicht gerade Ihr Notfall-Kit zusammenstellen, sollten Sie den Kauf von Wasserflaschen aus Plastik vermeiden. Und wenn wir schon dabei sind: Wie wäre es, generell auf Getränke in Plastikflaschen zu verzichten? Der dritthäufigste Gegenstand, der an unseren Küsten angeschwemmt wird, sind die … Plastikflaschen. Und was ist nach Ihrer Meinung die Nummer vier? Die Plastikflaschen-Verschlüsse![44] Dies wird zwar ein wenig Arbeit von Ihrer Seite erfordern, aber wenn Sie unterwegs sind, können Sie ein Trinkgefäß aus rostfreiem Stahl oder eine Glasflasche mitnehmen, um sie mit Wasser aufzufüllen und Ihren Durst zu löschen. Das funktioniert genauso gut für ausgefallenere Getränke: Geben Sie zu Ihrem Wasser eine Scheibe frischer Zitrone oder eine Handvoll Minzblätter. Gießen Sie Ihren selbstgemachten Eistee in Ihre Flasche oder füllen Sie sie zu Hause mit einem anderen

Lieblingsgetränk. Fünfzig Milliarden Plastik-Wasserflaschen werden allein in den USA jedes Jahr weggeworfen, und wir wissen jetzt, dass ein großer Prozentsatz davon in unseren Ozeanen landet. Wenn Sie stattdessen eine wiederverwendbare Wasserflasche verwenden, entspricht das etwa 156 Plastik-Wasserflaschen, die Sie jährlich daran hindern könnten, in unseren Abfallströmen zu landen, und möglicherweise sogar in unseren Ozeanen.[45]

Vergessen Sie Ihren Einweg-Getränkepack aus dem Verbrauchermarkt

Manchmal gehen unsere Familien die eine Meile zum Verbrauchermarkt in unserer Nachbarschaft. Oft nehmen wir Säcke mit, um den Müll am Straßenrand einzusammeln. Jedes Mal finden wir dabei mehr als fünfzig Getränkeverpackungen. Im Jahr 2009 hat Keep America Beautiful, eine US-Non-Profit-Organisation für den Umweltschutz, eine Studie über 240 Straßen im ganzen Land durchgeführt und dabei festgestellt, dass es ungefähr 6 729 Abfallstücke pro Fahrbahnmeile in den Vereinigten Staaten gibt.[46] Die Studie zeigte auch, dass 53 Prozent des Straßenrandmülls von Autofahrern stammen, und Straßen in der Nähe von Verbrauchermärkten weisen im Schnitt 11 Prozent mehr Abfall auf, wobei 40 bis 60 Prozent dieses Straßenabfalls wiederum aus Getränkeverpackungen bestehen. Die Umweltaktivistengruppe Environmental Working Group veröffentlichte eine Studie, worin es heißt: »Alle 27 Stunden verbrauchen die Amerikaner genug Wasser in Flaschen, um damit den gesamten Äquator mit aneinandergereihten Plastikflaschen zu umspannen.«[47]

Nicht alle von uns haben das Glück, zu Hause sauberes Trinkwasser zu haben.[48] Wenn Sie auf abgefülltes Wasser angewiesen sind, sparen Sie Geld und erzeugen weniger Plastikmüll, sofern Sie Wasser gallonenweise oder in noch größeren Behältern kaufen. Benutzen Sie sie, um eine wiederverwendbare Wasserflasche zu füllen. Das wird Ihnen helfen, die Gewohnheit abzulegen, Einweggetränke zu konsumieren. Wenn Sie sich die Menge an Energie, Giftstoffen und Neumaterialien klarmachen, die für die Herstellung dieser einzelnen Portionsflasche oder -dose anfallen, könnten Sie die Notwendigkeit dafür noch einmal überdenken. Verwenden Sie Ihre eigene Flasche und füllen Sie sie auf. Wenn Ihre Wasserversorgung zu Hause sicher ist, bieten Sie Ihren Nachbarn Kannen davon an.

18. **Frischhaltefolie.** Diese dünne Plastikfolie aus Polymer, die so klebrig ist, dass sie an sich selbst haftet und an fast allem, mit dem sie in Berührung kommt, kann nicht recycelt werden. Bewahren Sie also Ihre Essensreste wann immer möglich in Glasgefäßen auf, oder verwenden Sie einen Teller und decken damit eine Schüssel ab. Notfalls können Sie auch wiederverwendbare Aluminiumfolie benutzen. Rebecca hat eine großartige Methode zur Herstellung ihrer eigenen Bienenwachstuchverpackung (siehe Seite 237). Diese Verpackung wirkt ein wenig wie

Frischhaltefolie, wenn Sie Ihre Lebensmittel im Kühlschrank oder anderswo abdecken müssen.

PVC – nicht für mich

Neben den Umweltbelangen gibt es auch gesundheitliche Gründe, die Kunststoffe aufzugeben. Es gibt Belege für einen Zusammenhang zwischen Phthalat-Belastung durch Kunststoffe und einer geringeren männlichen Fruchtbarkeit.[49] Eine hohe Exposition gegenüber Phthalaten (bei Arbeitnehmern, die zum Beispiel PVC-Bodenbelag ausgesetzt sind) ist mit einem niedrigen Testosteronspiegel verbunden, was wiederum eine ganze Kaskade negativer Auswirkungen auf den männlichen Körper hat. Wir begreifen sehr schnell, dass der männliche Fortpflanzungstrakt besonders empfindlich auf Phthalate reagiert – was nicht nur Auswirkungen auf die Männer von heute, sondern auch auf zukünftige Generationen hat.

19. **Notizpapier.** Notizen können auf jedem beliebigen Stück Papier geschrieben werden. Wenn Sie das nächste Mal Ihre Post durchgehen, behalten Sie die Reklamesendungen und Briefe, die einseitig bedruckt sind. Verwenden Sie die Rückseite für Notizen und als Konzeptpapier in Ihrem Drucker. Für gewöhnlich schaffen wir es, auf diese Weise ein ganzes Jahr lang kein Notizpapier zu kaufen! Sie können auch Umschläge oder kaputte Lebensmitteltüten aus Papier verwenden, einfach alles, auf

dem Platz für ein paar Absätze, eine Liste oder einige Kritzeleien ist.

20. **Gepolsterte Umschläge und Versandtaschen.** Wir erhalten das ganze Jahr über so viele davon, dass wir sie aufbewahren und wiederverwenden, und verschenken sie auch an Nachbarn, die kleine Unternehmen haben und Umschläge für ihren Versand benötigen. Einfach die Adresse mit einem schönen Adressaufkleber bedecken, und schon sieht es professionell genug aus. Manchmal machen wir darauf aufmerksam, dass es wiederverwendete gepolsterte Umschläge sind, indem wir »Bitte verwenden Sie diesen Umschlag wieder« auf der Rückseite notieren. Die meisten Menschen werden es zu schätzen wissen, dass ihr Umschlag schon einmal verwendet wurde. Gepolsterte Umschläge eignen sich auch hervorragend zur Polsterung zerbrechlicher Gegenstände bei einem Umzug. Verwenden Sie sie genauso wie Luftpolsterfolie.
21. **Geschenkpapier und Geschenkbänder.** Es gibt so viele wunderbare Alternativen zu Geschenkpapier, beispielsweise Stoff, Papiertaschen, Zeitungen, Kunstwerke Ihrer Kinder und alte Stadtpläne oder Buchseiten. Wir haben einen regelrechten Vorrat an wiederverwendbaren Stofftaschen, die wir jedes Jahr als Geschenkbeutel verwenden. Und wir sparen Geschenkpapier und Geschenktüten, weil wir natürlich auch sie wiederverwenden. Schauen Sie einfach an einem beliebigen Strand nach, und Sie werden dort Bänder finden, die von weggeflogenen Helium-Geburtstagsballons stammen. Sie zersetzen

sich nicht. Um die Bänder von unseren Stränden fernzuhalten, verwenden Sie die Bänder wieder, die mit Geschenken bei Ihnen landen, und basteln Sie Ihre eigenen Geschenkbänder aus Stoffstreifen, Zwirn und Kordeln, die es in Ihr Haus geschafft haben.

22. **Geburtstagskarten, Grußkarten, Karten zum Valentinstag.** Ursprünglich waren das handgemachte Kunstobjekte, die aber von großen Herstellern verdrängt wurden. Holen Sie also Ihre Schere heraus, nehmen Sie schönes Papier und Klebstoff und werden Sie kreativ! Mit etwas altertümlichem Schneiden und Kleben können Sie das, was Sie im Haus finden – Zeitschriften, selbstgemachte Kunst, Fundstücke, Aufkleber –, in Grußkarten-Kollagen verwandeln, die Ihre Freunde und Familienmitglieder gerne per Post erhalten. Kinderkunst wird besonders von Großeltern, Onkeln und Tanten geschätzt! Geben Sie sich ein Extralob, wenn Sie ausrangierte Kartenbestände von anderen Projekten oder alte Karten finden, die Sie als Grundstock verwenden können. Dies funktioniert das ganze Jahr über für kleine Aufmerksamkeiten aller Art.
23. **Geschenkanhänger.** Wir sind dafür bekannt, dass wir zu den Feiertagen die Karten vom letzten Jahr als Geschenkanhänger verwenden. Das können Sie natürlich auch tun, mit all den hübschen Karten, die Sie während des Jahres erhalten. Schneiden Sie einfach die Stelle ab, wo die Nachricht für Sie geschrieben wurde, und verwandeln Sie den Rest in persönliche Anhänger für Ihre Geschenke.

24. **Weihnachtsschmuck und -dekoration.** Ein solcher Schmuck gehört zu den liebenswertesten Dingen, die man als Familie herstellen kann, weil sie Jahr für Jahr immer wieder bewundert werden. In Liesls Haushalt ist es Tradition, dass jeder mindestens einen Baumschmuck für den Weihnachtsbaum bastelt. Einfach »selbstgemachter Baumschmuck« googeln oder nachschauen auf Pinterest. Er kann aus Dingen gemacht werden, die man ohnehin im Haus hat. Liesls Baumschmuck besteht aus alten DVDs/CDs, Blechdosendeckeln, Puppenarmen und -beinen (ganz im Ernst, wenn Sie bunte Streifen darauf malen, sehen sie aus wie Zuckerstangen), Tannenzapfen, was auch immer.
25. **Stifte.** Stifte gibt es überall, wie sich zeigt – schauen Sie einfach mal auf Parkplätzen und auf Ihren Bürgersteigen nach. Die traurige Wahrheit ist, dass die Stifte, wenn wir sie da draußen verlieren, von Autos überfahren und schnell zu winzigen Teilen aus Mikroplastik zerrieben werden, die bald in den nächsten Abwasserkanal gespült werden. Und auf unsere Insel, oder wohin führen nach Ihrer Meinung diese Abwasserkanäle? Direkt in den Puget Sound. Heben Sie die Stifte wenn möglich also auf, dann müssen Sie nie wieder einen kaufen (oder leihen)!

The Fourth Kingdom – Das vierte Zeitalter

Es ist keine Überraschung, dass Plastik in unserer Umwelt in so alarmierender Zahl auftaucht, vor allem in unseren Gewässern. Haben Sie jemals an einem windigen Tag ein paar Erdnüsse aus einer Schachtel oder Plastiktüte geholt und danach beobachtet, wie die Verpackung vom Wind davongeweht wird? Betrachtet man die Entstehung des Polymers an sich, seine auf Langlebigkeit ausgerichtete Herstellung und den Grund für sein langes Bestehen, begreift man leicht, warum Kunststoff allgegenwärtig ist.

Plastik kam auf unsere Erde, als 1907 der belgische Emigrant Leo Baekeland ein Material erfand, das er nach sich selbst benannte: »Bakelit«, auch bekannt als das Megawort mit 35 Buchstaben: Polyoxybenzylmethylenglykolanhydrid. Es war das erste künstlich hergestellte Polymer, das vollständig aus synthetischen Chemikalien bestand. Baekeland hatte einen steifen, aber formbaren Kunststoff hergestellt, der wegen seiner außergewöhnlich hohen Widerstandsfähigkeit besonders für die aufstrebende Elektro- und Automobilindustrie geeignet war. Die Wissenschaft hatte damit die natürliche Welt übertroffen. Plastik, vom griechischen *plastikos*, »formbar«, war revolutionär. Unsere Tiere, Mineralien und Gemüse könnten nichts derart Robustes hervorbringen, wie die Bakelite Corporation später gegenüber den Medien behauptete. Sie hatten »ein viertes Zeitalter geschaffen, das grenzenlos ist«.[50] Heute übernimmt das vierte Zeitalter, das »Fourth Kingdom«, unseren Planeten in einer von Menschen sanktionierten Invasion und richtet stillschweigend die Verwüstung dieses Planeten an.

26. **Styropor-Kügelchen oder Luftpolsterfolie.** Polystyrol in Gestalt von Füllchips gehört zum Hässlichsten, was man in der Umwelt finden kann, und es landet dort genauso leicht wie Haarbänder oder Kugelschreiber. Tatsächlich ist Polystyrol eine der häufigsten Arten der Kunststoffverschmutzung, die in unserer natürlichen Welt zu finden ist. Wir sagen nicht, dass Sie nun losrennen und jedem Verpackungskügelchen hinterherjagen sollen. Aber Sie sollten dieses Zeug nie kaufen, da die meisten Leute versuchen, es loszuwerden. Bitten Sie einfach um Verpackungsmaterial, und Sie werden viele Freunde finden. Denn die Leute geben ihr Verpackungsmaterial *sehr* gerne ab.
27. **Pappkartons.** Die Leute kaufen sie tatsächlich. Wenn es etwas gibt, von dem wir Ihnen garantieren können, dass Sie es draußen in der Umwelt kostenlos finden, dann ist es eine Schachtel oder ein Pappkarton. Kaufen Sie bloß keine Kartons. Bitten Sie einfach darum. Wein- und Spirituosengeschäfte werden besonders gerne ihre Kartons los. Einige Gemeinden, wie unsere, haben sogar Online-Gruppen für Gemeindemitglieder, die ihre Kartons und andere Hilfsmittel für den Umzug loswerden beziehungsweise anschaffen wollen.
28. **Schnur.** Wir kaufen keine Schnüre mehr, da wir sie nur allzu gerne von allen möglichen Behältern wie beispielsweise unseren Säcken für Hühnerfutter retten. Bindfaden ist etwas, das Sie leicht in Ihrem Spendennetzwerk erbitten können, denn die Chancen stehen gut, dass auch Ihre Nachbarn einen kleinen Vorrat davon haben.

29. **Gummibänder.** Sie sind an einigen Produkten, etwa an Brokkoli-Stielen, zu finden, um sie zusammenzuhalten (als ob man die irgendwie verlieren könnte). Sie sind um Zeitungen gespannt. Wir finden sie (na, wo wohl ...) auf den Straßen. Sie liegen überall herum. Bücken Sie sich und heben Sie sie auf. Mehr muss man nicht tun, um alle verlorenen Gummibänder der Welt wieder in Umlauf zu bringen.
30. **Plastik-Kinderspielzeug.** Fragen Sie x-beliebige Eltern danach, und Sie werden Ihnen gerne ein oder drei Kartons davon geben. Das gehört zu der Sorte von Dingen, die wir uns geschworen haben, niemals zu kaufen, als unsere Kinder noch klein waren. Sie kannten es nicht anders und freuten sich daher über das gebrauchte, aber für sie neue Spielzeug. Wir sind besonders ärgerlich, wenn es um Plastik-Strandspielzeug geht. So viel vergessenes Strandspielzeug landet an unseren Stränden – wir würden sehr gerne erleben, dass die Menschen endlich aufhören, so etwas zu kaufen. Rebeccas Familie verwendet einige großartige Alternativen, etwa eine Sammlung von altmodischen Aluminium- und Kupferformen, mit denen im Sommer Sandburgen gebaut werden. In den kälteren Monaten hängen sie an ihrem Gartenzaun als Kunst im Freien. Alte Gugelhupf-Formen, Backmischbecher, Schüsseln und Utensilien aus Metall sind allesamt wunderbare Werkzeuge zum Graben, Sandburgen-Bauen und zum Sammeln von allerhand Schätzen am Strand.

31. **Plastik-Strohhalme.** Plastik-Strohhalme sind eine Geißel für das Land (und das Wasser); sie rangieren an siebter Stelle der Dinge, die wir an unseren Küsten gefunden haben. Plastik-Strohhalme nerven, und sie sind einfach überall. Auch sie werden diesen Planeten niemals verlassen, sondern zerfallen in winzige Teile, die von unseren Meereslebewesen gefressen werden. Wenn Sie können, benutzen Sie stattdessen Ihre Lippen. Sind Sie jedoch jemand, der Strohhalme zum Trinken braucht, probieren Sie einen aus der wachsenden Anzahl von Alternativen zu Kunststoff. Strohhalme werden aus Glas, Bambus, Metall und sogar aus Silikon hergestellt. (Silikon ist im Gegensatz zu Kunststoff ein Polymer, das aus natürlich vorkommendem Silizium besteht. Probieren Sie einen, der wiederverwendbar ist und sogar am Ende seiner Nutzungsdauer zu biologisch abbaubarer Asche verbrannt werden kann.)[51] Rebeccas riesige Fenchelstängel eignen sich übrigens auch hervorragend als Strohhalme.
32. **Plastikbesteck.** An unseren Stränden sehen wir jede Menge Plastikgabeln, -messer und -löffel, die an die Küste gespült werden. Eine kürzlich durchgeführte Studie ergab, dass Plastikbesteck zu den zehn häufigsten Arten von Plastikmüll gehört, die an kalifornischen Küsten gefunden werden.[52] Wenn wir alle nur Metall- oder Bambusbesteck benutzen würden, würden wir diese Plastikgeißel auf unserem Planeten schnell reduzieren. Lehnen Sie Plastikbesteck ab. Egal, wo Sie hingehen, packen Sie Metall- oder Bambusbesteck in Ihren Rucksack oder

Ihre Handtasche. Dann haben Sie Ihr »To-go«-Besteck und tragen zur Reduzierung des Plastikabfalls bei. Bewahren Sie es im Handschuhfach Ihres Autos auf, damit Sie auch unterwegs essen können. Wir sammeln das ganze Jahr über Metallbesteck, das wir in Kartons kostenlos in der Stadt finden, und stellen es dann bei allen Gelegenheiten zur Verfügung, von Geburtstagsfeiern im Klassenzimmer bis hin zu lokalen Festen. Da Plastikbesteck zu den größten Verursachern der neun Millionen Tonnen Plastik gehört, die jedes Jahr in unsere Ozeane gelangen, sind wir der Meinung, dass Einwegartikel aus Plastik wie Besteck, Plastiktüten und Strohhalme ganz einfach verboten werden sollten.

Einweg-Plastikartikel

In ihrem Buch *Plastic: A Toxic Love Story* beschreibt Susan Freinkel, wie sich Plastik in unser Leben eingeschlichen hat: »Kunststoffe haben in einem Produkt nach dem anderen, einem Markt nach dem anderen, traditionelle Materialien verdrängt und somit Stahl in Autos, Papier und Glas bei Verpackungen und Holz bei Möbeln ersetzt … 1979 überstieg die Produktion von Kunststoffen diejenige von Stahl. In erstaunlich kurzer Zeit war Plastik zum Skelett, Bindegewebe und zur schlüpfrigen Haut des modernen Lebens geworden.«[53]

Wir sind süchtig nach Plastik, nach der Bequemlichkeit, die es uns bringt. Es ist billig, vielseitig, leicht, haltbar und widerstandsfähig gegenüber Korrosion. Aber niemand dachte darüber nach, wo das alles hinführen würde. Laut Freinkel hat der Durchschnittsamerikaner in den 1960er Jahren 13,6 Kilo Plastikprodukte verbraucht, und bis 2010 waren daraus 136 Kilo geworden, was 300 Milliarden Dollar Umsatz bedeutete. Die meisten Kunststoffe sind nur für einmalige Verwendung bestimmt und werden dann weggeworfen. Einwegartikel sind die Geißel unserer natürlichen Welt und die am weitesten verbreiteten Kunststoffe in unserer Umwelt. Dazu zählen: Strohhalme, Kaffeetassen, Kaffeedeckel, Wasserflaschen und -kappen, Plastikbesteck und Bonbonpapier. Sie wissen schon, was wir meinen.

33. **Einweg-Papp- oder -Plastikteller.** Sie verstehen schon, worauf wir hinauswollen. Verwenden Sie Ihre alltäglichen Teller, und zwar jeden Tag, und Sie müssen nie wieder Pappteller kaufen. Kaufen Sie sich für Picknicks oder ähnliche Veranstaltungen einen Satz Teller, bei denen ein angeschlagener Rand nicht weiter schlimm ist. Das bewahrt Sie vor der Versuchung, Pappteller für Ihr Picknick anzuschaffen. Die Leute essen lieber von echten Tellern, und daran mangelt es ja nicht im Universum. Also benutzen Sie sie! Wir haben Emailleteller und -schalen, mit denen wir campen, und einen geschenkten Satz Anrichteplatten aus der Zeit der Jahrhundertmitte, die sich perfekt für kostenlose Openair-Konzerte und Picknicks den ganzen Sommer über eignen.
34. **Plastik-Feuerzeuge.** Einweg-Feuerzeuge aus Plastik ersetzen viel zu oft Streichhölzer. Auch wenn in einigen Städ-

ten das Rauchen in der Öffentlichkeit gesetzlich verboten ist und das Anzünden einer Zigarette heutzutage stetig zurückgeht, verteilen einige Bars und Restaurants immer noch kostenlose Streichholzbriefchen, die Sie nach Hause mitnehmen können, um dort Ihr Feuerwerk abzuhalten. Streichhölzer aus Pappe und Holz, also aus nachwachsenden Rohstoffen, eignen sich gleichfalls für alles, was wir anzünden müssen, und zwar kunststofffrei.

35. **Gemüsebrühe.** Sie ist so einfach, dass Sie sich fragen werden, wie sie über die Jahre hinweg vor aller Augen verschwinden konnte. Wenn Sie Zwiebeln und Knoblauch schälen und die Enden Ihrer Zucchini oder die Innereien Ihrer Paprika wegschneiden oder Kartoffelschalen übrig haben, retten Sie diese Gemüseabfälle! Legen Sie sie in ein Glas in den Gefrierschrank und geben Sie immer mehr dazu. Oder deponieren Sie sie in einem Gefäß in Ihrem Kühlschrank, wobei Sie gleichfalls jeden Tag Neues hinzufügen. Dann geben Sie einmal pro Woche etwas Wasser in einen Topf, geben die Gemüsereste hinein, fügen einige Kräuter und vielleicht eine Prise Salz hinzu und lassen das Ganze auf niedriger Flamme etwa eine Stunde lang kochen. Danach die Gemüsereste abseihen (geben Sie die Reste in den Kompost), und schon haben Sie eine schöne Gemüsebrühe, die Sie als Grundlage für Suppen und weitere Mahlzeiten verwenden können. Wenn wir Gemüse dämpfen, verwenden wir das restliche Gemüsewasser als ausgezeichnete Basis für Suppen.

36. **Salatdressings.** Erinnern Sie sich noch an die einfachen Dressings mit Balsamico-Essig und Olivenöl oder an eine Senf-Vinaigrette? Machen Sie doch einfach Ihre leckeren Dressings in einem Einmachglas selbst! Wenn Sie sie in großen Mengen herstellen, haben Sie Dressing für ein oder zwei Wochen auf Vorrat. Das Dressing wird im Lauf der Zeit besser und liefert Ihnen keine Entschuldigung dafür, kein Grünzeug zu essen. Probieren Sie dieses schnelle Rezept für ein abgewandeltes Caesar-Dressing, und Sie werden nicht enttäuscht sein: Vier bis sechs Knoblauchzehen zerdrücken und in Ihr Lieblingsglas geben. 120 Milliliter kaltgepresstes Olivenöl sowie ¼ Teelöffel Fischsauce hinzufügen. (Ja, Fischsauce. Achten Sie darauf, sie in einer Glasflasche zu kaufen.) Ungefähr 60 Gramm frisch geriebenen Parmesankäse hinzufügen, ferner ein bis zwei Esslöffel Rotweinessig oder hausgemachten Essig aus Ihren Obstresten (Sie erfahren mehr darüber auf Seite 221). Die Essig- und Fischsauce abschmecken, fertig! Jedes Mal, wenn Sie das Dressing verwenden, können Sie ein wenig mehr Käse für zusätzlichen Geschmack hinzufügen. Unsere Kinder lieben dieses reichhaltige Dressing.
37. **Taco-Gewürzmischung, Italienische Gewürzmischung, andere Gewürz-Kombinationen.** Die im Laden gekauften Mischungen sind im Allgemeinen nicht sehr gesund; sie enthalten viel zu viel Natrium und sind voller weiterer Zusatzstoffe. Stellen Sie also Ihre eigenen Gewürzmischungen zusammen, und zwar in großen Mengen!

Es dauert nur ein paar Minuten, bis Sie Ihre eigene Gewürzmischung hergestellt haben, die für viele Mahlzeiten reicht. Hier ist Liesls einfaches Rezept für ein Taco-Gewürz (ergibt etwa 250 Gramm). Alle Zutaten, die unten aufgeführt sind, in ein Glas geben. Zum Mischen gut schütteln. Dann an einem kühlen, dunklen Ort aufbewahren:

- ca. 115 Gramm Chilipulver (wir mögen beide gemahlene Chilis ohne Zusätze. Liesl verwendet manchmal Chilipulver, das sie aus Mexiko mitbringt; Rebecca kauft ihre losen Gewürze im Lebensmittelgeschäft. Nehmen Sie das, was Sie mögen!)
- ca. 110 Gramm Kreuzkümmel
- ca. 15 Gramm Knoblauchpulver
- ca. 15 Gramm Zwiebelpulver
- ca. 15 Gramm grob gemahlener Pfeffer
- ca. 30 bis 45 Gramm gemahlene Koriandersamen
- ca. 30 Gramm Paprikapulver (Manchmal fügen wir geräucherte Paprika hinzu.)
- ca. 25 Gramm Salz (Nehmen Sie ruhig mehr, wenn Sie Ihre Würze gerne salzig haben.)
- ca. 10 Gramm rote Paprikaflocken
- ca. 10 Gramm Oregano (Wir mögen mexikanischen Oregano.)

38. **Halloween-Kostüme.** Sie sind die perfekten Einweg-Kleidungsstücke, die sich gut zum Weitergeben eignen,

wenn man mit ihnen durch ist. Sie sind eines der originellsten und besten DIY-Projekte, um Eltern und Kinder zusammenzubringen. Also, holen Sie Ihr raffiniertes magisches Teil heraus und probieren Sie, wie man daraus ein Godzilla-Kostüm herstellen kann. Oder warten Sie bis ein paar Wochen vor Halloween und bitten um das, was Sie suchen. Sie werden es wahrscheinlich im Schrank eines anderen Menschen finden, und diese Leute werden dankbar sein, es an Ihrer Türschwelle abladen zu können.

39. **Pflanzgefäße und Rankgitter**. Wenn es das Material aushält, kann alles als Pflanzgefäß dienen. Man muss nur seine Fantasie benutzen und für essbare Pflanzen lebensmittelechte Behälter auswählen. Wir haben schon BHs, Toilettenschüsseln, Fahrradhelme, ausgehöhlte Baumstümpfe, Badewannen, Spielzeuglastwagen, Farbdosen und Babyschuhe gesehen, die als Pflanzgefäße dienten. Werden Sie einfach kreativ! Wie Pflanzgefäße sind auch Rankgitter ein Gartenelement, das einer skurrilen Wiederverwendung zugeführt werden kann. Wir sind dafür bekannt, dass wir Stöcke, Bettkopfteile aus Eisen, Fahrräder oder umgedrehte Sonnenschirme (ohne Stoff) verwenden, außerdem Metallbänke, Makramee-Tischläufer, Maschendrahtzäune, Lampenständer, alte Stühle, Palisadenzäune und natürlich Maschendraht. Wenn Sie keines dieser Dinge besitzen oder ein bestimmtes Aussehen anstreben, können Sie gebrauchte Pflanzgefäße durch Ihre Schenk-Ökonomie erwerben.

40. **Setzlings-Töpfe.** Vergessen Sie solche aus Plastik und benutzen Sie Eierkartons aus Pappe oder halbierte Papprollen vom Toilettenpapier als Mini-Pflanztöpfe für Ihre Setzlinge.

Mikroplastik, ein Makro-Problem

Die Aufmerksamkeit für das Plastikproblem in den Ozeanen hat sich jüngst auf den Nordpazifikwirbel, den »Müllberg« aus Plastik, konzentriert, der vermutlich doppelt so groß wie Texas ist. Doch das Problem der vom Menschen erzeugten Kunststoffe im Ozean hat sich mittlerweile auf alle fünf subtropischen Wirbel der Erde ausgeweitet – auf die gewaltigen Kreisströme im Nord- und Südpazifik, im Nord- und Südatlantik und im Indischen Ozean. Plastik baut sich erst im Laufe von Jahrhunderten ab, wobei es in winzige Stücke zerfällt, die auf unheimliche Weise das Aussehen von Zooplankton nachahmen, jener Mikroorganismen, die eine entscheidende Rolle in der Nahrungskette der Meere spielen. Wir wissen, dass im Meer heutzutage mehr Mikroplastik vorkommt als Zooplankton, und dieses Plastik arbeitet sich über die Nahrungskette bis in unseren menschlichen Körper vor.

Dr. Joel Baker, der wissenschaftliche Direktor des Center for Urban Waters in Tacoma, verwendet spezielle Netze, so genannte Mantaschleppnetze, die von Booten durch den Puget Sound gezogen werden, um eine Probe von allem einzusammeln, was im Wasser schwimmt. Forscher haben herausgefunden, dass mehr als 65 Prozent des Plastiks an Stränden mikroskopisch kleine Kunststoffreste sind.[54] Wenn

Sie also eine zufällige Plastikprobe vom Strand entnehmen, den Sand durchsieben und jedes Stückchen aus Plastik sammeln, dann würden von je 100 Stücken immerhin 65 zu klein sein, um sie mit bloßem Auge erkennen zu können. Aber für Filtrierer, etwa die Muscheln, sehen sie aus wie Nahrung. Wissenschaftler sammeln derzeit Daten, mit denen sie zeigen wollen, dass Mikrokunststoffe für die Organismen, die sich von Plankton ernähren, biologisch womöglich leichter verfügbar sein könnten als das Plankton selbst. Und das könnte zum Problem werden, wenn wir Menschen diese Organismen essen. Eine kürzlich durchgeführte Studie über Fische im Nordatlantik enthüllte, dass sie jedes Jahr bis zu 24 000 Tonnen Plastikmüll zu sich nehmen.[55] Wir wissen, was die Stunde geschlagen hat: Wenn Fische und Muscheln Plastik aufnehmen, dann tun wir das auch.

41. **Feueranzünder**. Sie sind sehr einfach herzustellen und zudem ein witziges Geschenk, das Kinder selber machen können. Sammeln Sie Ihre Trocknerfusseln und Eierkartons aus Pappe und folgen Sie dann unseren Anweisungen auf Seite 230.
42. **Puzzles**. Wenn Sie ein paar Tage über einem 1000-Teile-Puzzle brüten, glauben Sie wirklich, dass Sie dasselbe Puzzle noch einmal machen? Wahrscheinlich nicht sehr bald. Also holen Sie sich eins von Ihren Nachbarn! Wir haben eine fest verwurzelte Tradition hier im pazifischen Nordwesten, wo die Menschen ihre 2000-, 1000- und 500-Teile-Puzzles im Winter von Haus zu Haus weiterreichen.

43. **Möbel-/Bodenschoner.** Viele Dinge können dazu benutzt werden, Ihre Böden vor den kratzenden Beinen Ihrer Möbel zu schützen. In dünne Scheiben geschnittene Weinkorken, alte Flip-Flops oder Schuheinlagen sind dafür perfekt geeignet. Schneiden Sie sie einfach zurecht und befestigen Sie sie mit etwas Klebstoff.
44. **Tampons.** Verwenden Sie stattdessen eine Menstruationskappe. Es ist ein einmaliger Kauf, und er sollte Ihnen mehrere Wege zum Laden ersparen, um entsprechenden Nachschub zu kaufen. Sie sind jeden Cent wert.
45. **Lange Streichhölzer.** Wenn Sie bereits eine Feuerquelle haben, etwa eine Zündflamme, und Sie brauchen nur noch lange Streichhölzer, um bestimmte Kerzen oder eine Ofenflamme anzuzünden, dann nehmen Sie ein langes, trockenes Stück Spaghetti oder Fettuccine! Es funktioniert perfekt.
46. **Lufterfrischer/Raumspray**. Nehmen Sie einen Rat von Rebeccas Großmutter Inge an und verwenden Sie eine Tasse oder einen Beutel mit frisch gemahlenem Kaffeesatz als Raumdesodorierungsmittel oder Autolufterfrischer. (Entsorgen Sie den Beutel als Kompost nach ein oder zwei Tagen in Ihrem Garten.) Teeblätter, Orangenschalen und Schalen mit frischem oder getrocknetem Lavendel funktionieren auch gut, was auch für ein Glas oder eine Schale mit weißem Essig gilt. Ein kleines Glas mit Backsoda und einem Dutzend Tropfen Ihres bevorzugten ätherischen Öls ist ein weiteres gutes Rezept.

47. **Babyfeuchttücher**. Als unsere Babys noch sehr klein waren, benutzten wir eine Sprühflasche mit Wasser und saubere »Wischtücher«, die im Wesentlichen weiche Lumpen waren, mit denen wir unseren Babys den Hintern abwischen konnten. Wir taten das auf den Rat unserer Kinderärzte, und sie gaben ihr Gütesiegel dafür, zumal die Kleinen ohnehin alle paar Abende in die Wanne kamen. Einige Eltern geben gerne etwas neutrales Öl (eines, das nicht ranzig werden kann), ein wenig flüssige Babyseife oder Shampoo und ein paar Tropfen ätherisches Öl in die Flasche.
48. **Brennholz**. Wo wir leben, gibt es Winterstürme. Große Bäume und Äste fallen immer herunter. Wenn Sie bereit sind, es wegzuschleppen, sind die meisten Menschen froh, wenn Sie das Holz von ihrem Grundstück entfernen. Der Vater unserer Freundin Ingrid ist bekannt dafür, dass er sich seine helle Strickmütze aufsetzt und nach jedem Sturm auf die Straße geht, um heruntergefallene Äste von der Fahrbahn zu entfernen. Er heizt damit sein Haus und hilft zudem bei der Beseitigung von Sturmschutt von der Straße, alles umsonst.
49. **Luftballons**. Luftballons fliegen. Das tun sie wirklich. Wenn man sie zusammen mit dem Band, an dem sie befestigt sind, loslässt, landen sie in einem Baum oder draußen im Meer, wobei sich das Band um Seetang wickelt, in dem sich dann möglicherweise eine Robbe oder eine Meeresschildkröte verheddert. Anstatt Ballons für Ihre Feste zu verwenden, versuchen Sie es stattdessen

mit bunten Fahnen. Fahnen können wiederverwendet und aus Stoffresten hergestellt werden, damit sie der Wind nicht wegweht und sie nicht zu Abfall oder einer Gefahr werden. Wir stellen unsere Fahnen aus Stoffresten und Schrägband her, wobei kein Nähen erforderlich ist, wenn Sie einen Tropfen Stoffkleber in der Mitte des Bandes aufbringen.

Selbstgemachte Stoffwimpel

- Sammeln Sie etwas Stoff. Wegen der optischen Abwechslung wählen Sie ein ansprechendes Sortiment von Farben und Mustern. Dazu gehören alte Bettlaken, fleckige Tischtücher, Stoffabfälle von einer befreundeten Schneiderin sowie Ihre Lieblingskleidung, die eigentlich für die Altkleidersammlung bestimmt ist, aber ein besseres Schicksal verdient hat.
- Finden Sie ein extrabreites doppeltes Schrägband, ungefähr 2,75 Meter lang pro Banner. Online finden Sie Anleitungen, um Ihr eigenes Schrägband herzustellen.
- Sie benötigen etwas Bastel- oder Stoffkleber, wenn Sie nicht nähen wollen.
- Erstellen Sie eine Vorlage. Ein einfacher Halbkreis reicht, wobei die gerade Seite ungefähr 23 Zentimeter breit ist; die Höhe beträgt ungefähr 16,5 Zentimeter. Diese Größe eignet sich gut für 2,75 Meter Schrägband, sodass genügend Klebeband an den Enden übrig bleibt, um dort eine Schnur zum Aufhängen anzubringen, oder zum Anstecken beziehungsweise zum Befestigen. Manche Leute mögen

Wimpel in der klassischen Dreiecksform lieber, oder auch Rechtecke, die an ihrer kurzen Seite aufgehängt werden, oder eine Mischung mehrerer Formen. Wählen Sie Ihren eigenen Favoriten.

- Bügeln Sie Ihre Stoffe, dann übertragen Sie Ihre Vorlage auf die Stoffe. Schneiden Sie die Wimpel mit einer Zickzackschere aus.
- Legen Sie fest, wie Sie Ihre Stoffe anordnen möchten; nehmen Sie dann das Schrägband und beginnen den Stoff zu verkleben, ein Stück nach dem anderen. Legen Sie die gerade Kante Ihres Stoffes gleichmäßig an die Innenfalte des Schrägbandes. Ehe Sie den Stoff an das Schrägband anlegen, bringen Sie einen kleinen Tropfen des Klebers auf der Unterseite des Schrägbandes auf, einen weiteren auf der Oberseite des Stoffes. Dann falten Sie die Oberseite des Schrägbandes flach auf das Gewebe. Fahren Sie mit dem Finger über den frisch geklebten Bereich; durch leichtes Drücken wird alles zusammengeklebt. Dann gehen Sie zum nächsten Stück weiter. Vorteilhaft ist, wenn Sie vor Beginn des Klebens alles auslegen, damit Sie das Gewebe gut ausrichten können, und etwas Schrägband auf beiden Seiten übrig lassen. Während Sie kleben, ziehen Sie die Stoffstücke zusammen, sodass sich ihre Ränder gerade eben berühren. Legen Sie Ihre Arbeit dort ab, wo sie flach trocknen kann.
- Nun haben Sie Stofffahnen, die drinnen oder draußen festgebunden oder -gesteckt werden können. Sie eignen sich gut für festliche Dekorationen und halten jahrelang. Wenn Sie maschinenwaschbare Wimpel haben möchten, lassen Sie den Kleber weg und nähen stattdessen die Teile zusammen. Wir konnten allerdings jahrelang unsere Par-

tys dekorieren, ohne unsere zusammengeklebten Wimpel waschen zu müssen, und nichts ist auseinandergefallen, selbst nachdem wir sie im Regen gelassen hatten und sie über Nacht feucht wurden.

50. **Knoblauchpresse.** Vergessen Sie dieses Küchen-Dingsbums und verwenden Sie stattdessen einen stößelförmigen Stein. Liesl benutzt seit fünfzehn Jahren einen in ihrer Küche. In Nepal verwenden ihre Freunde in ihren Küchen zwei Steine, einen flachen als Unterlage, einen zylindrischen, um Knoblauch, Chilischoten, ganze Körner oder ganze Gewürze auf dem flachen Stein zu zerdrücken, zu zerstampfen und zu mahlen. Wenn Sie das nächste Mal einen stößelförmigen Stein im Wald oder am Ufer des nächsten Flusses finden, überlegen Sie, ob Sie ihn nicht als Knoblauchpresse verwenden wollen. Ein Schlag auf den Knoblauch, und er ist geschält. Ein weiterer Schlag, und er ist zerquetscht. So einfach ist das.

Machen Sie jeden Tag zu einem besonderen

Haben Sie Schätze für »besondere Anlässe« zurückgelegt? Wie oft benutzen Sie sie? Das dachten wir uns. Es ist Zeit, diese schönen Dinge aus dem Lager hervorzuholen. Das Leben ist zu kurz, und ja, Sie sind es wert!

Wenn die Eltern der geburtenstarken Jahrgänge sterben, wird ihr Hab und Gut unter den Familien verteilt, und viele erhalten vielleicht einen Satz von gutem, altem Porzellan, wobei wir die Verpflichtung verspüren, diese Dinge aufzubewahren. Wir haben solche Angst davor, die schönen Dinge zu verlieren oder zu beschädigen, dass uns die wirkliche Freude daran entgeht. Aber warum? Liesl benutzt seit Jahren das beste Porzellan ihrer Urgroßmutter, selbst mit ihren Kindern im Schulalter, sogar für die einfachsten Mahlzeiten. Es kann in den Geschirrspüler geräumt werden, also gibt es wirklich keinen Grund, es nicht zu benutzen. Ach ja, ein Teil ging vor ungefähr einem Jahr kaputt, und Liesl hat es wieder zusammengeklebt. Es sieht so gut wie neu aus und hat jetzt sogar einen Charakter.

Natalya Peskin aus Redmond, Washington, schreibt, wie traurig es sein kann, wenn wir unsere geerbten Sachen nicht benutzen: »Mehrmals musste ich Dinge verstorbener Familienmitglieder aussortieren. Am schwersten anzusehen waren diese ›Sonderposten‹, die sie irgendwo stapelten. Zu den schmerzlichsten Dingen gehörten die Weingläser, die meine Schwiegermutter aufgestellt, aber nie benutzt hat. Sie stammten von ihrer eigenen Schwiegermutter, die sie gleichfalls nur aufstellte, aber nie benutzte. Es gab dort auch schönes deutsches und englisches Porzellan. Als wir sie besuchten, servierten meine Schwiegereltern das Essen aber meist auf altem Plastikgeschirr von einem privaten Flohmarkt.«

Suchen Sie also nach den besonderen Dingen, die in Ihren Schränken und Kisten verstauben, und fangen Sie noch heute an, sie zu genießen!

- **Bekleidung.** Hören Sie auf, Ihre schöne Kleidung für besondere Anlässe aufzubewahren. Wenn Sie sich durch eine bestimmte Kleidung gut fühlen, tragen Sie sie einfach – für eine Verabredung, zur Arbeit, zum Abendessen mit Freunden. Wenn Sie anfangen, Ihre guten Sachen zu tragen, brauchen Sie nicht mehr so viel von den nicht so guten Sachen.
- **Schmuck.** Legen Sie das Armband an, das Sie seit Jahren nicht mehr getragen haben, oder die Ohrringe, die man versteckt, um sie nicht zu verlieren. Sie können Ihnen keine Freude bringen, wenn Sie sie nicht tragen. Wenn Sie erkennen, dass Sie viele der Dinge, die Sie aufbewahren, nie tragen, dann nutzen Sie den Augenblick und geben Sie sie jemandem, den Sie gerne mögen. Besser jetzt als niemals. Diese Menschen werden immer an Sie denken, wenn sie die Sachen tragen.
- **Make-up/Parfüm/Toilettenartikel.** Machen Sie heute einen Wellness-Tag. Liesl hatte etwas Pfefferminz-Fußöl, das sie für den Tag aufbewahrte, an dem sie die Füße hochlegen könnte – seit der Geburt ihres Sohnes vor sechzehn Jahren. Da stand es, in ihrem Badezimmerschrank. Es ist dreimal mit ihrer Familie umgezogen, quer durch das ganze Land. Schließlich wurde ihr klar, dass es an der Zeit war, das Zeug aufzubrauchen!
  Verwenden Sie Ihr Badeöl, Ihr Sprudelbad, Ihre Peeling-Creme, Ihr Räucherwerk, Ihr bestes Parfüm. Diese Dinge werden mit dem Alter nicht besser.

- **Nahrung.** Jetzt ist es an der Zeit, in Ihre Speisekammer zu gehen und das Zeug herauszuholen, das auf einen besonderen Anlass gewartet hat. Verbrauchen Sie es jetzt, so gut wie möglich, bevor die Sachen ablaufen und an anderer Leute Hühner verfüttert werden müssen.
- **Vasen.** Lassen Sie sie nicht unbenutzt in Ihrem Schrank stehen! Verwenden Sie Vasen, um Ihre Sammlung von Strandglas oder Flusssteinen zu präsentieren, oder auch den Inhalt der Taschen Ihrer Familie an Waschtagen (eine interessante visuelle Zeitkapsel), Federn, Zweige, Murmeln, das gesamte Geld, das Sie durch das Nichts-Kaufen sparen … und natürlich für Blumen.
- **Kerzen.** Kerzen können ein Abendessen unter der Woche zu etwas Besonderem machen. Heben Sie diese langstieligen Kerzen nicht für eine Gelegenheit auf, die vielleicht nie kommt. Verwenden Sie sie jetzt und bitten um mehr (oder machen Sie sich Ihre eigenen), wenn sie heruntergebrannt sind.
- **Weingläser.** Holen Sie Ihr Kristall heraus! Bewahren Sie es nicht für die schicken Abendessen, die Sie vielleicht eines Tages veranstalten werden. Trinken Sie Ihren edlen Wein, Kombucha oder Mineralwasser aus schönen Gläsern, weil es Ihnen das Gefühl gibt, elegant und kultiviert zu sein. Rebeccas Kinder wuchsen auf, während sie Wasser aus ausgefallenen »Buy Nothing«-Gläsern tranken, und sie zerbrachen nur eines davon. Besondere Gläser animieren zu vorsichtigem Umgang und halten länger, als Sie es vielleicht erwarten.

- **Silberbesteck.** Wenn Sie das Glück haben, es zu besitzen, benutzen Sie es! Lassen Sie es nicht liegen und anlaufen. Essen Sie eine Mahlzeit pro Woche damit. Oder werden Sie radikal und verwenden Sie es für sämtliche Mahlzeiten! Wie dumm ist es, wenn man etwas Besonderes in den Kartons hat und es nicht genießt.
- **Tagebücher**. Haben Sie mehrere schöne, inspirierende Tagebücher gekauft, nur um sie jahrelang in einem Bücherregal aufzubewahren, weil Sie noch nicht wissen, was Sie schreiben sollen? Schreiben Sie einfach! Sie können diese Tagebücher auch für tägliche Listen, Arbeitsaufgaben und Notizen benutzen.
- **Haushaltstextilien.** Bewahren Sie Ihre beste Bettdecke, Tagesdecke, Kissen, Laken, Leinenservietten für diese seltene Gelegenheit auf, wenn Tante Eustace zu Besuch kommen könnte? Benutzen Sie die besten Stücke, die Sie finden können, für sich selbst! Heben Sie sie nicht für diese besondere Person oder diese besondere Zeit auf, denn diese Person sind Sie, und die Zeit, es zu benutzen, ist *jetzt*!

Nur das Beste für Sie. Und zwar ab sofort.

Wir laden Sie ein, wiederzuverwenden und abzulehnen

Zum Thema Wiederverwerten und Ablehnen haben wir drei Aufgaben für Sie.

Erstens, das Ablehnen: Wählen Sie fünf Posten aus den 50 Dingen, die wir nie mehr kaufen, Dinge, die Sie ohne Not oder Mühe ablehnen können. Dies soll Sie nicht entmutigen – die Kaufverweigerung sollte Ihr Leben vielmehr vereinfachen und Ihre Stimmung und Ihr Budget verbessern, Sie aber nicht leiden lassen. Beginnen Sie mit den Gegenständen, die dem entsprechen. Wenn Sie erst einmal die ersten fünf Artikel aus Ihrem regulären Einkauf verbannt haben, fügen Sie noch einen weiteren Posten hinzu. Ergänzen Sie diese Liste mit Ihren eigenen Ideen und teilen Sie sie auf dem Diskussionsforum von buynothinggeteverything.com mit.

Nächster Punkt: das Wiederverwenden. Behalten Sie einen Tag lang die Einwegartikel, Produktverpackungen und Artikel aus Papier, die Sie normalerweise in den Müll oder in eine Recyclingtonne werfen würden. Keine Sorge, Sie sollen sie nicht für immer behalten: Wir möchten, dass Sie nach drei Dingen suchen, die Sie wiederverwerten können. Die gewöhnlichen Kandidaten sind Gläser und Flaschen – aus Glas und aus Plastik –, Papier- und Plastiktüten, Essstäbchen zum Mitnehmen, Gabeln und Löffel, Grußkarten, Postwurfsendungen und nicht vertrauliche Arbeitspapiere. Auch wenn wir aktiv daran arbeiten, Einwegartikel abzulehnen, finden sie dennoch oft ihren Weg in unser Leben. Drehen Sie den Spieß innerhalb des Systems um und verwerten Sie diese Dinge weiter. Notieren Sie Ihre Einkaufsliste oder Ihren Tagebucheintrag auf der Rückseite von Postwurfsendungen oder der Tagesordnung; verwenden Sie die Essstäbchen vom Mittagessen, um Ihre herunterhängende Zimmerpflanze zu befestigen; benutzen Sie die Tüte mit geschreddertem Papier, um das Päckchen mit den Snacks zu polstern, das Sie an Ihre Nichte an der Uni senden. Sie können das sogar zu einer spontanen Schenk-Aktion ausbauen: Füllen Sie die leere Kombucha-Flasche mit frischem Wasser, stecken Sie eine hübsche einzelne Blume hinein und lassen Sie sie auf dem Schreibtisch eines Mitarbeiters zurück.

Erzählen Sie es schließlich weiter. Um die Kraft, die das Nein-Sagen und das Wiederverwenden für uns und unseren Planeten haben kann, zur Veränderung zu nutzen, müssen wir Ihre cleveren neuen Übergangslösungen und Zweckentfremdungen feiern. Sie können dazu beitragen, indem Sie ein Foto Ihrer Lieblings-Verweigerung oder -Wiederverwertung posten und andere Teilnehmer bitten, ihre entsprechenden Fotos ebenfalls zu posten. Tun Sie dies in unserem Forum buynothinggeteverything.com oder persönlich, schreiben Sie darüber am Rand dieses Buches, das Sie mit anderen teilen können, oder setzen Sie es auf die Tagesordnung einer Sitzung, die Sie mit Schwung leiten – machen Sie es zu einem Teil Ihres Lebens, wo es am besten passt. Wir versprechen Ihnen, dass die Menschen das Nein-Sagen und Wiederverwenden faszinierend finden, sobald sie erst einmal die Möglichkeit bekommen haben, darüber zu sprechen.

Schritt 4: Nachdenken

Kims Buy-Nothing-Geschichte

»Einkaufen ist für mich oft eine Ablenkung von unangenehmen Gefühlen oder von Langeweile. Nachdem ich das erkannt hatte, wurde es leichter, dem zu widerstehen.«

Kim Beth, Stittsville, Ontario

Wenn wir die Worte »Buy Nothing«, nichts kaufen, verwenden, meinen wir damit nicht, dass Sie sich selbst der Dinge berauben, die Sie brauchen oder lieben. In diesem vierten Schritt bitten wir Sie, vor einem Kauf kurz innezuhalten und nachzudenken. Dieser Schritt ist der Schlüssel zur Kultivierung einer »Buy Nothing«-Mentalität, die durch Ihre Handlungen entsteht. Bevor Sie etwas kaufen, stellen Sie sich eine einfache Frage: Gibt es einen anderen Weg, wie ich dieses Bedürfnis oder diesen Wunsch erfüllen kann, oder muss ich diesen Gegenstand kaufen? Es gibt Zeiten, in denen Sie tatsächlich manche Dinge kaufen müssen, aber daneben existieren noch so viele andere Optionen!

Hier kommt Ihr Denken ins Spiel, das auf eine Kauf-Hierarchie verzichtet. Alle »Buy Nothing«-Optionen haben den gleichen Wert; jede ist zu ihrer Zeit und an ihrem Ort nützlich. Hier sind nur ein paar Beispiele: Kommen Sie ohne den Gegenstand aus. Finden Sie eine Alternative, die bereits in Ihrem Besitz ist. Stellen Sie es her. Leihen Sie es sich aus. Bitten Sie um gebrauchte Dinge. Bitten Sie um ein brandneues Exemplar. Mieten Sie es. Kaufen Sie es aus zweiter Hand. Kaufen Sie eine wiederverwendbare oder langlebige Mehrzweckausführung. Die Wahl einer Option wird Ihnen schnell zur zweiten Natur, und Ihre Antworten werden je nach den Umständen und Variablen unterschiedlich ausfallen. Doch alle sind gut!

Jedes Mal, wenn wir uns dazu entscheiden, von einem Artikel Gebrauch zu machen, den es bereits bei unseren Mitmenschen gibt, bedeutet das, dass eine brandneue Sache weniger produziert und verteilt wird, die begrenzte Ressourcen in Anspruch nimmt und nebenbei noch zur Umweltverschmutzung beiträgt. Und jedes Jahr gibt es noch weitere Optionen dieser Art. Außer den Tausenden lokaler Schenk-Ökonomien mit ihren neuen und gebrauchten kostenlosen Dingen gibt es die Möglichkeit, Dinge zu mieten, von Kleidung bis hin zu Möbeln, und außerdem viele internationale Online-Second-Hand-Märkte. Sollten Sie dann trotzdem zu dem Schluss kommen, dass Sie wirklich etwas Nagelneues kaufen müssen, werden Sie einen wohldurchdachten Kauf tätigen, der

Ihnen höchstwahrscheinlich als Käufer keine Gewissensbisse bereitet. Für uns ist »Buy Nothing« eine Tätigkeit, ein Aufruf zum Handeln, ein Lebensstil, der Ihnen zeigt – wenn Sie genau hinschauen und ein wenig Mühe darauf verwenden –, dass Sie tatsächlich genau das finden, was Sie ursprünglich kaufen wollten. Um uns herum gibt es wirklich jede Menge Überfluss.

Sie wären überrascht, wie viel Sie bekommen können, ohne den Fuß in ein Geschäft zu setzen. Es ist ein bisschen wie mit schlechten Nachrichten und guten Nachrichten: Wir haben den Punkt erreicht, wo es so viele langlebige Güter in unserer Umwelt gibt, nicht nur auf Mülldeponien oder in Recyclingzentren (schlecht), dass Sie fast alles finden können, was Sie brauchen, wenn Sie nur bitten beziehungsweise hinschauen (gut). Abgesehen von den Netzwerken des Teilens, über die wir vielfach gesprochen haben, gibt es viele Alltagsgegenstände aus Taschen und Handtaschen, so etwa Kulis, Haargummis, Gummibänder, Bleistifte und Büroklammern, die man überall finden kann, auf Parkplätzen, vor Schulen, auf Straßen und Bürgersteigen. Unsere Erde liefert heute nicht nur Nahrungsmittel und Obdach, sondern auch modernes Büromaterial und mehr. Und unsere Kinder werden die Ersten sein, die Ihnen erzählen, dass das Einkaufen auf diese Weise viel mehr Spaß macht als jede Fahrt zum Geschäft – es ist eine kostenlose Schatzsuche, mitsamt dem Adrenalinstoß, der mit dem Nervenkitzel einhergeht, wenn man etwas entdeckt. Wir hören, dass manche Eltern es nicht gern mögen, wenn ihre Kinder Büromaterial von Parkplätzen aufsammeln. Dies ist jedoch nicht der einzige Weg, nichts zu kaufen.

Wir beide schaffen es oft für mindestens ein Jahr, kein einziges Kleidungsstück zu kaufen, denn unsere Schenk-Netzwerke versorgen uns mit mehr Kleidung, als wir jemals brauchen könnten, und zwar durch »Round Robins« (Umlaufverfahren) beziehungsweise »Clothing Shares« (Kleidertausch). Die Round-Robins sind Verteilungs-Netzwerke, die dann entstehen, wenn eine Person ihren Schrank ausräumt und das, was sie loswerden will (Kleidung, die zu klein geworden ist oder nie getragen wurde), in einen Karton legt und ihn an die nächste Person auf der Liste weitergibt. Der Karton wandert auf der Liste nach unten, gelangt ins Haus jedes Teilnehmers, der sich davon nimmt, was er möchte, und gibt, was auch immer der eigene Schrank loswerden will. Das Round Robin eignet sich hervorragend für Küchenutensilien, Gartengeräte, Plüschtiere und Spielzeug für Kleinkinder und sogar Toilettenartikel, ist aber am effektivsten für die gemeinsame Nutzung von Kleidung.

Für diejenigen, die in Firmen oder einem sonstigen beruflichen Umfeld arbeiten, kann das Round Robin bei der Veränderung der eigenen Garderobe enorm hilfreich sein, ohne dass man zu hohe Ausgaben für minderwertige Kleidung hat. In vielen Fällen hängen Arbeitsplätze davon ab. Wir sehen, dass für Frauen, die gesellschaftlich aufsteigen wollen, der Kauf eines ersten Kostüms, Hosenanzugs oder eines besonderen Kleidungsstücks ein mächtiger Initiationsritus ist. Wenn Sie diese wichtigen Kleidungsergänzungen durch Round Robins beziehungsweise Kleidertausch erhalten, bekommen Sie Dinge, die Ihnen passen und Ihnen schmeicheln, was Sie in die Lage versetzt, in der Arbeitswelt aufzusteigen und gleichzeitig Ihren schwer verdienten Lohn für andere Dinge auszugeben. Kleidung zu tauschen geht außerdem mit dem Mehrwert guter Wünsche und Möglichkeiten zur Vernetzung einher.

Es ist also nicht so, dass wir keine neuen Dinge *bekommen*. Wir *kaufen* sie nur nicht. Wir finden unsere Sachen über Schenk-Netzwerke. Wir glauben, dass Sie beim Erwerb von kostenlosen gebrauchten Dingen das gleiche Maß an Euphorie verspüren können wie beim Neukauf. Es gibt auch das Argument, dass man sogar mehr Freude empfindet, weil man dabei ein Schnäppchen gemacht hat. (Schnäppchenjäger und Discountkäufer, aufgepasst!) Uns ist natürlich klar, dass dies für wahrhaft Kaufbesessene wie eine besondere Form von Folter klingen mag. Bevor Sie aber in Panik geraten, lesen Sie weiter.

Der Reiz des Kaufens

Wir wissen, dass manche Menschen das gesamte Einkaufserlebnis einfach lieben. Vielleicht gehören Sie ja auch dazu. Vielleicht kaufen Sie mindestens ein Kleidungsstück pro Woche, indem Sie entweder in die Geschäfte gehen, um das perfekte Schnäppchen zu finden, oder zu Hause sitzen und bequem online einkaufen, um günstig Kleidung zu erhaschen. In einem Artikel im *Atlantic*, der davon handelt, wie wir allesamt bergeweise Dinge anhäufen, wird die American Apparel and Footwear Association, der US-Branchenverband für Bekleidung, zitiert, wonach die Amerikaner im Jahr 2017 im Durchschnitt pro Person 971,87 Dollar für Kleidung ausgaben und dabei fast 66 Kleidungsstücke kauften, etwa 20 Prozent mehr als im Jahr 2000.[56] Der durchschnittliche Brite gibt laut Great British Wardrobe Report jedes Jahr etwa 1.042 Pfund für neue Kleidung und Schuhe aus.[57]

Für viele von uns ist es tatsächlich aufregend, einzukaufen und neue Sachen zu erwerben. Es fühlt sich gut an, Dinge zu kaufen, die wir haben wollen und brauchen. Es gibt viele Freuden beim Einkaufen: das Gefühl, wenn wir verborgene Schätze für uns selbst aufspüren; die Macht und Sicherheit, für unsere Familien sorgen zu können; die Aufregung, wenn man das perfekte Geschenk für einen geliebten Menschen findet; der Stolz beim Kauf der Dinge, die wir brauchen, um bei unserer Arbeit erfolgreich zu sein, wie etwa die richtige Kleidung und Symbole von Macht und Kompetenz. Das gute Gefühl, das Sie überkommt, wenn Sie das perfekte Sommerkleid finden, ist nicht nur in Ihrem Kopf vorhanden. Jedes Mal, wenn wir die Belohnung vorwegnehmen, etwas Neues zu besitzen, setzt ein solcher Einkauf Dopamin in unserem Körper frei. Unsere Online-Gewohnheiten machen es so viel leichter einzukaufen, machen uns aber auch anfälliger für gezielte Werbung – gemeint sind die Anzeigen, die Sie in den sozialen Medien und auf Google verfolgen und auf Sie abgestimmt sind. Wir glauben aber, bei jedem, der an einer Schenk-Ökonomie teilnimmt, den gleichen Dopamin-Zyklus beobachtet zu haben. Es ist nicht der Kauf, der zählt, sondern die Vorfreude auf die Belohnung, den Schatz, die diese Wirkung hat. Wenn wir diese Belohnung als freiwilliges Geschenk von einem Freund oder Nachbarn erhalten, bringt das Vorteile mit sich, mit denen das Shopping nicht konkurrieren kann.

Die andere Sache, die man vor Augen haben sollte, ist die Kehrseite dieser Dopamin-Ausschüttung: das Gefühl der Enttäuschung, das sich sehr bald einstellt, nachdem wir unsere glänzenden neuen Sachen nach Hause gebracht haben. Oft verliert die so dringend gewollte Anschaffung – die Schuhe, die Vase oder der Tisch, wovon wir wussten, sie würden uns das perfekte Zuhause bescheren, und die wir brauchten, um glücklich zu sein und uns sicher, besonders, machtvoll und geliebt zu fühlen – ihren Glanz, nachdem wir sie in Besitz genommen haben. Nachdem sie eine Weile bei Ihnen zu Hause gestanden haben, verlieren der Kerzenhalter oder der Designspiegel schnell ihre Originalität, wenn Sie nämlich erkennen, dass diese Dinge nicht über die magischen Kräfte verfügen, die Sie erhofft hatten. Diese Teile haben Ihr Leben oder Ihr Lebensumfeld nicht verändert; es ist nur eine Sache mehr, die sich jetzt in Ihrem Schrank oder Zuhause breitmacht.

Hier ist die Schenk-Ökonomie am stärksten: Wenn wir mit Freunden Kleidung getauscht haben, um unsere Kleiderschränke neu zu ordnen, oder von einem Nachbarn neue Küchengeräte, Dekoration fürs Haus oder Bücher erhalten haben, dann haben wir sowohl die neuen Dinge als auch neue menschliche Verbindungen erhalten. Selbst wenn wir Geschenke verteilen und entgegennehmen, ohne dass wir uns dabei persönlich begegnen, etwa durch das schnelle Abholen von der Veranda oder vom Schreibtisch im Büro, hat die Tatsache, dass wir aufeinander zugegangen sind und unsere Bedürfnisse erfüllt haben, eine Tiefe, die ein Kauf nur selten, wenn überhaupt je, erreichen kann. Jede Transaktion bildet einen neuen Strang in einem Netzwerk gegenseitiger Verbindungen, was uns sicherer macht. Wir werden mehr gesehen, gehört und in der realen Welt mehr geschätzt. Wir glauben, genau *dies* ist die Magie, die viele von uns suchen. Wir füllen unsere Einkaufswagen, um eine Lücke zu stopfen, die von der mangelnden Verbindung der Menschen herrührt. Wir sind im Wesentlichen auf der Suche nach der falschen Sache am falschen Ort. Wir können immer noch Maximalisten sein – es gibt keinen Grund, auf Dinge zu verzichten, die Sie haben wollen oder brauchen –, aber Sie sprechen durch das Nichts-Kaufen ein tieferes Bedürfnis an, als Sie dies durch einen gewöhnlichen Kauf je erreichen könnten.

Und was ist mit den Zeitgenossen, die wirklich und wahrhaftig gerne einkaufen oder gerne etwas »haben wollen« und dann eine Ausrede finden, um tatsächlich einkaufen zu gehen? Vielleicht dreht sich für Sie alles um den Nervenkitzel. Sie lieben die Herausforderung beim Suchen, Finden, Erobern und Sammeln all dessen, was immer Ihre Familie gerade »braucht«. Oder vielleicht lieben Sie den Nervenkitzel, einen Coup mit diesem gewünschten Ding zu landen und es für möglichst wenig Geld zu erwerben. Aus vielen Studien wissen wir, dass Dopamin durch die Vorfreude auf den Kauf einer neuen Sache ausgeschüttet wird, aber wir konnten auch die bloße Freude sehen, die Menschen empfinden, wenn ihnen genau das gegeben wird, wonach sie suchen, und zwar kostenlos und von echten Menschen in der Nähe. Nehmen wir uns also einen Moment Zeit, um innezuhalten und einen prüfenden Blick auf unsere »Wünsche« zu werfen, auf die Dinge, die wir kaufen wollen, und auf die Gründe für diesen Wunsch. Was Sie dort finden, wird Sie vielleicht überraschen.

Schritt 4: Nachdenken

Wir hoffen, dass Sie sich inzwischen dem Geben, Bitten, Wiederverwenden und Verweigern geöffnet haben. Nun ist es Zeit zum Nachdenken. Wir alle haben komplizierte Beziehungen zu unseren Sachen, und jeder Schritt von »Buy Nothing« beleuchtet diese Komplexität. Das Nachdenken darüber kann einer der überraschendsten und aufschlussreichsten Schritte auf Ihrer »Buy Nothing«-Reise sein.

Manche von uns können sich den finanziellen Luxus nicht leisten, ihre Wünsche über ihre Bedürfnisse zu stellen; ihre geringe Kaufkraft konzentriert sich auf die lebensnotwendigen Dinge. Für diese Leser kann »Buy Nothing«, das Nichts-Kaufen, Sicherheit und Geborgenheit und ein neues Gefühl für Respekt bewirken, wenn sie nämlich Dinge erhalten, die sie brauchen, Dinge, die sie haben wollen, aber nie kaufen könnten, und wenn sie die Gelegenheit bekommen, anderen auf gleicher Augenhöhe ebenso etwas zu geben.

Einige von uns sind mit den Anforderungen an unsere Zeit und Energie so überlastet, dass sie bei jeder Gelegenheit etwas kaufen, weil dies der einfachste Weg zu sein scheint, unserer Verantwortung gegenüber Kindern, dem Ehepartner, der Familie, der Arbeit, dem Zuhause und Freunden gerecht zu werden. Wenn Sie die Schwimmbrille auf dem Weg zur Arbeit kaufen, haben Sie bereits eine Sache auf Ihrer endlosen To-do-Liste abgehakt, bevor der Tag überhaupt richtig begonnen hat. Für diese Convenience-Shopper kann »Buy Nothing« eine Änderung ihres Handelns bewirken, wobei unser

Zeug durch Wiederverwenden und Teilen eine doppelte oder dreifache Aufgabe für uns erfüllt, sodass wir weniger Artikel kaufen, abgeben, entsorgen, erneut kaufen und so weiter. Die Bitte um eine Schwimmbrille in Ihrer Schenk-Ökonomie dauert nur wenige Sekunden.

Einige von uns kaufen Dinge, um Leerstellen in ihrem Leben auszufüllen, um sich daran zu erinnern, dass sie schön und klug sind und Freundschaft und Aufmerksamkeit verdienen, dass sie für andere von Nutzen und gut genug für sich selbst sind und ein Leben voller Sinn und Freude verdienen. Für uns kann das Nichts-Kaufen Interaktionen um alte Sachen in neue Freundschaften verwandeln, in neue soziale und unterstützende Netzwerke, in etwas, das Freude macht. Auch gibt es uns Gelegenheit, unsere angeborene Großzügigkeit einzusetzen, um eine Gemeinschaft aufzubauen, in der wir gerne leben.

Welche Geschichten Ihre Sachen auch immer bergen, was auch immer Ihre Dinge für Sie darstellen: »Buy Nothing« verspricht Ihnen viele Möglichkeiten, wie Sie über sich selbst etwas erfahren und Ihr Glück steigern – mit Ihren Sachen und mit sich selbst. Wir wissen, das klingt vielleicht, als würden wir mit zweierlei Maß messen, aber bitte haben Sie Geduld mit uns: Wir möchten, dass Sie um alles bitten, was Ihr Herz begehrt, und wir möchten, dass Sie untersuchen, was der Kern Ihres Wunsches ist, Sachen zu begehren, immer mehr Sachen. Jeder von uns hat bewusste Bedürfnisse und Wünsche, und wir alle haben auch verborgene, unbewusste Bedürfnisse, die viele unserer »Wünsche« antreiben. Wenn wir diese verborgenen Anteile von uns zu Tage fördern, können wir die Kontrolle über unsere Sammelleidenschaft übernehmen und die Dinge loslassen.

Vielleicht erscheint Ihnen das Mitmachen bei einer Schenk-Ökonomie als zu chaotisch oder zeitaufwendig, sodass Sie sich stattdessen für den Neukauf von Dingen entscheiden. Effizient bei dem zu sein, was wir brauchen, ist wichtig für jeden, der viel arbeitet, und auf den ersten Blick mag eine auf die menschliche Verbindung ausgerichtete Schenk-Ökonomie viel weniger zeiteffizient erscheinen als eine profitorientierte Marktwirtschaft. Wenn Sie um sich herum ein Geber-Netzwerk aufbauen, kann es in der Tat länger dauern, einen von Ihnen benötigten Artikel über dieses Netzwerk zu beschaffen, als wenn Sie ihn sofort und online kaufen würden. Darüber wollen wir nicht mit Ihnen streiten. Aber wir haben eben auch mit unseren eigenen Augen sehr oft gesehen, wie schnell die Schenk-Ökonomie Bedürfnisse und Wünsche befriedigen kann, sobald diese Form der Ökonomie aktiv und etabliert ist. Wir sehen häufig, dass Gaben zur selben Stunde beziehungsweise nachmittags oder abends angefordert, erhalten und abgeholt werden, noch vor dem Versand am nächsten Tag oder einer Fahrt zum nächsten Einkaufszentrum. Diese Art von Netzwerk zu errichten bedarf anfänglich Ihrerseits einer gewissen Investition von Zeit, Geben und Bitten. Wir ermutigen Sie daher, sich jetzt etwas Zeit zu nehmen, um »Buy Nothing«-Aktionen herauszufinden, die Ihnen leicht und angenehm erscheinen, damit Sie mit dem Aufbau starker alltagstauglicher Verbindungen beginnen können, und zwar in Ihrem eigenen Tempo.

Wir alle kennen das alte Sprichwort »Du bekommst, wofür du bezahlst«. Wir haben uns eine »Buy Nothing«-Version davon ausgedacht: »Du bekommst die Gemeinschaft, in die du investierst.« Nichts zu kaufen gibt uns allen die Chance, unsere Ressourcen dort einzusetzen, wo unsere Werte sind. Wenn Sie wegen der kostenlosen Sachen dabei sind, werden Sie sie auf jeden Fall bekommen. Wenn Sie entrümpeln wollen, werden Sie Abnehmer für Ihre Sachen finden (und nebenbei noch dankbare neue Freunde). Wenn Sie weniger Zeit damit verbringen möchten, zu Einkaufszentren zu fahren oder E-Commerce-Sites zu durchsuchen, werden Sie auch diese Ziele erreichen. Und das Erreichen all dieser Ziele bringt einen zusätzlichen Nutzen mit sich: Nichts kaufen hilft, eine besser vernetzte, mitfühlendere Welt aufzubauen, in der Sie gerne leben möchten. Sie brauchen nicht einmal Ihr Geld zu investieren, sondern nur Ihre alten Sachen, Ihre Fähigkeiten und Ihre Zeit, indem Sie vor dem Einkaufen um Dinge bitten. Diese Investitionen werden Ihnen allerlei Nutzen und Belohnungen einbringen. Es mag sich anfangs ineffizient anfühlen, wenn Sie sich den Gepflogenheiten eines Sharing-Netzwerks anpassen, die sich sehr vom Einkaufen unterscheiden. Sobald Ihnen diese neuen Gewohnheiten aber zur zweiten Natur und der Kauf von Dingen zum letzten Mittel statt zur ersten automatischen Aktion geworden sind, werden Sie die verschiedenen Effizienzgrade entdecken, die in einer auf den Menschen ausgerichteten Schenk-Ökonomie wirksam sind. Das folgende Beispiel ist nur eins von Millionen von »Buy Nothing«-Aktionen. Es soll Ihnen dabei helfen, darüber nachzudenken, wie Sie Ihre eigenen Investitionen und Belohnungen herausfinden können, damit Sie Ihre »Buy Nothing«-Ressourcen und Ihre Energie gezielt und effektiv einsetzen können:

Ihre Tochter hat Geburtstag, und sie schwärmt für Piraten. Also wollen Sie eine Piratenparty veranstalten. Sie geben an Ihre Geber-Gruppe weiter, dass Sie nach Piratenbeute suchen, und zwar für eine Party von Achtjährigen. Eine Nachbarin hat gerade eine Party mit einem ähnlichen Thema hinter sich gebracht und legt die Pappschwerter, Halstücher und Hüte vor Ihrer Haustür ab, worüber sie sehr froh ist. Andere Nachbarn haben Piratenflaggen, Kostüme und lustige Vorlesebücher. Jemand bietet sogar an, einen Piratenkuchen in einer schiffsförmigen Kuchenform zu backen. Geschafft! Während Sie sich nur die Mühe machen mussten, um das gesamte Material zu bitten und darauf zu achten, dass Sie alles bekommen, haben Sie die Fahrt zu mehreren Geschäften sowie die Zeit gespart, die Sie die Online-Recherche nach diesen Produkten gekostet hätte. Und alle Teilnehmer haben sich auf ihre eigene Weise gefreut, daran mitwirken zu können. Ihre Tochter war natürlich begeistert, dass sie die Party ihrer Träume veranstalten konnte. Sie fühlte sich geliebt, weniger wegen der Piratenbeute, sondern mehr wegen Ihres relaxten Verhaltens.

Erinnern Sie sich noch an die UCLA-Studie über 32 mittelamerikanische Haushalte und die Gegenstände, die dabei gezählt wurden? Es gab eine erstaunliche Anzahl an Gegenständen in jedem Haus, etwa 300 000, so viele, dass sich die Mütter gestresst fühlten von diesem ganzen Durcheinander. Es waren so viele Gegenstände, dass die meisten den Überschuss in ihrer neuen Ramschschublade lagerten, in der Garage nämlich. Eine der interessanten Schlussfolgerungen dieser Studie war, dass nur 25 Prozent der Garagen an den Häusern tatsächlich zur Unterbringung von Autos genutzt werden konnten, da sie mit dem überflüssigen Kram aus dem Haushalt vollgestopft waren. Viele beherbergten Regale mit massenweise gekauften Artikeln, mit Bleichmitteln und Toilettenpapier, die für ein halbes Jahr ausreichten. Andere hatten die Vorstellung, die aufbewahrten Andenken irgendwann zu verkaufen oder sie für Projekte zu verwenden, die nie verwirklicht wurden, was auch für die Reparatur oder Renovierung dieser Dinge galt. Wir behaupten daher, dass viele Haushalte einfach hingehen und genau die Dinge kaufen, die sie bereits in ihren Garagen und auf ihren Dachböden lagern – weil es einfach zu schwierig ist, etwas in diesem Sammelsurium zu finden, oder weil sie schon vergessen haben, dass sie es bereits besitzen. (Wenn sich das nach Ihrer Garage anhört, können Sie vielleicht in Ihrer Geber-Gruppe nach jemandem fragen, der Ihnen beim Aufräumen Ihrer Sachen hilft. Wir sind sicher, dass Sie jemanden finden können, der oder die sehr gut organisieren kann und so etwas auch *gerne* tut).

Es gibt noch einen weiteren Vorteil des Bittens gegenüber dem Kauf. Wenn Sie die Worte finden, um Ihre Bitte zu formulieren, werden Sie natürlich ein wenig darüber nachdenken, ob Sie diesen Artikel wirklich haben wollen oder brauchen. Häufig inspiriert der Akt des Formulierens einer Bitte die Entdeckung einer cleveren Alternative, über die Sie bereits verfügen. Und wenn Sie beschlossen haben, dass Sie diese neue Sache tatsächlich haben wollen oder brauchen, ist es oft schneller und einfacher, sie kostenlos von einem Nachbarn oder Freund zu erhalten, als die Zeit online oder persönlich damit zu verbringen, sie zu kaufen. Die Zeit, die Sie in das Bitten und Nachdenken und in das Erhalten von Geschenken investieren, anstatt Dinge zu kaufen, wird sich ganz offensichtlich auszahlen (kostenlose Sachen, neue Freunde!), und zwar auf eine tiefere, weniger greifbare Weise, die im Laufe der Zeit immer deutlichere Formen annehmen wird.

Wenn wir uns die Zeit nehmen, vor dem Kauf nachzudenken und zu bitten, anstatt zu kaufen, werden wir mehr mit den Geschichten und Gefühlen verbunden, die sich in unseren Sachen verbergen. Wir werden uns selbst besser verstehen und bereit sein, klare und freudebringende Entscheidungen über unseren Besitz zu treffen, was uns inneren Frieden bringt, wenn wir die Dinge loslassen und um das bitten, was wir haben möchten und auch benötigen, und wenn wir mehr teilen.

Liesls Tabukleid

Ich war die Jüngste in einer Familie mit vier Kindern, und alles, was mir gehörte, hatte früher meinen Geschwistern gehört. Ich hatte selten etwas Eigenes, mit dem noch nicht gespielt oder das noch nicht getragen worden war. Was mir gehörte, gehörte in Wirklichkeit standardmäßig zunächst ihnen, und die Dinge, die ihnen gehörten, durfte ich – in bester Geschwistermanier – oft nicht anfassen.

Als Teenager wollte ich das pinkfarbene gepunktete Kleid im Zwanzigerjahre-Stil haben, das meiner älteren Schwester gehörte. Ich *liebte* dieses Kleid einfach, das sie nur selten trug. Eines Sommertages, als sie nicht in der Stadt war, schlich ich mich an ihren Schrank und »lieh« mir das Kleid aus, um mit Freunden auszugehen. Obwohl ich mich in diesem Kleid irgendwie perfekt fühlte und mir vorstellte, ich sei so klug und schön wie meine große Schwester, hatte ich solche Angst, erwischt zu werden, dass mir die bloße Freude am Tragen genommen wurde. Ich schaffte sogar, einen winzigen Fleck auf das Kleid zu machen, von dem ich dachte, er könnte niemals entdeckt werden. Einen Monat später kam meine Schwester mit dem Kleid in den Händen in mein Zimmer, und ich erkannte sofort am Ton ihrer Stimme, dass sie den Fleck entdeckt hatte. Ich glaube, das war das Schlimmste, was ich ihr jemals angetan hatte. Damals schien es, als würde sie mir nie verzeihen.

Diese Erfahrung hat mein Verhältnis zu den Dingen für immer verändert. Ich ließ meine Bindung an die Dinge los. Ich verstand nicht ganz, warum, aber es fühlte sich befreiend an. Ich gab und lieh anderen Menschen von ganzem Herzen Dinge und habe starke Bindungen zu Freunden aufgebaut, die gerne mit mir tauschten und teilten. Ich ging so weit, dass ich meine kostbarsten Dinge verlieh, wodurch ich die engen Grenzen zwischen dem Festhalten und dem Loslassen erkundete, und verstand genau, dass die Dinge, die ich geteilt hatte, vielleicht nie wieder zurückkommen würden. Meine Schwester nannte dieses Verhalten unverantwortlich, und sie beschuldigte mich, mich nicht um meine Sachen zu kümmern. Sie hatte teilweise auch recht. Ich war wie gebannt von der Freude, die ich durch das Teilen, das Loslassen und die Neugier auf die Konsequenzen für meine Beziehungen erlebte.

Waren es »meine« Dinge oder Dinge, die ich genießen konnte und die mich mit anderen verbanden, auch wenn ich die Sachen am Ende verlieren würde? Da ich das jüngste der Geschwister war, gehörten meine Sachen erst mal nie wirklich mir, sodass ich nie das Bedürfnis verspürte, an ihnen festzuhalten. Das Verschenken der wenigen Dinge, die mir gehörten – etwa ein Paar kostbarer Ohrringe, die ich in einem Sommer auf Korsika gekauft, oder handgemachte Kleider, die ich selbst genäht hatte –, war anfangs schwer, bis ich die Sachen an sich losließ und sah, wie glücklich meine Freundin war, als sie sie trug. Es gab so viele Ohrringe auf der Welt. Und ich konnte mir immer ein anderes Kleid nähen. Ich lernte: Je mehr ich weggab, desto mehr wollte ich auch verschenken. Die guten Gefühle machten süchtig. Ich befreite mich von aller Macht, die aus dem Besitz von und der Begierde nach Dingen resultiert, und zwar nachdem ich die Entfremdung und Trennung bemerkt hatte, die mit dem Eigentum einhergehen können. Neigungen zu Gier und zum Horten machten mir Angst und trieben mich an, noch mehr zu geben.

Etwa dreißig Jahre später wird mein Experiment fortgesetzt. Die alltäglichen Sachen in meinem Haus sind Gegenstände, die uns von Nachbarn quasi im Vorbeigehen geschenkt wurden, als sie ihren Überschuss an uns weitergaben. Diese gebrauchten Sachen fühlen sich für mich natürlich an; sie verbinden mich mit meinen Nächsten, genau wie es mit den Sachen meiner Geschwister war. Ich hätte es auch nicht anders gewollt, denn jetzt sind meine eigenen Gaben Ausdruck einer lebenslangen Erfahrung beim Loslassen und bei der Entdeckung der puren Zufriedenheit, des Glücks und der Freude, die vom Teilen kommen.

Wir laden Sie ein nachzudenken

Wenn Sie sich in Selbstreflexion üben, erhalten Sie Zugang zu Ihren unterbewussten Bedürfnissen, Wünschen und Ängsten, und Sie können sich ihnen direkt stellen. Was treibt Ihre täglichen, oft sinnlosen Einkäufe an? Was ist das versteckte Bedürfnis hinter dem Mangel? Ist es Einsamkeit, Langeweile, Angst vor Entbehrung, Neid, die Angst vor emotionaler Verletzung, ein geringes Selbstwertgefühl oder Erschöpfung? Versuchen Sie, die folgende Liste von Fragen durchzuarbeiten, wenn Sie das nächste Mal etwas in der Hand halten, das Sie kaufen wollen:

Fragen, die Sie sich stellen sollten, ehe Sie etwas kaufen

1. Wie haben Sie diesen Artikel zum ersten Mal gesehen? Haben Sie ihn sich gewünscht und waren auf der Suche danach, oder wurde er Ihnen durch Werbung präsentiert? Brauchen oder wollen Sie ihn jetzt noch?
2. Wollen sie ihn für den Rest seiner Nutzungsdauer pflegen, einschließlich chemischer Reinigung/Staubwischen/

Spülen/Ölen und so weiter? Brauchen oder wollen Sie ihn jetzt noch?

3. Glauben Sie, dass dieser Artikel Sie gesünder und stärker machen wird, attraktiver, intelligenter? Gibt es Alternativen zum Konsum, die Ihnen die gleichen Gefühle vermitteln? Ist es wahrscheinlich, dass dieser Artikel Ihnen dieses Ergebnis bescheren kann? Brauchen oder wollen Sie ihn jetzt noch?
4. Wo werden Sie diesen Gegenstand aufbewahren? Ist genug Platz dafür vorhanden? Wird er anderen Dingen im Weg stehen, zu denen Sie Zugang benötigen? Brauchen oder wollen Sie ihn jetzt noch?
5. Können Sie diesen Gegenstand selbst herstellen, oder gibt es etwas, das Sie bereits besitzen, das ihn ersetzen könnte? Brauchen oder wollen Sie ihn jetzt noch?
6. Sind Sie bereit, diesen Artikel zu reparieren oder für die Reparatur zu bezahlen, wenn er kaputtgeht? Brauchen oder wollen Sie ihn jetzt noch?
7. Ersetzen Sie mit diesem Gegenstand etwas, was Sie bereits haben? Was ist an dem alten Gegenstand nicht richtig? Kann der alte repariert, gereinigt oder nachgebessert werden? Brauchen oder wollen Sie ihn jetzt noch?
8. Können Sie den Kauf dieses Artikels verschieben? Für wie lange – einen Monat, ein Jahr? Brauchen oder wollen Sie ihn jetzt noch?
9. Brauchen Sie diesen Artikel jetzt wirklich, oder wollen Sie ihn einfach nur haben? Gibt es ein verstecktes Bedürfnis hinter Ihrem Wunsch? Wenn Sie ein verstecktes

Bedürfnis haben, welches Bedürfnis ist das, und können Sie andere, alternative Wege finden, um es zu erfüllen? Brauchen oder wollen Sie den Gegenstand jetzt noch?

10. Sie haben also alle diese Fragen beantwortet, und ja, Sie brauchen diesen Artikel wirklich. Gibt es einen wichtigen Grund, warum Sie dafür Geld ausgeben müssen? Wenn ein kostenloser Artikel in Ordnung für Sie wäre, müssen Sie ihn für immer behalten, oder könnten Sie darum bitten, ihn sich auszuleihen? Gibt es einen sicherheitsrelevanten Grund, warum er nagelneu und unbenutzt sein muss? Wenn ja, könnten Sie um ein nagelneues Exemplar in Ihrer örtlichen Schenk-Ökonomie bitten? Wenn ein gebrauchter Artikel in Ordnung für Sie wäre, könnten Sie darum bitten? Es gibt Dinge, die wir tatsächlich brauchen, aber selbst dann muss das *Bedürfnis* nicht zwangsläufig mit dem *Kaufen* einhergehen.

Stellen Sie sich diese Fragen, bevor Sie den nächsten Artikel erwerben, den Sie kaufen möchten, und schauen Sie, ob Sie das versteckte Bedürfnis hinter dem Mangel finden können. Das kann Ihnen helfen, Ihre Gedanken zu ordnen oder Lösungen mit einem Freund, einer Freundin oder einem anderen Mitglied der Schenk-Gruppe durchzusprechen. Es könnte Sie überraschen, wie viel Sie durch diese Selbsterforschung über sich erfahren, und es ist hilfreich, eine Gemeinschaft zu haben, auf die Sie sich stützen können, während Sie dies zu einer neuen »Buy Nothing«-Gewohnheit machen.

Hier ist eine weitere Übung, die Ihnen helfen soll, versteckte Bedürfnisse zu erkennen, die Sie zu Ihren Einkäufen treiben. (Sie ist besonders wirkungsvoll, wenn man sie mit einer oder zwei Freundinnen ausführt.) Stellen Sie sich vor, Sie könnten alles haben, wirklich alles, was Sie wollen, und alles, was Sie brauchen. Machen Sie eine Liste, denken Sie im *großen Stil* und notieren auf dieser Liste materielle wie auch immaterielle Dinge. Dann legen Sie Ihre Liste zur Seite, machen eine Pause, kehren zur Liste zurück und schauen nach, was diese endgültige Liste über die von Ihnen gewollten Sachen und das gewünschte Leben aussagt. Sind einige der materiellen Dinge auf Ihrer Liste mit glücklichen Erinnerungen aus Ihrem Leben verbunden; sind diese Dinge Ihre eigenen privaten Symbole für größere und weniger greifbare Bedürfnisse? Gibt es Dinge oder Fähigkeiten, um die Sie bitten könnten, sodass sie Ihnen dabei helfen, die immateriellen Dinge auf Ihrer Liste zu erreichen? Suchen Sie nach mehr Zeit für sich selbst, mehr Zeit mit Familie oder Freunden, mehr Abenteuer, mehr Sicherheit, weniger Stress? Behalten Sie das, was Sie über sich selbst erfahren, im Gedächtnis, während Sie nach Sachen suchen, die Sie mit nach Hause bringen, und nach solchen, die Sie verschenken wollen.

Schritt 5: Machen und Reparieren

Das Wort *Ökonomie* stammt von dem altgriechischen Wort *oikos* ab, das Aristoteles zuerst verwendete und das »Haushalt« bedeutete. In den meisten vormodernen Gesellschaften fanden Produktion und Konsum im Haushalt statt, und eine solche Wirtschaft zu führen war gleichbedeutend mit der Verwaltung von Ressourcen. Damit sollte sichergestellt werden, dass die Bedürfnisse aller erfüllt wurden. Dies drückte sich unmittelbar in einem größeren Allgemeinwohl aus, bei dem es nicht darum ging, Gewinner und Verlierer zu erzeugen. Vielmehr sollte das Ganze auf gesunde Art funktionieren, sodass die Gemeinschaft ihre Lebensweise, nämlich das gute Leben, beibehalten konnte.

Wir haben diesen Lebensstil übernommen, weil wir uns so hilflos fühlten inmitten all der Werbung, die uns überall überschwemmt: zu Hause, im Internet und jedes Mal, wenn wir in unseren Städten und Gemeinden einen Supermarkt oder ein Geschäft betreten. Werbung fördert eine Kultur des

Wettbewerbs, mit Gewinnern und Verlierern, auf Kosten des Ganzen. In aller Regel schüren Anzeigen die Ängste der Verbraucher und lassen bei ihnen die Vorstellung einer Welt des Mangels anstatt des Überflusses aufkommen: »Kommt und holt es euch, solange der Vorrat reicht.« Und als wir das Resultat dieses Konsums sahen – den Abfall, der an unsere schönen Strände gespült wurde –, wurden wir wütend. Und diese Wut und Angst verwandelten wir dann in die Macht, das zu kontrollieren, was wir gekauft und in unsere eigenen Häuser gebracht haben. Wir waren nicht hilflos.

In vielen Ländern, auch in den USA, kontrolliert eine kleine Zahl von Menschen den Großteil des Reichtums, was bedeutet, dass der Rest von uns das erhält, was übrig bleibt. Zum Beispiel ist in den USA das oberste eine Prozent reicher als die gesamte Mittelschicht.[58] Die massengefertigten Plastikprodukte werden in aller Regel für die Mittel- und Unterschicht hergestellt; es sind billige Waren, die in unglaublicher Stückzahl hergestellt werden, um von denen konsumiert zu werden, die sich nur die billigsten Produkte leisten können. Diese Produkte sollen nicht lange halten. Viele von uns kaufen billige Fertigwaren, um unsere Budgets einzuhalten, Dinge, die nur eine geringe Nutzungsdauer haben. Denn wir haben Angst, wir könnten ohne sie nicht überleben. Man sagt uns, sie würden unser Alltagsleben erleichtern. Aber je mehr wir sie benutzen, desto mehr zerstören wir unsere Umwelt: Wir füllen unsere Mülldeponien damit, verschmutzen die Gewässer und verbrennen mehr fossile Brennstoffe, um diese Waren überhaupt herzustellen, und wir erwärmen auf diese

Weise das Klima. Diese Güter machen unser Leben also nicht unbedingt einfacher. Wir müssen sie kaufen, verwalten und dann herausfinden, was wir mit ihnen machen sollen, wenn sie irgendwann kaputtgehen.

Stellen Sie sich vor, welchen Einfluss wir auf unsere Ausgaben und die Umwelt haben könnten, wenn wir nicht nur mehr teilen, sondern mehr aus unseren Sachen machen würden, anstatt sie zu kaufen?

Seien Sie Produzentin und keine Konsumentin

Die Millennials haben eine alte Lebensweise mit einem hippen neuen Namen wiederbelebt: die Maker-Kultur. Die Maker-Kultur kultiviert die Fähigkeit, alte und abgenutzte Gegenstände zu reparieren und neue Dinge aus vorhandenen Teilen zusammenzusetzen. Diese vergessene Kunst war vielen unserer Vorfahren sehr vertraut, und das liegt gar nicht mal allzu viele Generationen zurück. Diese Einstellung ist der Schlüssel zu einem »Buy Nothing«-Lebensstil – und verleiht dieser Herausforderung eine eindrucksvolle Dosis an Kreativität.

Es ist schwer, die Arbeit, die man verrichtet, in Geldwert zu bemessen, wenn man diese Arbeit gerne tut. Wenn Sie so wie die meisten Menschen sind, werden Sie nicht dafür bezahlt, das zu tun, was Sie wirklich gerne tun. Laut einer kürzlich vom Gründer von LinkedIn erhobenen Umfrage hatten 46 Prozent der Babyboomer, 16 bis 31 Prozent der Generation X und nur 12 Prozent der Millennials ihren »Traumjob«.[59] Nichts zu kaufen ist der perfekte Anlass, den Bäcker, den Stricker, Handwerker, Maler, Ingenieur, Elektriker und Automechaniker in Ihnen von der Kette zu lassen. Wir haben viele Menschen aller Altersgruppen gesehen, die ihre verborgenen Talente in ihrem lokalen Spendernetzwerk einbringen. Da es keine Entlohnung gibt, gibt es auch keinen Druck – was sehr befreiend ist –, was wiederum Kreativität und Innovation zu fördern scheint.

Unsere Freundin Myra Zocher hat ein Talent fürs Backen. Ihr selbstgemachtes Sauerteigbrot schmeckt köstlich. In den Anfangstagen unserer ersten lokalen Schenk-Ökonomie backte Myra regelmäßig Brot für die Gruppe und verschenkte die großen Körnerbrötchen, die wie ein normaler Bagel aussahen, eher flach und leicht in der Kruste gebacken. Liesl hat Myra eines Tages beim Backen gefilmt und ist angesichts der Liebe und der handwerklichen Sorgfalt, die in jedem Brotlaib steckte, mit einem Gefühl der Ehrfurcht nach Hause gegangen. Dank des überwältigenden positiven Feedbacks, das sie von uns allen erhielt, hat Myra jetzt eine erfolgreiche Bäckerei in der Stadt, *A Woman Sconed*. Haben Sie also keine Angst davor, Ihre Gaben mit anderen zu teilen, und jagen Sie Ihren Träumen nach, denn wenn Sie Ihre Kunst, Ihre Talente oder Ihre handgefertigten Produkte nicht teilen, werden Sie nicht die Dankbarkeit spüren, die die Welt Ihnen entgegenbringen kann – dafür, dass Sie so sind, wie Sie sind. Sie erfahren vielleicht nie, was Ihre Gaben sind, wenn Sie sie nicht teilen.

Fragen Sie sich also selbst, worin Sie gut sind. Nähen oder stricken Sie, können Sie gut massieren, Patchwork-Decken herstellen, backen oder gärtnern Sie oder sind Sie einfach eine gute Zuhörerin? Machen Sie das, was Sie lieben. Hören Sie auf, die Dinge zu konsumieren, die man besser selbst macht als kauft. Sagen Sie einfach nein dazu, eine Verbraucherin von Massenartikeln zu sein. Und, besser noch, stellen Sie so viele Ihrer besten Produkte her, dass Sie genug zu geben haben, damit andere Menschen sie ebenfalls genießen können, ohne sie kaufen zu müssen.

Schritt 5: Machen und Reparieren

Was möchten Sie gerne tun oder herstellen? Welche Dinge haben Sie gekauft, die Sie stattdessen hätten selbst machen können? Jetzt ist es an der Zeit, darüber nachzudenken, was Ihre Leidenschaft weckt. Welcher Aktivität könnten Sie aus purem Vergnügen nachgehen, die zu etwas Schönem führen könnte, das Sie zu Hause behalten oder Freunden schenken könnten?

Wir alle fühlen uns ausgelastet und überfordert, aber wenn Sie sich die Zeit nehmen, etwas zu erschaffen um des Erschaffens willen, wird der Nutzen auf eine Art und Weise zu Ihnen zurückkommen, die Sie sich noch gar nicht vorstellen können. Wenn Ihnen nichts einfällt, das Sie »produzieren« könnten, erkunden Sie neue Dinge, die Sie herstellen können, und zwar aus dem, was Sie bereits im Überfluss haben beziehungsweise das für Sie leicht verfügbar ist. Experimentieren Sie!

Wenn Sie gerne kochen oder backen, beginnen Sie mit der Herstellung Ihrer besten Mahlzeiten oder Desserts in großen Mengen. Frieren Sie sie ein oder verschenken Sie sie. Eine selbstgemachte Mahlzeit ist ein aufmerksames Geschenk, wenn jemand in ein neues Haus einzieht oder ein Baby bekommt, oder einfach nur so! Manche von uns sind eher künstlerisch veranlagt, sodass das Herstellen schöner Mosaik-Trittsteine aus zerbrochener Keramik, bemalter Steine für einen Garten oder bunter Flickenteppiche für einen Badezimmerboden genau Ihr Ding sein könnte. Es gibt so viel, das wir aus dem Überschuss um uns herum anfertigen und teilen können. Finden Sie heraus, was Ihnen leichtfällt, und kreieren Sie daraus etwas.

Liesls Tochter Cleo hat einen grünen Daumen. Ihre blühenden Sukkulenten wachsen aus dem Garten in die Einfahrt hinein und pflanzen sich dort von selbst fort. Inspiriert von den hübschen Pflanzgefäßen, die sie im örtlichen Kindergarten gesehen hatte – dort waren es Fetthennen, die auf merkwürdige Weise in Keramiktöpfen, Holzkisten, Schuhen und sogar in Kinderstiefeln arrangiert waren –, fing Cleo damit an, sich eigene Arrangements auszudenken. Wenn sie Zeit hat, sammelt sie Fetthennen und pflanzt sie in allerlei Fundstücken ein, die sie rund um das Haus entdeckt hat, beispielsweise in Teetassen, die sie dann verschenkt. Die Geschenke sind ein lebendiges Zeugnis dessen, was wir kreativ mit dem Überfluss um uns herum anstellen können. Eine Freundin von uns macht immer extra Spaghettisauce und verschenkt sie. Eine andere bittet Freunde, ihre Gefäße für Flüssigwaschmittel aufzubewahren. Wenn ihr eigenes Waschmittel zur Neige geht, stellt sie eine oder zwei zusätzliche Chargen nach ihrem eigenen Waschmittelrezept her und verteilt sie als Geschenke. Jeder liebt etwas Selbstgemachtes!

Lassen Sie nicht das Gefühl aufkommen, Sie müssten einen Haufen Geld in einem Laden für Bastelbedarf ausgeben – vergessen Sie nicht: Uns geht es um das Nichts-Kaufen. Zum Spaß an der Sache gehört auch, dass man die Materialien vor Ort beschafft; idealerweise sind dies gefundene oder kostenlos abgegebene Gegenstände. Sie wären überrascht, in welchem Überfluss dieses Rohmaterial zu bekommen ist, wenn man kreativ denkt. Damit wird nicht nur Material einem neuen Zweck zugeführt, das sonst auf Mülldeponien landen würde, sondern es hält auch Ihre Kosten niedrig. Wenn Sie Pflaumenbäume in Ihrem Garten oder einem nahegelegenen Park haben, von denen niemand pflückt, können Sie Pflaumenkonserven herstellen, die Sie verschenken. Vielleicht haben Sie einen Tischlerfreund, der schon immer versucht, seine Holzreste loszuwerden. Diese Überreste können die Grundlage für etwas sein, das Sie gerne kreieren, vielleicht Vogelhäuser, kleine Pflanzkisten oder ein großes Lagerfeuer aus unbehandeltem Holz für Freunde, das in einer Feuerstelle brennt, die aus der Metalltrommel einer alten Waschmaschine besteht. Achten Sie auf das, was Sie wegwerfen; es könnte genau das sein, was ein anderer wirklich haben will! Es stimmt, Ihr Abfall ist vielleicht der Wunsch eines anderen.

Nichts zu kaufen bedeutet nicht, ein Leben in Minimalismus oder Askese zu führen (es sei denn, das macht Sie glücklich). Wir können sehr wohl Maximalisten sein und die Extravaganz genießen, während wir gleichzeitig das Reduzieren und Verweigern hochhalten. Denn dann setzen wir unsere Fähigkeit ein, für uns selbst zu sorgen und zu teilen. Wirklich, es gibt schon *so viel Zeug*, das darauf wartet, kreativ wiederverwendet und geteilt zu werden.

Reparieren Sie es!

Es gibt noch ein weiteres, wichtiges Element beim »Buy Nothing«: das Reparieren. Wenn es in Ihrer Nähe keine Geschäfte gäbe, wenn Sie fernab vom Kommerz leben würden, würden Sie ohnehin reparieren, was immer Sie können. Unsere Wegwerf-Kultur neigt dazu, Dinge zugunsten des Kaufs neuer Sachen einfach wegzuwerfen, hauptsächlich weil wir die notwendigen Fähigkeiten verloren haben, um unsere kaputten Sachen zu reparieren. Aber dank Google und YouTube können Sie lernen, wie man einfach alles repariert. Wenn die Reparatur Ihre Fähigkeiten oder Werkzeuge übersteigt (selbst mithilfe des Internets), wenden Sie sich an Ihr Spendernetzwerk und bitten dort um Hilfe. Wir haben gesehen, wie Nachbarn sich gegenseitig helfen: bei Sanitär-, Haushaltsgeräte-, Auto-, Mode- und Tischlereikatastrophen aller Art.

Es liegt auch eine gewisse Schönheit in zerbrochenen Dingen. In Japan gibt es eine Kunstform namens *Kintsugi*. Dabei werden zerbrochene Keramiken mit einem Lack repariert, der mit Gold, Silber und anderen Edelmetallen vermischt ist und die Aufmerksamkeit extra auf die aufgetretenen Brüche lenken soll. Nehmen Sie das als Inspiration, wenn Sie das nächste Mal etwas Dekoratives zerbrechen – vielleicht können Sie daraus etwas Schönes machen.

Je mehr wir reparieren, desto weniger geben wir aus. Melden Sie sich für Kurse an oder bitten Sie einen Freund, Ihnen beizubringen, wie man Elektrogeräte, Autos oder Kleidung repariert. Schauen Sie sich nach Veranstaltungen um, bei denen Menschen Dinge reparieren. Portland, Oregon, veranstaltet jedes Jahr drei Fix-it-Messen, drei Reparatur-Messen. Sie können einen Gegenstand mitbringen, der repariert werden muss, und die Experten vor Ort geben bei allem Hilfestellung. Prince Edward Island hat eine Fix-it-Messe. In Großbritannien vermittelt das Restart-Projekt Fähigkeiten zur Reparatur von Elektronik, und es gibt ein Unternehmen namens Edinburgh Remakery, wo Sie Ihre Gegenstände zur Reparatur hinbringen und die dafür erforderlichen Fähigkeiten selbst erlernen können. Vielleicht haben Sie auch Nachbarn, die gut sind im Reparieren und denen es nichts ausmachen würde, wenn Sie fragen. Nur zu: Bitten Sie um Hilfe und warten ab, ob sich jemand meldet.

Michelle Lee, eine Mutter, die in Ellicott City, Maryland, lebt, war sehr dankbar, als der Ehemann ihrer Nachbarin sich freiwillig meldete, um ihr zu helfen, die an der Schaukel im Garten hinterm Haus montierte Rutsche zu reparieren. Seit Wochen konnten die Kinder sie nicht mehr benutzen, aber mit ein paar Werkzeugen und einem Stück Holz konnte der Nachbar dieses Spielgerät wieder benutzbar machen.

Zelebrieren Sie also die uralte Idee des Reparierens der Dinge, die bereits in unserem Besitz sind, indem Sie lernen, wie man Socken stopft, eine Nähmaschine repariert, die Teile einer undichten Toilette ersetzt, einen defekten Staubsauger wieder zum Laufen bringt oder eine kaputte alte Lampe mit einem neuen Kabel versieht. Nähen Sie einen Knopf an, flicken Sie einen Fahrradreifen, reparieren Sie Ihre alten Flip-Flops oder ersetzen Sie einen gebrochenen Schaufelstiel. Sie werden sich stärker fühlen, weil Sie die Notwendigkeit einer Neuanschaffung abgewendet haben, wenn Sie die gut zu reparierenden Gegenstände um Sie herum heil machen. Das alte Ding kann wahrscheinlich immer noch funktionieren, wenn wir nur ein paar Fertigkeiten erwerben, ein wenig forschen und an unsere Fähigkeit glauben, unser Eigentum in Ordnung zu bringen, sodass es ein langes Leben vor sich hat. Dann teilen Sie Ihre Reparatur-Storys mit anderen Menschen, damit auch sie dazu inspiriert werden, das nächste kaputte Teil zu reparieren.

50 Dinge, die wir selber machen

Wenn Sie noch mehr Inspiration benötigen, finden Sie hier eine Liste mit einigen Geschenken oder Dingen, die wir gerne selbst herstellen. Diese Dinge kosten uns fast nichts, sind aber nützlich. Wir können sie jeden Tag benutzen, und sie ergeben auch tolle Geschenke für Freunde und die Familie. Dies ist nur eine Liste, mit der Sie loslegen können – es gibt

Hunderte von Dingen, die man herstellen kann, und oft sind Ihre hausgemachten Grundnahrungsmittel wie Ketchup, Joghurt und Mayonnaise besser als alles, was Sie im Laden bekommen können. Nehmen Sie diese Liste aber nicht als Auftrag. Fangen Sie klein an. Wählen Sie zwei oder drei Dinge, die Sie machen wollen, und sehen Sie, ob es Ihnen dabei hilft, weniger zu kaufen, weniger zu verschwenden und mehr zu teilen.

1. **Kerzen.** Es gibt keinen Grund, schöne Kerzen zu kaufen, wenn Sie sie selber machen können. Sammeln Sie Wachsreste von halbabgebrannten Kerzen und machen Sie daraus große bunte Kerzen, als Geschenk oder zur Verwendung zu Hause, wenn der Strom ausfällt. Sie können die Kerzen in Gläsern oder Dosen herstellen oder sich Gussformen zur Kerzenherstellung ausleihen. Und so geht's:
   - Sammeln Sie das ganze Jahr über Kerzenwachs von abgebrannten Kerzen, fragen Sie auch nach gebrauchten Kerzen in Ihrem Spendernetzwerk. Zerstoßen Sie das Kerzenwachs auf einem Holzbrett mit einem Hammer in kleine Stücke, die in Ihre Glas-, Dosen- oder Kerzenform passen. Halten Sie ein wenig Wachs zurück, am besten in einer Kontrastfarbe, das Sie in die Form einschmelzen. Achten Sie darauf, die Dochte vorher zu entfernen, und legen Sie sie für Ihre Kerze beiseite. (Sie können notfalls auch mehrere übrig gebliebene Dochte miteinander verbinden.)

- Füllen Sie Ihre Gläser, Dosen oder Formen mit Ihren mehrfarbigen Wachsbrocken, wobei ein Docht in die Mitte gesteckt wird. Legen Sie einen Bleistift oder Stift über die Öffnung des Glases oder der Gussform und wickeln das Ende des Dochtes um ihn herum, um zu verhindern, dass er in das Wachs fällt.
- Nehmen Sie das zurückgehaltene Wachs, schmelzen Sie es in einem alten Kochtopf, den Sie nur zum Basteln benutzen, und gießen Sie es in das Glas oder die Form, wobei Sie darauf achten, den Docht gerade zu halten. Das schmelzende Wachs wird sich mit den Wachsbrocken zu einem hübschen Wachsmosaik vermischen.
- Fügen Sie ein oder zwei Tropfen Ihres bevorzugten ätherischen Öls für ein bisschen Aromatherapie hinzu.
- Lassen Sie Ihre Gläser, Dosen oder Gussformen über Nacht erstarren und abkühlen. Am Morgen ist Ihre Kerze fertig! Beschneiden Sie den Docht und ziehen Sie die Kerze aus der Form, falls Sie eine solche verwendet haben. Diese Kerzen sind tolle Geschenke.

2. **Teilen mehrjähriger Pflanzen in Ableger**. Gemeint sind Pflanzen, die nach dem Winter wiederkommen und jedes Jahr neu blühen. Um sie gesund und unter Kontrolle zu halten, kann die alte Pflanze durch Teilung wiederbelebt werden, damit sie ihre Kraft in eine kleinere, handlichere Pflanze stecken kann. Japanische Schwertlilien und Margeriten müssen immer geteilt werden, deshalb teilen wir sie jedes Jahr mit anderen Gärtnern.

3. **Obst- und Weinessig.** Wir stellen schöne Essigsorten her, verwenden sie das ganze Jahr über und verschenken sie auch an Freunde und die Familie. Essig aus Obstresten, wie Brombeeressig oder Apfelessig, ist ein Hausmacherrezept, das Ihre Kaufgewohnheiten verändern könnte. Essig ist so einfach selberzumachen, dass es fast ein Verbrechen ist, ihn nicht aus Resten herzustellen. Vermischen Sie in einem Glasgefäß zwei Becher übrig gebliebenen Rotwein mit einem Becher destilliertem Wasser und etwas »Muttersubstanz« eines bereits vorhandenen Bio-Essigs, der fast aufgebraucht ist, und bedecken das Glas mit einem Mulltuch oder einem sauberen Baumwolltuch, damit Luft eindringen kann und der Staub draußen bleibt. Bewahren Sie das Glas an einem kühlen, dunklen Ort auf, im Prinzip bei Raumtemperatur.

Die »Muttersubstanz« ist die lebendige aktive Kultur, die den Essig herstellt. Wenn Sie sich den Inhalt eines biologischen Wein- oder Obstessigs genau ansehen, sehen Sie am Boden der Flasche eine gallertartige Masse. Das ist die lebende Kultur – essigsäureproduzierende Bakterien namens Acetobacter, die den Alkohol in Ihrem Wein aufbrauchen und in wohlschmeckenden Essig umwandeln. Sie können diese Kultur als Starter für alle Essigsorten verwenden, die Sie herstellen. Wenn Sie solche Bakterien nicht haben, fragen Sie in Ihrer örtlichen Schenk-Ökonomie danach. Oder Sie finden welche am Boden einer Flasche mit ungefiltertem rohen Bio-Apfelessig. Heben Sie diese Substanz auf und verwenden Sie

sie immer wieder. Apfelessig ist eine wesentliche Zutat in unseren Haushalten. Er befreit Sie von jeder Erkältung und ist zudem ein hervorragendes Haarspülmittel. Bewahren Sie diese Muttersubstanz auf, und schon können Sie Ihre eigenen Essigsorten herstellen.

Um Obstessig zu machen, heben Sie Apfelschalen und -kerne auf. Auch Brombeeren aus unseren Gebüschen am Wegesrand ergeben einen unglaublich leckeren Essig. Geben Sie die Obstreste in ein Glas mit etwas Wasser und einer Muttersubstanz von einem anderen Essig. Decken Sie alles mit einem Tuch ab und lagern es bei Zimmertemperatur und vor der Sonne geschützt, um den Essig atmen zu lassen.

Kontrollieren Sie Ihre Gläser regelmäßig; es wird einige Wochen dauern, bis die Fermentation und die Kultur ihren Höhepunkt erreichen. Nach ungefähr einem Monat streichen Sie die Essig-Frucht-Mischung durch ein Mulltuch, um die Früchte für die Kompostierung auszusortieren. Achten Sie darauf, die Muttersubstanz zu retten; geben Sie diese sowie den gefilterten Essig in eine hübsche Flasche und verkorken Sie sie! Und wenn der Essig altert, wird er, wie wir alle, nur noch besser.

4. **Trocknerkugeln**. Sammeln Sie alte Wollabfälle, zum Beispiel Garn und alte Pullover, und machen Sie sie zu Trocknerbällen (wie auf Seite 153 beschrieben). Die Menschen lieben diese Bälle! Sie sind eine Alternative zu Trocknertüchern und können die Trocknungszeit um mindestens 10 Prozent reduzieren.

5. **Gemüsebrühe.** Siehe unser Rezept auf Seite 170 für die einfachste Gemüsebrühe der Welt, alles aus Resten, die Sie sowieso nicht essen würden.
6. **Kombucha.** Setzen Sie Kombucha mit Fruchtgeschmack in hübschen Flaschen an und verschenken Sie ihn. Eine einfache Anleitung zur Herstellung von Kombucha ist im Internet zu finden. Alles, was Sie brauchen, ist ein großes Einmachglas, etwas Tee, Zucker und die aktive, symbiotische Kultur aus Bakterien und Hefe. Sie ist in Ihrer lokalen Schenk-Ökonomie sehr leicht zu finden, denn sie vermehrt sich!
7. **Kleidung umarbeiten.** Wenn Sie mit Nadel oder Nähmaschine umgehen können, können Sie auch Ihre eigene Kleidung von Grund auf herstellen. Und selbst wenn Sie dazu nicht in der Lage sind, so wie Rebecca, können Sie trotzdem Second-Hand-Kleidung zu neuen Kleidungsstücken umgestalten. Rebecca und ihre Kinder machen das gerne. Es gibt ein paar Tricks, die hier zum Erfolg führen: Beginnen Sie mit Sachen, die zu groß sind, und haben Sie keine Angst. Verwenden Sie Sicherheitsnadeln zum Experimentieren mit Säumen, Biesen, Falten, Nähten und Drapierungen. Wenn Ihnen gefällt, wie ein Stück danach aussieht und auch noch passt, holen Sie Nadel und Faden. Scheuen Sie sich nicht, Dinge abzuschneiden, die Ihnen nicht gefallen, oder mehrere Teile zusammenzufügen, etwas hinzuzufügen oder wegzulassen, ganz wie Sie wollen. Rebeccas absoluter Lieblingsrock ist eine Kombination aus einem Spitzennachthemd

aus den 1960er Jahren, einer Bluse aus den 1970ern und einigen Streifen eines Schals aus den 1980ern. Seien Sie mutig und warten Sie ab, was passiert. Auf diese Weise mit Stoffresten umzugehen macht eine Menge Spaß und ist zudem ein ausgezeichnetes Projekt, das man mit Kindern angehen kann.

8. **Pesto.** Jedes grüne Kraut kann zu Pesto verarbeitet werden. Nehmen Sie ein Kraut, ein Öl, eine Nuss, Knoblauch (falls gewünscht), etwas Salz, Parmesankäse und Zitronen- oder Limettensaft. Alles zusammenmischen (in einem Mixer oder einer Küchenmaschine), danach frisch essen oder für später einfrieren. Zu unseren Lieblingskombinationen gehören Brunnenkresse mit Mandeln, Löwenzahn und Kresse mit Macadamianüssen, Petersilie und Koriander mit Pinienkernen und Knoblauch, großblättrige Ahornblüten mit Pistazien sowie das klassische Basilikum (und sogar Rucola als Ersatz) mit Pinienkernen oder Walnüssen und Knoblauch.
9. **Parfüm.** Wenn Sie ein ätherisches Lieblingsöl haben oder eine Lieblingsmischung solcher Öle, machen Sie daraus ein Parfüm. Sie brauchen dazu nur knapp 30 Milliliter Wodka und etwa zwanzig Tropfen Ihres ätherischen Öls. In eine kleine Sprühflasche geben, gut schütteln – voilà, Sie haben Ihr eigenes selbstgemachtes Parfüm!
10. **Eier und Gemüse.** Okay, unsere Hühner und Gärten erledigen diese Arbeit, und wir ernten nur die Lorbeeren. Wir verschenken all unsere überschüssigen Produkte und Hühnereier. Viele größere und kleinere Städte

schreiben derzeit ihre gesetzlichen Bestimmungen um, um ein paar Hühner pro Haushalt zuzulassen, und jedes Jahr gibt es mehr Gemeinschaftsgärten, Kleingärten und Parkstreifen-Gemüsebeete, die den Menschen die Möglichkeit geben, ihre eigenen Nahrungsmittel anzubauen. Auch wenn es in Ihrer Familie seit Generationen keinen Landwirt mehr gab, schreiben Sie diese Idee nicht ab. Es ist nicht schwer. Es gibt Menschen, die Ihnen helfen wollen, außerdem Hinweise darauf, dass das Anfassen oder einfach nur das Riechen des Erdbodens bereits ein natürliches Antidepressivum sein kann,[60] und es ist überhaupt der beste Weg, um neue Freunde zu finden.

11. **Brot.** Ab und zu backt Liesls Familie einen zusätzlichen Laib Brot, weil sie ihr Rezept so sehr liebt und das Brot entweder für den späteren Verzehr einfriert oder verschenkt. Wenn Sie einen Brotbackautomaten haben, geben Sie einfach folgende Zutaten in beliebiger Reihenfolge hinein und achten auf die von der Maschine vorgegebenen Zeiten, und Sie werden ein köstliches Brot zaubern: 120 Milliliter warmes Wasser; 90 Milliliter mit den folgenden Bestandteilen: 1 Ei plus Milch und ein wenig Joghurt; 2 Esslöffel Leinsamenöl (Sie können stattdessen auch Nussöl verwenden, aber Leinsamenöl ist wirklich ausgezeichnet); 1 gehäufter Teelöffel Salz (wir verwenden keltisches Meersalz); 360 Gramm Mehl (wir nehmen gern 120 Gramm Vollkornmehl und 240 Gramm Weißmehl, alles in Bio-Qualität); 4 Handvoll Walnüsse (oder Leinsamen); 3 bis 4 Handvoll Ro-

sinen; 1 Esslöffel Honig; 2 Gramm Hefe. Und wenn Sie einen besonderen Geschmack haben wollen, fügen Sie etwa 30 Gramm geriebene Zucchini oder Karotten hinzu, was auch wir tun, wenn wir diese Gemüsesorten im Garten haben.

12. **Joghurt.** Ein paar Esslöffel übrig gebliebener Joghurt sind die perfekte Basis für eine ganze Ladung hausgemachten Joghurt. Gießen Sie Ihre Lieblingsvollmilch in eine Kanne. Dafür gibt es keine genaue Maßangabe; gießen Sie einfach so viel Milch ein, wie Sie Joghurt haben möchten. (Es ist im Grunde ein Verhältnis von eins zu eins, was Milch und den fertigen Joghurt angeht). Stellen Sie Ihren Timer auf etwa acht Minuten, damit die Milch nicht überkocht. Erhitzen Sie die Milch so lange, bis an den Rändern des Topfes kleine Blasen entstehen und sich ein Film auf der Oberfläche bildet. Schalten Sie die Hitze aus und nehmen die Milch vom Herd. Auf Zimmertemperatur abkühlen lassen. Fügen Sie nun zwei Esslöffel Joghurt hinzu und rühren Sie es mit dem Schneebesen vollständig in die Milch ein. Gießen Sie diese Mischung in Gläser und stellen Sie diese Gläser in einen Topf mit warmem Wasser, in ein Warmwasserbad also. Sie können Ihren Topf mit Wasser über die Zündflamme Ihres Herdes stellen; das kann reichen, um die Gläser über Nacht warm zu halten. Sie können Ihre Joghurtgläser aber auch auf einem warmen Sturz, in einem Handtuch oder einer Decke eingewickelt, über Ihrem Feuer platzieren. (Rebecca verwendet noch Low-Tech

und nimmt dafür ihre Kunststoff-Camping-Kühlbox, umstellt die Joghurtgläser mit Gläsern voller heißem Wasser und verschließt dann den Deckel der Kühlbox.) Wichtig für den Erfolg ist, dass Sie einen Ort finden, der acht bis zwölf Stunden lang konstant warm ist. Je länger Sie Ihre Joghurtmischung in der Wärme ruhen lassen, desto fester wird der Joghurt. Wenn es die Konsistenz hat, die Sie mögen, stellen Sie die Masse in den Kühlschrank, um sie abkühlen zu lassen.

13. **Kompost.** In Liesls Garten wird täglich Kompost hergestellt. Ohne ihre Komposttonnen hätte sie viel mehr Müll und müsste Geld für den Gartenkompost ausgeben, den sie aber zu Hause sehr leicht selber machen kann. Wenn Sie eine große Holzkiste haben, kann sie als Komposttonne im Freien ausreichen, aber es gibt auch Behältnisse für die, die keinen Garten haben; fragen Sie danach in Ihrer Schenk-Ökonomie. Ihre gesamten Küchenabfälle und Ihr Bioabfall passen dort hinein, und nach ein paar Wochen haben Sie schönen Kompost. Erfahren Sie auf Seite 348, was wir in unseren Kompost tun.

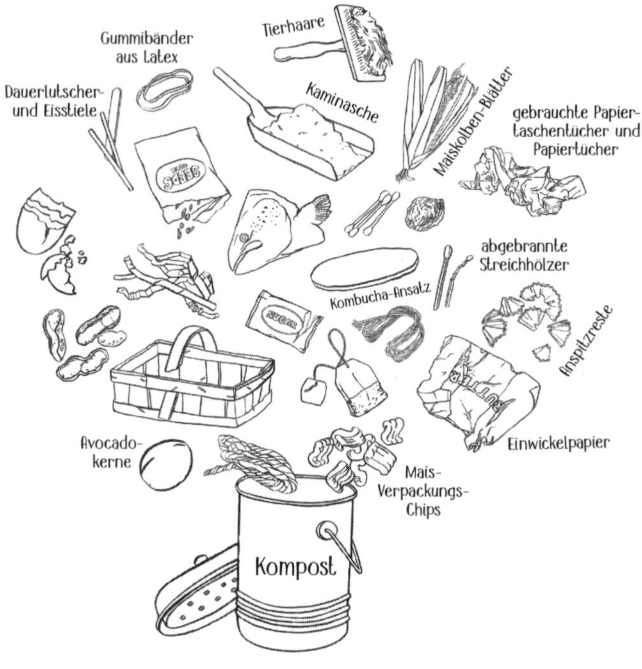

14. **Kräutertees**. Zitronenmelisse, Minze, Brennnesseln und Kamille wachsen wild in unserer Gegend. Also sammeln und trocknen wir sie (in der Sonne oder kopfüber im Haus aufgehängt) und bewahren die getrockneten Kräuter dann in hübschen Gläsern auf, um sie das ganze Jahr über als Tee zu verwenden. Rebeccas Tochter stellt eine tolle Mischung aus Lavendelblüten, Rosenblättern und Minze zusammen, die von ungespritzten Pflanzen aus der Nachbarschaft stammen.

15. **Flickenteppiche.** YouTube ist Ihr Freund und Helfer bei diesem Artikel. Es gibt so viele Möglichkeiten, einen Flickenteppich herzustellen: durch Flechten, mit den Fingern häkeln, durch Zwirnen und Knüpfen. Bewahren Sie Ihre Lieblingsstoffe, -kleidung und -bettwäsche auf, auch alte Strumpfhosen und Socken! Flickenteppiche sind einfach herzustellen und stellen außerdem ein Relikt aus der Pionierzeit dar, als alte, abgetragene Kleidung noch auf diese Weise weiter benutzt wurde. Wir haben schöne Flickenteppiche gesehen, die als Vorleger vor Duschen oder Badewannen, aber auch als bequeme Sitzpolster um den Küchentisch farbige Akzente gesetzt haben.
16. **Salatdressings.** Hier sind Sie wahrscheinlich bereits Expertin. Vieles von dem, das wir nicht kaufen, sind einfache Dinge, die wir herstellen können, also werden sich auf diesen Listen auch einige Duplikate finden. Auf Seite 171 finden Sie unser Rezept für ein einfaches Salatdressing, das Sie im Kühlschrank aufbewahren können.
17. **Haar-Entwirrer.** Dies ist eines der einfachsten Mittel, das bei schwer zu bändigenden Locken wirkt. Wenn Ihr Kind lange Haare liebt, sie aber nicht gerne bürstet, ist dieses Mittel genau das richtige. Geben Sie einen Esslöffel Ihres Lieblingsöls oder eine Kombination davon, wie zum Beispiel Kokosnussöl – das erhitzt werden muss, da es bei Raumtemperatur fest wird –, Avocado-, Aprikosen-, Oliven-, Jojoba- und Süßmandelöl, in 120 Milliliter Wasser, alles dann in eine hübsche Flasche, die oben

mit einer Sprühpumpe versehen ist. Geben Sie ein bis zwei Tropfen Ihres bevorzugten ätherischen Öls hinzu. (Versuchen Sie auch Geranie, Lavendel, Rosmarin, Rose, Kamille, Pfefferminze oder Grapefruitkernextrakt.) Für dickeres Haar nehmen Sie mehr Öl, je nach Wunsch. Schütteln Sie die Flasche vor Gebrauch. Wenn Ihr Kokosnussöl fest geworden ist, können Sie die glättende Tinktur in Ihrer Hand erwärmen. Das funktioniert besonders gut, wenn Sie sie vor dem Bürsten auf das nasse Haar auftragen.

18. **Feueranzünder**. Stellen Sie neben Ihren Wäschetrockner ein Glas zum Sammeln der Fusseln, die Sie nach jedem Gang entfernen. Wenn das Glas mit Fusseln gefüllt ist, stopfen Sie sie in die Vertiefungen von Papp-Eierkartons, wobei in der Mitte jeder Höhlung ein Zündholz steckt. Manchmal fügen wir auch Sägemehl, Kiefernnadeln und geschreddertes Papier hinzu. Wenn Ihre Familie eine Mischung aus synthetischen und natürlichen Fasern trägt, wie es für Rebeccas Familie gilt, brennen Ihre Fussel vielleicht nicht ganz so gut, aber weiterer brennbarer Hausmüll wie beispielsweise abgebrannte Streichhölzer, Anspitzreste von Bleistiften und der Kleinkram, der sich in Manteltaschen von Kindern ansammelt (hübsche Blätter, Stöckchen sowie zerrissene Taschentücher und Papier), funktionieren perfekt. Sobald Ihr Sammelglas voll ist, schmelzen Sie Wachs in einem Basteltopf und lassen das geschmolzene Wachs über Ihre mit der Fusselmischung gefüllten Eierkartons

tropfen. Achten Sie darauf, dass Sie das Wachs direkt neben die Streichhölzer tropfen lassen, sodass sie aufrecht stehen. Lassen Sie das Wachs hart werden. Nun haben Sie Einweg-Feueranzünder hergestellt, die Sie verwenden können, indem Sie jeweils eine Schale entfernen und den Anzünder in Ihren Kamin mit Anmachholz und Papier legen. Dann zünden Sie das Streichholz an, um Ihr Feuer zu entfachen.

19. **Schlafstelle für kleine Haustiere.** Verwenden Sie einen Karton und ein altes T-Shirt, um einen gemütlichen Rückzugsort für Ihre Katze oder Ihren kleinen Hund zu bauen. Dies funktioniert am besten mit einem großen oder extragroßen Männer-T-Shirt und einem Pappkarton mit einer Seitenlänge von 30 bis 45 Zentimetern. Falten Sie die Laschen des Kartons ein oder schneiden Sie sie ab. Legen Sie den Karton so in das T-Shirt, dass das Halsloch des Shirts mittig über der Öffnung des Kartons liegt. Binden Sie die Unterseite des Shirts über dem Boden des Kartons zusammen, um das Shirt darauf zu fixieren. Legen Sie ein weiteres gebrauchtes T-Shirt oder anderes weiches Polstermaterial in den Karton und stellen Sie ihn ab, sodass Ihr tierischer Freund ihn entdecken kann. Die Tiere werden mit großer Freude die Halsöffnung des T-Shirts als Tür und Fenster benutzen und den Karton ganz für sich allein haben wollen. Wenn der Karton abgenutzt ist, zerlegen Sie ihn für das Recycling oder den Gartengebrauch, waschen Sie das T-Shirt und basteln Sie einen neuen Haustier-Schlafplatz.

20. **Einstreu für Hühner.** Wenn Sie Hühner haben, benötigen Sie Hühnereinstreu. Wir haben festgestellt, dass wir unsere eigene Streu mit geschreddertem Papier herstellen können! Wir erbitten es in unserer Gemeinschaft, und viele Mitglieder sind glücklich, wenn sie uns ihre Schnipsel geben können. Es kompostiert auch perfekt, solange keine Plastikteile drin sind. Geschnittenes Gras funktioniert ebenfalls gut.
21. **Langsam gekochte Bohnen.** Vergessen Sie Bohnen aus der Dose, kochen Sie lieber die getrockneten Wachtel- oder schwarzen Bohnen langsam im Schongarer. Es ist so einfach, dass Sie sich fragen werden, warum Sie das nicht schon früher getan haben. Sie können eine große Charge vorbereiten und dann den Rest für zukünftige Mahlzeiten einfrieren.

    Um Ihre eigenen Bohnen zuzubereiten, geben Sie 500 Gramm gewaschene Bohnen mit mindestens der doppelten Wassermenge in Ihren Schongarer oder in einen Topf mit dickem Boden. Fügen Sie drei bis vier Knoblauchzehen hinzu (Sie müssen sie nicht einmal schälen), dazu ein paar gehackte Zwiebeln, eine kräftige Prise Salz und ein oder zwei Lorbeerblätter. 500 Gramm getrocknete Bohnen ergeben etwa 1000 Gramm gekochte Bohnen, genug für eine vierköpfige Familie, die eine Woche lang viele verschiedene Kreationen genießen kann. Bewahren Sie auf jeden Fall auch Ihr Bohnenwasser auf, das Sie als Suppengrundlage für eine weitere Mahlzeit verwenden können.

Strände voller Bisphenol

Warum selbst kochen, anstatt Konserven zu kaufen? Viele Lebensmittel- und Getränkedosen sind immer noch mit Bisphenol A (BPA) beschichtet. Wissenschaftler haben eine weit verbreitete Kontamination und hohe BPA-Gehalte im Meerwasser und im Seesand festgestellt. Da diese künstliche Chemikalie das Hormon Östrogen nachahmt, kann sie unsere Gesundheit auf gefährliche Weise beeinträchtigen, was wir gerade erst zu verstehen beginnen. Forscher haben von mehr als zweihundert Standorten in zwanzig Ländern Proben entnommen, vor allem an den Küsten Nordamerikas und Südostasiens. Sie fanden Bisphenol A in jedem getesteten Wasser- und Sandabschnitt.[61] Es gibt nur wenige Vorschriften zum Schutz der Wildtiere vor Überlastung mit der Chemikalie, und es gibt nur wenige Hinweise für Besucher, die am stärksten verschmutzten Strände zu meiden.

Forschung an Versuchstieren hat die negativen Auswirkungen von Plastikprodukten gezeigt, die in die Nahrung der Tiere eingedrungen sind. Die Wissenschaftler stellten fest, dass Gegenstände aus Kunststoff Chemikalien enthalten können, die neurotoxisch und krebserregend sind sowie eine störende Wirkung auf das hormonale Botensystem haben. Durch Kunststoffverpackungen dringt BPA in unsere Nahrung ein. Denken Sie an die Essigflasche aus Plastik, an Ihre Mayonnaise und den Senf, die Frischhaltefolie um Ihren Käse, Ihre Zahnpastatube. Und an die meisten Nahrungsmittel in Konservendosen. BPA kommt sogar in hohen Dosen auf den Quittungen aus Thermopapier vor, die Sie im Laden erhalten, in dem Papiergeld, das Sie täglich in der Hand halten, und vielleicht auch in dem Wasserhahn in Ihrer Küchenspüle mit den Unterlegscheiben und Dichtungen aus Plastik. Es ist sogar in Ihrem Hausstaub!

Aus Veröffentlichungen zur öffentlichen Gesundheit wissen wir, dass wir BPA durch Einatmen, Verschlucken und durch Hautkontakt (Quittungen, Geld) ausgesetzt sind. Darüber hinaus hat Dr. Philippe Grandjean von der T. H. Chan School of Public Health in Harvard Studien auf den Färöern durchgeführt, einer Fischergemeinde in der Nähe von Island und Norwegen. Diese Studien belegen, dass es dort hohe Konzentrationen von langlebigen organischen Schadstoffen (POPs) im Blut und in der Milch von stillenden Müttern gibt. Eine weitere Studie zeigt uns, dass die chemischen Zusätze in Kunststoffen von einer indigenen Gemeinschaft eingenommen werden, deren Ernährung von Meereslebewesen abhängt.[62]

22. **Katzenkratzbaum.** Wir sind der Meinung, dass ein durchschnittlicher Teppichreste-Katzenkratzbaum Ihre Katze nur dazu verleitet, Ihren Teppich oder Ihre Polster zu zerkratzen. Wenn Sie Ihrer Katze aber einen echten Ast geben, damit sie ihre Nägel daran schärft, wird sie Ihre Möbel in Ruhe lassen. Finden Sie also den perfekt geschwungenen, dicken Ast mit zwei Y-förmigen kleineren Ästen, damit Ihr Kätzchen ein paar gute Kletterplätze hat. Befestigen Sie diesen Ast an einer Spanplatte, wobei die abgesägte Unterseite des Astes darauf geschraubt wird.
23. **Chrom-Reiniger.** Polieren Sie Chrom in Ihrer Küche, indem Sie einen Teil Essig auf zwei Teile Wasser geben

und dies mit einem Mikrofasertuch oder Schwamm auftragen.

24. **Blumenarrangements.** Anstatt Blumen zu kaufen, die oft weit weg von zu Hause produziert werden, wobei viel Wasser und Pestizide sowie der Treibstoff für den Transport zum Einsatz kommen, suchen Sie selbst Blumen und bringen sie nach Hause, um sich daran zu erfreuen. Um 100 Millionen Rosen (so viele Rosen werden in den Vereinigten Staaten schätzungsweise allein am Valentinstag verschenkt) aus den Blumenfarmen in Ländern wie Ecuador, Kenia, Kolumbien und sogar Norwegen zu Ihrem Floristen zu transportieren, braucht es nach Schätzungen von Experten 9 000 Tonnen Kohlendioxidemissionen. Das entspricht dem Kohlenstoffausstoß aller Autos, die ein Jahr lang in einer amerikanischen Kleinstadt gefahren werden.[63] Wenn Sie zu Hause keine Blumen haben, die Sie pflücken können, gestalten Sie ein hübsches Gesteck aus anderen Dingen wie Zweigen von blühenden Bäumen und Sträuchern. Im Winter nehmen wir Zweige mit Knospen, um sie im Haus früh aufblühen zu lassen. In einer großen Vase sehen sie elegant und schön aus. Es gibt nichts Besseres als eine Vase oder ein Glas mit etwas Hübschem, das draußen gesammelt wurde und uns an den natürlichen Reichtum unserer Umgebung erinnert.
25. **Klarspülmittel für den Geschirrspüler.** Ersetzen Sie Ihr Klarspülmittel durch Essig, und Sie werden die gleichen Ergebnisse erzielen, wenn nicht sogar bessere. Versu-

chen Sie es aber nicht, wenn Ihr Geschirrspüler Gummiteile hat, die in Berührung mit dem Klarspüler kommen, da Essig Gummi korrodieren lassen kann. Stattdessen können Sie einen kleinen Becher Essig im oberen Fach der Geschirrspülmaschine deponieren, damit es während des Waschgangs herausspritzen kann.

26. **Ostereierfarben.** Hier ist eine umweltfreundliche Art, Ostereier zu färben: Nehmen Sie ausgetrocknete, farbige, ungiftige Marker, stellen Sie sie kopfüber in Gläser mit Wasser, geben einen Spritzer Essig hinzu, und Sie haben die perfekte Eierfarbe. Als zusätzlicher Bonus wird Ihr Marker auf magische Weise wiederbelebt.
27. **Gesichtspeeling.** Wie Sie von Seite 31 wissen, enthalten viele im Laden gekaufte Mittel Mikrokunststoffe, die schlecht für Sie und schlecht für die Umwelt sind. Vermeiden Sie dieses ungesunde Zeug und bereiten Sie das selbstgemachte Lieblingspeeling von Andrea Drajewicz aus Ottawa zu. Nehmen Sie 120 Gramm rohe Haferflocken und ebenso viel Speisenatron, drei bis vier Esslöffel Mohnsamen und drei bis vier Esslöffel getrocknete Orangenschalen. Geben Sie alles in den Mixer und vermischen es, bis der Hafer und die Orangenschalen weitgehend pulverisiert sind. Danach füllen Sie die Masse in ein Einmachglas. Um sie anschließend zu verwenden, mischen Sie einen Esslöffel des Pulvers mit etwas warmem Wasser in der Hand und massieren es auf Ihr Gesicht, wobei Sie die Augenpartie aussparen. Waschen Sie die Masse mit warmem Wasser ab und geben Sie einen

letzten Spritzer kaltes Wasser auf die Haut. Wenn Ihre Haut trocken ist, vermischen Sie das Peeling mit süßem Mandelöl oder einer Mischung aus Stechpalmen- und Jojobaöl anstelle von Wasser. Wenn Ihre Haut fettig ist, benutzen Sie abschließend einen »Toner« aus Hamamelis.

28. **Frischhaltefolie.** Sie wissen bereits, warum Sie die Plastikfolie vermeiden sollten. Dies ist Rebeccas Anleitung für ein wiederverwendbares, wasserdichtes Einwickeltuch: Beginnen Sie mit leicht gewebtem Baumwollstoff. Alte Bettlaken, Button-down-Hemden und dünne Jeanshosen funktionieren perfekt. Schneiden Sie den Stoff in die von Ihnen gewünschten Formen und Größen. Wenn Sie eine Zickzackschere haben, verwenden Sie diese, um zu verhindern, dass die Ränder ausfransen; wenn nicht, freuen Sie sich an den modisch ausgefransten Kanten, die mit der Zeit entstehen werden. Heizen Sie Ihren Backofen auf 70 Grad Celsius vor beziehungsweise wählen Sie die niedrigste Einstellung. Beschichten Sie ein Backblech mit Pergamentpapier. Legen Sie ein Stück Ihres Stoffes auf das Pergamentpapier. Streuen Sie Bienenwachsperlen oder Stückchen von reinen Bienenwachskerzen über die gesamte Oberfläche des Gewebes und achten dabei auf eine vollständige und gleichmäßige Verteilung. Benutzen Sie weniger, als Sie Ihrer Meinung nach brauchen; Sie können leicht mehr hinzufügen.

Setzen Sie das Blech etwa acht Minuten lang in den Ofen, beziehungsweise bis das Wachs geschmolzen und in das Gewebe eingedrungen ist. Nehmen Sie das Blech aus dem Ofen, sobald das Wachs ganz geschmolzen ist. Wenn es noch einige Stellen gibt, die nicht vollständig beschichtet sind, streuen Sie weiteres Wachs auf und schieben das Blech zurück in den Ofen, damit das Wachs schmilzt. Wenn das Gewebe vollständig mit Wachs getränkt ist, nehmen Sie es aus dem Ofen und lassen es abkühlen. Verwenden Sie dieses Gewebe, um Behälter mit Lebensmitteln abzudecken, die Sie im Kühlschrank aufbewahren, außerdem für Buffets, Picknicks oder um ein Sandwich, geschnittenes Obst und andere Lebensmittel als Lunchpakete einzuwickeln. Steif gewachster Stoff erwärmt sich und wird geschmeidiger durch die Wärme Ihrer Hände. Lagern Sie den Stoff an einem warmen Ort in Ihrer Küche. Wenn das Wachs abgenutzt ist, wiederholen Sie den Vorgang einfach. Wenn Ihre Frischhaltefolie das Ende ihres Lebens erreicht hat, werfen Sie sie in Ihre Komposttonne.

29. **Fußbodenreiniger/Politur.** Holzböden können gewischt und danach mit einer Mischung aus heißem Wasser, einem Teelöffel Alepposeife und zehn Tropfen Ihres bevorzugten ätherischen Öls (Zitrone, Grapefruit, Lavendel, Teebaum) poliert werden. Oder Sie nehmen einen halben Eimer mit warmem Wasser, 60 Milliliter Essig und ein paar Tropfen ätherisches Öl.
30. **Brauner Zucker.** Wird Ihr brauner Zucker zu einem harten Block, weil Sie ihn nicht oft genug benutzen? Sie brauchen ihn nicht zu kaufen, weil man jederzeit fri-

schen braunen Zucker herstellen kann, wenn Sie ihn brauchen. Für 200 Gramm hellbraunen Zucker brauchen Sie nur 200 Gramm Zucker und einen Esslöffel Melasse. Alles vermischen, und Sie haben hellbraunen Zucker! Für dunkelbraunen Zucker brauchen Sie, wie Sie richtig geraten haben, zwei Esslöffel Melasse auf 200 Gramm weißen Zucker. Fertig!

31. **Feenhäuser**. Ja, wir bauen sie, im Wald, in geheimen Höhlen und im Garten rund um unsere öffentliche Bibliothek, und kein im Laden gekauftes Feenhaus könnte mit einem solchen mithalten. Nur die Feen können sie zwischen den Pflanzen finden. Dies ist ein großartiges Projekt für Kinder und Erwachsene jeden Alters. In Liesls Mehrgenerationenhaus in New Hampshire gibt es die Tradition, Feenkunst und -häuser entlang eines Waldweges zu errichten. Steine, Tannenzapfen, Blätter, Stöcke, Rinde und sogar Pilze werden zur Herstellung von Mandala-Kunst und Märchendörfern verwendet, die die Passanten auf ihrem Weg zum See erfreuen. Mörtel oder Nägel sind nicht erforderlich; bauen Sie einfach mit den Materialien aus der Natur – Feenhäuser brauchen nicht lange zu halten.
32. **Feinwaschmittel**. Verwenden Sie Geschirrspülmittel für Ihre Feinwäsche, die Sie mit der Hand waschen – Sie brauchen kein Spezialwaschmittel.
33. **Mayonnaise**. Geben Sie 30 Milliliter helles Olivenöl, 1 großes Ei, ½ Teelöffel Senfpulver und ½ Teelöffel Salz in einen Mixer oder eine Küchenmaschine. Mischen

Sie alles gut durch und fügen Sie dann *langsam* weitere 120 Milliliter helles Olivenöl hinzu, während Sie die Küchenmaschine weiterlaufen lassen. Je langsamer Sie die Masse eingießen, desto mehr emulgiert sie. Fügen Sie dann langsam den Saft einer halben Zitrone hinzu. Bewahren Sie die Mayonnaise in einem Glas mit festem Verschluss im Kühlschrank auf; sie ist einige Wochen haltbar.

34. **Spülbeckenreiniger.** Schrubben Sie Ihr Spülbecken mit Backsoda und einem Spritzer Limettensaft. Das ist der beste Reiniger, den es gibt.
35. **Seifenspender.** Nehmen Sie ein Einmachglas mit einem großen Deckel und stanzen ein Loch in dessen Mitte (wir verwenden dafür einen altmodischen Dosenöffner), das breit genug ist, um eine wiederverwendete Pumpe zu montieren, die von einer Flasche Handseife stammt. Nehmen Sie ein Silikondichtungsmittel und versiegeln damit die Pumpe um das Mittelloch. Glätten Sie die scharfen Kanten um das Loch.
36. **Zahnpasta.** Geben Sie 120 Gramm Speisenatron in eine kleine Schüssel, fügen dann 2½ Teelöffel feines Meersalz hinzu und vermischen die Masse gut. Danach ¼ Teelöffel Pfefferminzöl (oder die Extrakte beziehungsweise Öle Ihrer Wahl) dazugeben. Wieder gut durchmischen. Pulverisiertes Xylitol oder Stevia nach Geschmack hinzufügen. Nach Wunsch abschmecken. Wenn Sie zu viel Salz, Aromastoffe oder Süße hinzugefügt haben, geben Sie etwas zusätzliches Natronpulver hinzu, schmecken

nochmals ab und ändern nach Wunsch. Bewahren Sie die fertige Zahnpasta in einem kleinen Glas mit einem dichten Deckel auf. Die Masse reicht für vier Einmachgläser mit einem Inhalt von ungefähr 100 Gramm, die jeweils zu etwa drei Vierteln gefüllt sind.

37. **Nussmus.** Wir sparen Kosten, indem wir Nüsse in großen Mengen kaufen. Diese werden anschließend in einem Hochleistungsmixer gemahlen, um daraus Mandel-, Erdnuss-, Cashew-, Haselnuss- und Sonnenblumenkernmus zu machen. (Das funktioniert nur mit einem leistungsstarken Mixer oder einer Küchenmaschine.) Mandelmehl ist ebenfalls ein Grundnahrungsmittel und lässt sich leicht im Mixer herstellen.
38. **Apfelmus.** Da wir Apfelbäume haben, ist es für uns geradezu eine Pflicht, hausgemachtes Apfelmus zu machen. Unser Rezept ist einfach und ohne Zucker. Schneiden Sie die Äpfel mit der Schale auf. Entkernen Sie sie (und heben die Abfälle zur Kompostierung oder für Essig auf). Geben Sie die Apfelstücke in einen großen Topf und fügen Wasser bis knapp unter der Grenze der Äpfel hinzu, außerdem eine Zimtstange. Den Topf zudecken und 25 bis 35 Minuten köcheln lassen beziehungsweise so lange, bis die Äpfel weich sind. Wenn Sie einen Schongarer haben, kann der ebenfalls tolles Apfelmus machen. Sie brauchen nicht so viel Wasser in den Kocher zu geben. Folgen Sie den gleichen Anweisungen wie bei einem normalen Topf, und beobachten Sie, wie Ihre Äpfel mit der Zeit langsam karamellisieren. In nur

ein paar Stunden werden sie weich genug für Apfelmus. Geben Sie die weichen Äpfel durch ein Passiersieb oder zerdrücken Sie sie mit einer Gabel, und Sie haben reines, köstliches Apfelmus! Wir haben das Apfelmus in Einmachgläser gefüllt und frieren es für den Winter ein.

39. **Kontaktspray/Korrosionsschutz:** Im Notfall jedes Speiseöl verwenden, um das Quietschen von Scharnieren zu beseitigen.
40. **Planen.** Stellen Sie Ihre eigene Plane aus gewebten Hühnerfuttersäcken her. Wenn Ihre Nachbarn Hühner haben, werden einige von ihnen sicher stabile Hühnerfuttersäcke besitzen, von denen sie sich gerne trennen würden. Schneiden Sie sie auf und nähen sie mit einer Nähmaschine (schnell und einfach!) oder von Hand (ein großartiges Anfängernähprojekt, bei dem Sie eine große Nadel und einen robusten Faden nehmen) zusammen. Sie können auch Klebeband verwenden, das geht schnell, ist aber etwas klebrig. Sie können auch nur einen Futtersack aufschneiden, um eine kleine Plane herzustellen. Diese Planen eignen sich hervorragend als Bodenbelag beim Camping, als Schmutzfänger unter Kunstprojekten oder Kinderhochstühlen, als Matten unter Haustier-Futterschalen oder als Decken für alles, was Sie gerne trocken halten.
41. **Fingerlose Handschuhe.** Wenn Sie das nächste Mal auf einen mottenzerfressenen oder anderweitig zerrissenen Wollpullover stoßen, der nicht mehr zu reparieren ist, verwandeln Sie ihn in Handwärmer. Zuerst filzen Sie

den Pullover durch Waschen in einem kräftigen, heißen Waschgang, in den sie einen Spritzer Seife oder Waschmittel geben. (Sie können das von Hand oder maschinell tun; siehe Seite 153 für eine Beschreibung, wie man filzt.) Sobald Ihre gefilzte Wolle trocken ist (Sie können sie gerne in einen Trockner geben, um den Pullover noch zusätzlich zu filzen), schneiden Sie sich ein Paar fingerlose Handschuhe: Das Ende der Ärmel wird sicher für die Hände von irgendjemandem passen. Wenn Sie größere Handschuhe brauchen, schneiden Sie zwei Rechtecke aus, die jeweils groß genug sind, um Ihre Handfläche, Ihr Handgelenk und den Unterarm zu bedecken. Nähen Sie jedes Rechteck zu einer Röhre zusammen, und lassen Sie entlang der Naht eine Öffnung für Ihren Daumen.

42. **Lumpen**. Zur Erinnerung: Lumpen ist nur ein anderes Wort für alte, fadenscheinige Kleidung, Handtücher und Bettwäsche – also nichts, was man kaufen müsste. Bewahren Sie sie in einer Stofftasche auf, für den Hausgebrauch.
43. **Thermobecher**. Werfen Sie Ihre Lieblingssocken nicht weg, wenn sie nicht mehr in Ordnung sind oder Sie das passende Gegenstück nicht mehr finden können! Schneiden Sie das Fußteil ab (das Sie mit anderen Textilien wiederverwerten) und benutzen das röhrenförmige Reststück als Sofort-Thermobecher-Wärmer. Schieben Sie es einfach über den Becher, um Ihr Getränk und auch Ihre Hände warm zu halten. Die abgeschnittenen Enden rollen Sie auf; man muss sie nicht säumen, nähen oder kleben.

44. **Deodorant.** Mischen Sie zwei Teile flüssiges Kokosöl mit zwei Teilen Speisenatron und zwei Teilen Maisstärke. Wenn Ihr Kokosöl fest ist, stellen Sie es an einen warmen Ort, damit es weich wird; man muss es nicht schmelzen. Geben Sie ein paar Tropfen Ihres bevorzugten ätherischen Öls hinzu. Gut umrühren, dann alles mit dem Löffel in ein kleines Glas mit breiter Öffnung oder einen anderen Behälter umfüllen. Wenn Sie einen festen Riegel wünschen, können Sie das Glas in den Kühlschrank stellen, es ansonsten aber auch im Badezimmer aufbewahren. Benutzen Sie Ihre Finger, um ein Stück aus dem Glas herauszuholen, und tragen dann eine dünne Schicht auf die Achselhöhlen auf, oder wo immer Sie ins Schwitzen kommen. Dieses Deodorant hat nicht dieselbe Zusammensetzung, Haptik und dasselbe Aussehen wie ein üblicher Deo-Stick, funktioniert aber trotzdem.
45. **Schokoladenbruch.** Dies ist eine unserer Lieblingsbeschäftigungen, insbesondere um die Feiertage herum, da sie tolle, jahreszeitlich gebundene und handgefertigte Geschenke ergibt. Ein Backblech mit Rand mit Pergamentpapier auslegen oder mit gebutterter Aluminiumfolie. Nehmen Sie eine Garnierung Ihrer Wahl: Wir mögen gern gehackte Nüsse und Trockenfrüchte, Gewürze wie Zimt und Kardamom, frischen beziehungsweise getrockneten Lavendel oder Rosenblätter und etwas Meersalz. Schmelzen Sie die Schokolade Ihrer Wahl: dunkle, Zartbitter- oder Milchschokolade. Sie können Schoko-Chips verwenden oder eine Tafel, je nachdem,

welche Schokolade Ihnen am besten gefällt (und wenn Sie zu Schokolade greifen, die unter menschenwürdigen Bedingungen hergestellt wird, wird Sie Ihnen noch besser schmecken). Sie können Schokolade leicht in einer Glasschüssel in der Mikrowelle schmelzen: dreißig Sekunden erhitzen, umrühren und das Ganze wiederholen, bis die Schokolade geschmolzen ist. Dann gießen Sie die Schokolade auf das ausgekleidete Backblech, glätten sie schnell und bestreuen Sie sofort mit dem von Ihnen gewählten Belag. Stellen Sie das Backblech in den Kühlschrank, bis die Schokolade fest ist, dann brechen Sie sie in mundgerechte Stücke und bewahren sie in einem luftdichten Behälter im Kühlschrank auf (oder essen einfach alles sofort auf, das funktioniert auch).

46. **Katzenspielzeug.** Wenn Sie keine Babysocke haben, fragen Sie nach einer in Ihrer lokalen Spendengruppe. Irgendjemand hat bestimmt eine übrig gebliebene Socke, der das Gegenstück fehlt. Stopfen Sie die Babysocke zu zwei Dritteln mit Stoffresten oder einer anderen Füllung voll, dazu ein paar Prisen getrocknete Katzenminze, ein paar Streifen zerknittertes Plastik von einer Chipstüte oder einer anderen Snackverpackung sowie eine kleine Metallglocke, falls Sie eine haben. Binden Sie das Ende des Strumpfes mit einem Stück Garn oder Schnur zu, wobei ein Teil der Socke ungefüttert als eine Art »Schwanz« bleibt. Geben Sie dieses Spielzeug Ihrer Katze oder machen Sie eine ganze Kollektion davon für Ihr örtliches Tierheim.

47. **Ceran-Kochfeldreiniger**. Dies ist einer von Rebeccas Lieblingsreinigungstricks für Herde mit Ceranfeld. Besprenkeln Sie die Oberseite Ihres Herdes mit Weinstein und dann mit einem Spritzer Wasserstoffperoxid, gerade so viel, damit es eine glatte Paste ergibt. Nehmen Sie einen Lappen und reiben diese Paste etwa eine Minute lang über die gesamte Herdplatte; danach entfernen Sie sie mit einem sauberen, feuchten Tuch. Sie können auch Speisenatron und Wasserstoffperoxid zur Reinigung der emaillierten Oberflächen von Elektro- und Gasherden verwenden (nicht auf den Metallelementen). Und alles funkelt!
48. **Schnürsenkel, Garn und Geschenkband**. Sie brauchen nie wieder Schnürsenkel zu kaufen. Nehmen Sie ein Baumwolljersey-Strick-T-Shirt, das abgetragen ist. Beginnen Sie am unteren Saum, machen einen schrägen Schnitt von etwa vier Zentimetern nach oben in das Shirt. Halten Sie die Schere so, dass Sie einen Strang parallel zum Saum rund um das Shirt schneiden, wobei der Streifen etwa vier Zentimeter breit sein soll. Es macht nichts, wenn die Breite ein wenig schwankt oder die Ränder nicht perfekt sind. Fahren Sie auf diese Weise immer wieder um das T-Shirt herum fort und hören erst auf, wenn Sie auf die Ärmel treffen. Arbeiten Sie vorsichtig mit Ihren Händen entlang des gesamten Streifens und ziehen Sie vorsichtig am Stoff, wodurch sich das Gestrick um sich selbst aufrollt und alle Unebenheiten an den Rändern oder in der Breite verdeckt werden. Rollen Sie daraus ein Knäuel, und Sie haben ein T-Shirt-Garn,

perfekt für Schnürsenkel von Schuhen und Stiefeln, als Allzweckkordel oder -schnur, als Geschenkband und für dicke Häkel- oder Strickwaren.

49. Leckerer Instantkaffee. Kennen Sie diese Spezialmarken-Einwegpackungen für Instant-Espresso/Latte/Mocca, wobei man nur noch heißes Wasser in die Tasse geben muss? Wir stellen unsere eigenen Portionen her, wobei wir Espresso-Instantpulver, ungesüßtes Kakaopulver oder Trinkschokolade und Milchpulver benutzen. All diese Zutaten sind lose in Glas- oder Metallbehältnissen erhältlich. Wenn Sie also Ihre eigenen Zutaten nach Ihrem Geschmack mischen, vermeiden Sie die Einweg-Plastikverpackung sowie die Kosten und erhalten außerdem noch eine anständige Tasse Kaffee. Experimentieren Sie, um die Mischung und Verhältnisse herauszufinden, die Ihnen am besten gefallen; füllen Sie damit ein kleines Glas und bewahren Sie es in Ihrer Büroschublade, Ihrem Auto, Ihrem Rucksack oder in Ihrer Campingausrüstung auf.

50. **Buchumschläge.** Als Rebeccas Tochter in die Highschool kam, wies man sie darauf hin, dass »niemand« mehr Schulbuch-Einbände aus papiernen Lebensmitteltüten macht. Rebecca hatte diese wichtige Fähigkeit an ihre Tochter weitergegeben (während sie ihr alles darüber erzählte, wie sie ihre eigenen bleischweren Bücher jeden Tag fünf Meilen bergauf durch den Schlamm tragen musste). Wenn Sie so etwas nie gelernt haben oder sich nicht mehr erinnern, fragen Sie Ihren örtlichen Bibliothekar oder finden Sie ein Online-Seminar. Es ist einfach, schnell und erschwinglich, und man kann die Umschläge mit Zeichnungen oder Collagekunst nach Wahl versehen. Das ist so viel besser für unseren Planeten als die dehnbaren Synthetik-Hüllen aus der Abteilung für Schulzubehör im örtlichen Großmarkt.

Wir laden Sie ein, zu machen und zu reparieren

Wir haben drei Aufgaben für Sie, die das Selbermachen und das Reparieren betreffen. Das ist zudem die Gelegenheit für Sie, noch weitere Varianten auszuprobieren: verjüngen, umbauen, renovieren, verrotten (wie Kompost herstellen!), reparieren, aufarbeiten, aufpolstern, restaurieren, umgestalten, neu anstreichen, neu konfigurieren, neu beziehen, neu gestalten und neu überdenken.

Zuerst zum Machen: Wählen Sie etwas, was Sie selbst herstellen möchten. Wählen Sie etwas aus unserer Liste oder aus Ihrer eigenen aus und machen Sie es dann. Das kann etwas zum Konsumieren sein, wie eine Gewürzmischung oder -brühe, oder etwas Haltbares, wie eine Socke als Wärmer für Ihren Thermobecher. Es kann etwas Einfaches sein (eine große Schüssel und einige glatte Steine in ein Vogelbad verwandeln), oder es kann komplizierter sein (eine unbenutzte Holzpalette zu einem Couchtisch umbauen). Wichtig ist, etwas zu machen, das Sie haben möchten oder brauchen, und dadurch einige Dinge von Ihrer Einkaufsliste abzuhaken, weil Sie sie selbst hergestellt haben. Sie werden überrascht sein, wie mit dieser Übung Ihre Kreativität in Fluss kommt.

Als Nächstes: Reparieren. Erledigen Sie eine Aufgabe von Ihrer Liste der Dinge, die nicht richtig funktionieren. Noch mal: Sie können das so einfach oder auch so kompliziert machen, wie Sie wünschen. Nähen Sie die Innenecke einer Manteltasche zu (grobe Stiche reichen aus; niemand wird sie sehen), fixieren Sie ein wackelndes Stuhlbein, verkabeln eine kaputte Lampe neu, machen Schubladen wieder gleitfähig, reparieren einen undichten oder tropfenden Wasserhahn, warten Ihre Klimaanlage einmal pro Jahr. Es gibt für jede dieser Reparaturen kostenlose Online-Seminare (und vielleicht können Sie auch darauf zurückgreifen, was in den Gehirnen Ihrer Freunde gespeichert ist).

Abschließend bitten wir Sie anzubieten, dass sie für jemanden anderen etwas machen oder reparieren. Verbreiten Sie die Botschaft, dass wir auf diese Weise etwas erreichen können, dass wir in der Lage sind, uns selbst und einander bei vielen Reparaturen im Leben zu helfen, dass wir viele der Dinge selber machen können, die auf unseren Einkaufslisten stehen. Finden Sie Mit-Macher und Mit-Reparierer in unserem Diskussionsforum auf buynothinggeteverything.com. Je mehr wir unsere Strategie des Selbermachens und Reparierens öffentlich machen, je mehr wir diesen Ansatz zur Norm machen, desto weniger werden wir konsumieren, und desto tüchtiger werden wir sein, wenn es um die größeren Probleme des Lebens geht.

Schritt 6: Teilen und Leihen

> »Ich glaube an die Kraft der Gemeinschaft, die Welt zum Besseren zu verändern: Ich glaube an Nachbarn, die sich kennen, und ich glaube, dass weniger Verlass auf materielle Güter, die uns glücklich machen sollen, und stattdessen mehr Vertrauen in unsere Beziehungen tatsächlich eine gesunde Lebensweise sind.«
>
> *Anastasia McAteer, Ocean Beach, Kalifornien*[64]

Einige von uns denken vielleicht, dass Teilen dasselbe ist wie Geben, aber wir sind der Meinung, dass es doch etwas ganz anderes ist. Das Oxford English Dictionary bietet mehrere Synonyme für Teilen, wie *split* (aufteilen) und *divide* (spalten), mit der folgenden Definition: »einen Teil von (etwas) einem anderen geben«. In diesem Sinne bedeutet Teilen, dass man einen Überschuss zu vergeben hat. Wir können sehr gut teilen, denn wenn wir uns genau ansehen, was wir alles aufbewahrt haben, besonders wenn wir darauf aus sind, Dinge nicht wegzuwerfen, dann erkennen wir, dass wir doch vieles haben, das wir mit anderen teilen können. Teilen ist also ein zweistufiger Vorgang. Erstens müssen Sie Sammlungen bestimmter Dinge anlegen oder aufbewahren, und zweitens verteilen Sie dann etwas von dem, was Sie haben. Tatsächlich macht es uns ja Spaß, Gegenstände aufzubewahren, nur um sie dann zu teilen und denjenigen davon abzugeben, die gerne etwas davon hätten. Wir teilen auch öffentlich Dinge, was anderen Menschen als Beispiel dienen soll, es ebenso zu tun; es regt sie dazu an, die Dinge zu sammeln, von denen sie in der Regel viel haben, und ihren Überfluss zu teilen, wenn es viel zu verteilen gibt.

Verleihen und Entleihen sind viel eindeutiger als das Teilen, und es war ein hartes Stück Arbeit, bis wir unsere Nachbarn dazu gebracht haben, bei einem einzigartigen Modell einer Leihbibliothek mitzumachen. Die meisten uns bekannten »Bibliotheken der Dinge« in den USA sind von Kommunen oder Organisationen eingerichtet und werden von ihnen betrieben, und zwar in Anlehnung an das Modell einer traditionellen öffentlichen Bibliothek: Man besorgt sich ein Gebäude, dann wird Personal eingestellt, Gegenstände werden gekauft und in ein Erfassungssystem eingespeist, und schon können Einheimische zu festgelegten Zeiten beispielsweise Leitern, Elektrowerkzeuge und Material für Klempnerarbeiten ausleihen. Dies sind sicherlich hilfreiche und wichtige Ressourcen, aber wir wollten dem noch ein weiteres Verleih-Modell hinzufügen. Denn viele von uns haben Gegenstände, die sie zwar behalten wollen, aber nicht jeden Tag benutzen; es sind Sachen, die wir gerne verleihen würden, wenn wir die Entleiher kennen und ihnen vertrauen können. Bevor wir mit unserer ersten »Buy Nothing«-Gruppe begannen, haben wir ein Experiment mit uns selbst durchgeführt und unsere Gruppe eingeladen, sich uns anzuschließen: Wir durchsuchten allesamt unsere Häuser, um Gegenstände zu finden, die wir gerne an Freunde oder deren Freunde ausleihen würden. Dabei kam eine riesige Liste zusammen: Zelte, Schlafsäcke und jede Art von Campingausrüstung; Koffer und andere Reiseartikel; Stoffservietten, Tischtücher, Servierplatten, Punsch-Schüsseln, Gläser, Teller für gefüllte Eier, Kuchen-Etageren und anderes Essgeschirr; Stofffahnen, Tee-Party-Sets und andere Partyartikel; Picknickkörbe und -Kühlboxen; Kantenschneider, Rasenmäher, Strauchschneider, Leitern und Heckenscheren; Werkzeuge für Reparaturen an Auto und Haus; und die Liste ging noch weiter. Es gibt so viele Dinge, die wir haben und die wir nützlich finden, wenn wir sie brauchen, aber sie liegen die meiste Zeit des Jahres in unseren Schränken und Garagen herum. Was wäre, wenn jeder von uns diese Gegenstände als eine lokale Ressource ansehen würde, als private Sammlung, die zum Ausleihen zur Verfügung stünde, wobei wir selbst als Bibliothekar die volle Kontrolle über die Ausleihregeln, Daten und die Überprüfung der Ausleiher haben würden? Was wäre, wenn wir alle eine Liste unserer Artikel und Regeln auf einer zentralen Website posten würden, sodass sich jeder die Sachen anschauen und direkt mit uns Kontakt aufnehmen könnte? Wir bräuchten weder ein Gebäude noch Personal oder finanzielle Mittel; wir würden nur das nutzen, was wir bereits haben. Wir würden alles einsetzen und unsere gemeinsamen Anschaffungen reduzieren, indem wir die Dinge gemeinsam nutzen, die problemlos geteilt werden können, ohne dass es uns daran hindert, die Sachen selber zu gebrauchen, wann immer dies nötig wäre.

Wir fanden diese Idee super! Doch der größte Teil unserer Gemeinschaft war skeptisch: Warum um alles in der Welt sollten wir wertvolle Gegenstände an Fremde ausleihen? Was würde die Menschen dazu veranlassen, auf die Gegenstände aufzupassen und sie zurückzugeben? Würden die Leute die Dinge nicht kaputt oder überhaupt nicht mehr zurückbringen? Unsere Idee mit der selbstverwalteten Bibliothek scheiterte, weil wir das Wichtigste am Teilen nicht im Blick hatten: das Vertrauen.

Wie sich gezeigt hat, ist Vertrauen genau das, was in einer lokalen Schenk-Ökonomie wächst. Jedes Mal, wenn ein Fremder ein Geschenk macht oder eines erhält, werden Menschen, die scheinbar einander »fremd« sind, plötzlich durch eine Geste der Großzügigkeit miteinander verbunden, und so wird Vertrauen aufgebaut. Fremde werden zu Bekannten, dann zu Freunden, und die Idee, den Porzellanteller Ihrer Großtante Dori an einen Freund auszuleihen ist überhaupt nicht abschreckend. Sicher, manchmal werden Dinge beschädigt, aber natürlich bieten Freunde an, sie zu reparieren oder das zu ersetzen, was sie kaputtgemacht haben. Fehler werden akzeptiert und verziehen, weil die Beziehung zu Ihrem Freund wichtiger ist als der gespaltene Stiel eines Unkrautvernichters oder ein angeschlagener Teller.

Wir stellten aber fest, dass unsere ursprüngliche Idee einer persönlichen Leihbibliothek in »Buy Nothing«-Projektgruppen auflebte, und zwar als ganz normale Form von Beziehungen, die zwischen Menschen aufgebaut werden, die sich gegenseitig etwas geben. Etwas wegzugeben, das wir nicht brauchen oder haben wollen, ist ziemlich einfach im Vergleich zum Verleihen von etwas, das wir tatsächlich selber brauchen. Es gibt aber einen angeborenen menschlichen Wunsch, sich um die Menschen zu kümmern, die wir kennen und denen wir vertrauen. Teilen ist ein Zeichen für ein gesundes Geber-Netzwerk, und das ist das Herzstück von »Buy Nothing«.

Schaffen Sie sich Ihre Teilokratie

Ben Williams begann sein Projekt »Shareocracy of the Future«, die Teilokratie der Zukunft, als er auf einer Farm in der Nähe von Montreal arbeitete, wo er für seine Arbeit mit Naturalien bezahlt wurde. Er stellte fest, dass er von seinem Gemüseverdienst reichlich zu essen hatte. Er wollte ihn auf jeden Fall mit anderen Menschen teilen, anstatt die übrig gebliebene Ware auf den Komposthaufen der Farm zu werfen. Ben wusste, dass das schöne Gemüse die Leute in Montreal ernähren konnte. Wie eine CBC-Nachrichtensendung berichtete, baute Ben sein »Geschäft« in einem öffentlichen Park auf,[65] wo er seine bunten Einkünfte für alle sichtbar ausstellte: schöne, spitz zulaufende orangefarbene Möhren, dunkelgrüner Spinat und Mangold, dazu Kisten, die vor lauter roten

Cherry-Tomaten geradezu überquollen. Zuerst gingen die Menschen an Bens Stand vorbei, weil sie nicht wussten, was er wollte. Aber sehr schnell verstanden sie seine Idee, nachdem sie alle gemerkt hatten, dass das Essen umsonst war! Schon bald erfreute sich Bens »Shareocracy« großer Beliebtheit und die Menschen kamen regelmäßig für ihre wöchentliche Gemüse-Spende zu ihm.

Sein Experiment war ein Erfolg. Ben schrieb auf seiner Facebook-Seite eine Art Manifest über sein Projekt:

»Die Idee einer wahren Kultur des Teilens ist sehr einfach, hat aber tiefe Wurzeln. Obwohl sie anscheinend naiv ist, spricht diese Idee viele wichtige Fragen an – auch die Nachhaltigkeit, unser allgemeines Verständnis für Gemeinschaft und Verbundenheit sowie die negativen Folgen des ›endlosen Wirtschaftswachstums‹. Man kann es nicht in Zahlen ausdrücken, aber wenn wir die wahre Kultur des Teilens auch nur ein bisschen voranbringen, schaffen wir bereits freundlichere und nachhaltigere Gemeinschaften. Am Ende könnten wir die Wirtschaft radikal verändern, auch wie wir mit der Erde umgehen und wie wir uns aufeinander und auf unsere Gemeinschaften einlassen.«

Dieser Denkweise müssen wir einfach zustimmen. Ben konnte dadurch Einfluss auf das Leben der Menschen nehmen und ihnen zeigen, dass man durchaus ohne Geld teilen kann. Er hat die Idee, durch Kanada zu reisen, auf Farmen zu bleiben, dort zu arbeiten und auf diese Weise sein Experiment mit einer Teilokratie fortzusetzen, um den Menschen zu zeigen, dass eine radikale Abkehr vom Kaufen und Konsumieren angesichts des weit verbreiteten gemeinsamen Teilens von Nahrung sehr wohl möglich ist.

Die Schenk-Ökonomie sowie individuelle Akte des Schenkens fördern das Wiederverwenden, das Teilen und das Verleihen. Das reduziert wiederum den Abfall. Es ist Zeit, die Macht des Teilens, Verleihens und Entleihens zu entdecken, und wie Ihnen dies auf Ihrer »Buy Nothing«-Reise helfen kann. Zu welchen Ressourcen haben Sie Zugang, die Sie teilen können? Sie könnten überrascht sein, wenn Sie dies herausfinden.

Liesls Liebe zu Gartenhandschuhen

Die Handschuhe sind mir zum ersten Mal aufgefallen, als meine Kinder Fahrrad fahren lernten, denn sie tuckerten eher planlos und ziemlich langsam durch die Gegend. Immer wieder sahen wir verlorene Handschuhe am Straßenrand und beschlossen, sie aufzuheben. Einen nach dem anderen und im Laufe weniger Tage hatten wir zwanzig Paare gesammelt! Wir sind eine Insel begeisterter Gärtner und Bauern, und es gibt hier eine weltberühmte Gartentour namens Bainbridge in Bloom, Bainbridge in Blüte. Zwölf Monate Gartenwetter haben wir hier im Puget Sound, was zur Folge hat, dass wir zu allen vier Jahreszeiten im Dreck wühlen, wobei zu viele Handschuhe verlorengehen.

Im Laufe der Jahre haben wir Hunderte von Handschuhpaaren sowie Hunderte weitere einzelne Handschuhe gefunden, die auf ihr Gegenstück warten. Anstatt diese Handschuhe in den Müll zu werfen, waschen wir sie und schicken sie nach Kathmandu, damit sie dort die Müllsammler bei der Arbeit schützen. Das Leben als Müllsammler ist hart, und viele von ihnen sind Kinder im Vorschulalter. Diese Kinder und auch viele Erwachsene verdienen ihren Lebensunterhalt damit, den Müll anderer Leute einzusammeln. Sie sammeln genügend Plastiktüten und Wasserflaschen für den Versand nach Indien, wo die Sachen recycelt werden. Es ist ein bescheidenes Leben und findet zu Bedingungen statt, die zu den schlimmsten auf dem Planeten gehören.

Die meisten Müllsammler haben überhaupt keine Handschuhe, und einige haben nur einen einzigen; mehr besitzen sie nicht. Sie fassen mit bloßen Händen in Glasscherben und menschliche Exkremente, um ihre Beute zu finden, und der bestmögliche Schutz sind Handschuhe (noch besser ist es, wenn sie auch eine Gesichtsmaske tragen). Mehr als zweihundert Müllsammler arbeiten auf der städtischen Müllhalde, die etwa fünfzig Meilen von Kathmandu entfernt liegt. Viele Kinder sammeln auch Kunststoff aus dem Bagmati-Fluss sowie von den Straßen von Kathmandu. Ein oder zwei Handschuhe können ein Kind vor Infektionen, Krankheiten und Ruhr bewahren, die in dieser Gegend verbreitet ist.

Und so wurde das Handschuhprojekt geboren, oder wie mein Sohn es nennt, unsere »Garden Glove Love«, unsere »Gartenhandschuh-Liebe«. Unsere Gartenhandschuhe vom Straßenrand, die sonst in Gräben vergammeln, sind zu einer Ressource für Menschen geworden, die auf der anderen Seite des Planeten grundlegenden sanitären Schutz brauchen. Es kostet niemanden etwas, sie einfach aufzuheben. Wir reinigen sie, stopfen sie in unsere Taschen und liefern sie persönlich während unserer Reisen nach Nepal ab. Als im

Jahr 2015 ein Erdbeben der Stärke 7,8 Nepal erschütterte, stellten wir fest, dass wirklich alle, Millionen von Menschen, Arbeitshandschuhe brauchten, um sich durch die Trümmer zu arbeiten.

Dies ist nur ein Beispiel für kreatives Teilen und für Umnutzung. Ausrangierte und verlorengegangene Handschuhe aus einem Land haben in einem anderen Land dankbare Abnehmer gefunden.

Schritt 6: Teilen und Leihen

Jetzt, wo Sie aktiv bei »Buy Nothing« mitmachen: Was haben Sie mit all der Zeit angefangen, in der Sie nicht zum Einkaufen gegangen sind? Wir versuchen die Zeit, die wir mit dem Einkaufen verbringen würden, durch die Zeit zu ersetzen, die wir für das Herstellen, Reparieren und Teilen benötigen. Dies ist eine Möglichkeit, Ihre »Buy Nothing«-Erfahrung zu vertiefen und noch länger ohne den Kauf von Dingen auszukommen, während Sie zugleich der Gemeinschaft auf sinnvolle Weise etwas zurückgeben.

Hier sind einige Möglichkeiten für den Einstieg. Es gibt so viele Tauschmethoden; verschiedene Umsetzungen der folgenden Ideen existieren schon irgendwo auf der Welt. Können Sie Ihre eigene Version davon erstellen und einige dieser Ideen in Ihren Gruppen einbringen?

1. **Eine Kleidertausch-Aktion veranstalten.** Wir nennen sie nicht *Swaps* (Tauschgeschäfte), weil offen gesagt die meisten Menschen Tonnen von Kleidung haben, die sie loswerden wollen und selber nur wenig brauchen, um ihre Garderobe auf den neuesten Stand zu bringen. Ein *Swap* impliziert einen Eins-zu-eins-Handel, unsere Idee ist jedoch, Menschen zusammenzubringen, damit sie kostenlos tauschen können. Lassen Sie sie sämtliche Kleidung mitbringen, die sie nicht mehr wollen und die auf einen Tisch gelegt wird. Sie können sie je nach Sorte trennen, oder lassen Sie die Leute einfach die Haufen durchwühlen. Es macht Spaß, so etwas bei jemandem zu Hause zu machen. Sie können es auch an einem trockenen, sonnigen Tag in einem öffentlichen Park veranstalten. Sie werden von all den coolen neuen Klamotten beeindruckt sein, mit denen Sie nach Hause kommen werden. Einige Gruppen haben eine Kontaktperson, die die gesamte übrig gebliebene Kleidung mitnimmt und sie in einem Round Robin einsetzt; für diejenigen, die die Veranstaltung verpasst haben (siehe Punkt 3).
2. **Einen Essensclub gründen.** Stellen Sie eine Gruppe kulinarisch interessierter Freunde zusammen und gründen einen Essensclub. Dadurch wird das Vorkochen auf ein neues Niveau angehoben, was Ihre Mahlzeiten verändert, obwohl Sie nur ein einziges Rezept in Ihrer eigenen Küche kochen. Wenn Sie also zu fünft sind, dann machen Sie zum Beispiel fünferlei Lasagne und erhalten für Ihre Familie vier weitere selbstgemachte Mahlzeiten

als Gegenleistung! Wenn die Leute in Ihrer Gruppe Platz im Gefrierschrank haben, kann man so etwas sehr gut einmal pro Monat veranstalten und dazu Lebensmittel auswählen, die sich gut einfrieren lassen. Alle Leute kochen am selben Tag (Sonntag scheint dabei der beste Tag zu sein), dann trifft man sich und tauscht die fertigen Mahlzeiten aus. Jeder Teilnehmer geht mit einer Menge Gerichten für den kommenden Monat nach Hause. Wann immer sie eine hausgemachte Mahlzeit brauchen, müssen Sie sie nur aufwärmen. Eine solche Aktion kann auch mit frischen Lebensmitteln durchgeführt werden. Legen Sie einfach einen Tag fest, an dem jede Person für die anderen kocht. Wer möchte nicht an manchen Abenden eine Pause vom Kochen einlegen?

3. **Starten Sie ein Round Robin.** Ein Round Robin besteht aus einer Sammlung von Gegenständen, die Sie in Ihrer Gruppe herumschicken, wobei die Leute sich nehmen, was sie wollen, und dafür etwas dazutun, um die Dinge dann weiterzugeben. Oft machen wir zum Beispiel eine Sammlung für Kinderkleidung in einer bestimmten Größe. Aber Round Robins können auch für Frauen- und Männerkleidung, für Make-up, Küchenartikel und Spielzeug veranstaltet werden.
4. **Gründen Sie eine Garten-Tauschgruppe.** Als Liesl nach Bainbridge Island zog, gründete sie eine Gruppe namens Island Garden Share, Inselgarten-Tauschgruppe. Sie lud Menschen ein, einmal pro Monat zu ihr nach Hause zu kommen, wobei sie Stauden, Stecklinge und Gemü-

se aus ihren Gärten mitbringen sollten, um sie mit der Gruppe zu teilen. Alle Teilnehmer gingen danach mit neuen Pflanzen und Gemüse nach Hause, wo sie diese Gaben in ihre eigenen Gärten einpflanzten. Es war eine Art Gartenpflanzen-Überraschungstreffen und ersparte allen viel Geld, als sie neue mehrjährige Beete anlegten. Gab es noch einen weiteren Nutzen? Es war der beste Weg, um andere Menschen zu treffen, die die gleiche Leidenschaft für Staudenzucht und Gemüse teilten.

5. **Auf Nahrungssuche gehen.** Wenn es Erntezeit ist, suchen Sie nach Apfelbäumen, Brombeersträuchern, Weinreben, Birnbäumen und nach allem Obst und Gemüse, die auf öffentlichem Grund wachsen und andernfalls im Abfall landen würden. Nehmen Sie, was Ihnen gefällt, und teilen Sie es mit allen anderen.
6. **Gründen Sie einen »Nichts Kaufen, freies Teilen«-Holiday-Shop.** Wir betreiben seit Jahren einen solchen Laden. Konkret ist das eine Party, zu der die Leute Gegenstände mitbringen, die man verschenken kann, und wo sowohl Kinder als auch Erwachsene jeden Gegenstand mitnehmen können, den sie Familienmitgliedern und Freunden geben möchten. Jeder geht mit einer ganzen Armada von Geschenken für die Feiertage nach Hause.
7. **Eine kleine kostenlose Bibliothek aufbauen.** Kleine kostenlose Bibliotheken sind seit Jahren ein Renner und zudem ein cooles Geschenk für die Welt. Bauen Sie einen kleinen wetterfesten Kasten, in den Bücher passen, und stellen Sie diesen Kasten am Ende Ihrer Grundstücks-

einfahrt oder an einem anderen sicheren Ort auf, wo er für Ihre Nachbarn gut zugänglich ist. (Lobbys in Apartmenthäusern sind perfekt dafür geeignet, Sie brauchen aber die Genehmigung Ihres Gebäudeverwalters.) Die Menschen kommen und nehmen, was ihnen gefällt, und geben ihrerseits etwas in die Sammlung. Besuchen Sie littlefreelibrary.org für alle Einzelheiten, einschließlich Gebäudeplänen und einer globalen Karte von kleinen kostenlosen Bibliotheken.

8. **Gründen Sie eine Bibliothek der Dinge.** Leihbibliotheken sind nicht nur für Bücher da! Wir haben Bibliotheken auch für Werkzeuge, Saatgut, Haushaltswaren und ausgefallene Kleidung gesehen, die alle als innovative lokale Tausch-Ressource für Nachbarn angefangen haben. Suchen Sie einen oder mehrere Artikel aus, die Sie weggeben möchten, wie Stoffservietten für Veranstaltungen (spart viel Papierabfall), Metallbesteck, Weingläser, Teller, Campingausrüstung, Schneeschuhe, Teppichdampfreiniger und so weiter, und Ihre Nachbarn werden es Ihnen danken. Bibliotheken mit Gegenständen sind beliebte kommunale Ressourcen, und Schenk-Ökonomien dienen dazu, diese Ressourcen zu dezentralisieren. So kann jeder von uns Verwalter einer oder mehrerer Gegenstände sein und sie ausleihen, statt dass die Gruppe eigens einen Raum besorgt, wo all diese Dinge gelagert werden. Wählen Sie den Gegenstand, den Sie den Menschen verleihen möchten, und lassen Sie es jedermann wissen. Werden Sie diejenige oder derjenige, die oder

den man wegen dieser dringend benötigten Sache aufsucht.

9. **Einrichtung einer kostenlosen Gemeinschafts-Box.** Ähnlich wie bei den kleinen freien Bibliotheken stellen die Leute manchmal einfach eine wetterfeste Gratis-Box auf, zu der Passanten etwas beisteuern und aus der sie etwas mitnehmen können. Gratis-Boxen werden zu Sammelplätzen und Quellen für großartige Geschichten. Ihre örtliche Mülldeponie oder Müll-Umschlagstation ist ein großartiger Ort für einen »Gratisladen«, in den die Menschen ihre noch sehr gut benutzbaren Gegenstände zur Wiederverwendung geben können, als letzte Möglichkeit auf dem Weg zur Mülldeponie.
10. **Bauen Sie eine Flotte mit »Gratisfahrrädern« auf** und stellen Sie sie zur Verfügung, damit Menschen von einem Ort zum anderen fahren können. Wir haben so etwas gemacht und die Räder mit einem Hinweis besprüht: »Ride me« – »Fahr mich«.
11. **Gründen Sie einen Fix-it-Treff, einen Reparatur-Treff.** Solche Veranstaltungen sind sehr wichtig! Bringen Sie Ingenieure, Elektriker, Schreiner und Näherinnen zu einem Reparatur-Treff zusammen. Das kann viele Dinge davor bewahren, auf der Mülldeponie zu landen. Vielleicht gibt es bereits einen solchen Treff in Ihrer Nähe, also geben Sie einfach »Repair Café« oder »Reparatur-Treff + [Ihr Staat oder Ihre Region]« in Ihren Browser ein und warten ab, was erscheint.

12. **Denken Sie sich Ihr Abenteuer aus und leihen Sie sich, was Sie dazu brauchen.** Wenn Sie Snowboarden ausprobieren wollen, aber kein Snowboard haben, fragen Sie einfach, ob Sie sich eines ausleihen können! Wenn Sie anderen Leuten zeigen, dass es durchaus in Ordnung ist, wenn man nachfragt, werden sie Ihrem Beispiel folgen und ebenfalls fragen und bitten. Jetzt können auch andere Menschen Paddelboot, Kajak und Skateboard sowie mit dem Rad fahren, ohne die gesamte Ausrüstung kaufen zu müssen. Wir haben sogar eine Facebook-Gruppe namens Buy Nothing Travelers' Network gegründet, ein Netzwerk, in dem Mitglieder des »Buy Nothing«-Netzwerks mit Mitgliedern auf der ganzen Welt in Verbindung treten und Dinge ausleihen können, wenn sie ihre Städte oder Orte besuchen. Es ermöglicht ihnen auch, Gegenstände zurückzulassen, die sie vielleicht gekauft haben, aber nicht mitnehmen können, wenn sie nach Hause zurückkehren. Sie können dies auf persönlicher Ebene tun, indem Sie das Netzwerk der Freunde Ihrer Freunde aktivieren, um Menschen zu finden, mit denen Sie sich auf Ihren Reisen austauschen können.
13. **Gründen Sie eine Know-how-Bibliothek innerhalb Ihrer lokalen Schenk-Ökonomie oder über Ihre sozialen Netzwerke.** Befragen Sie Menschen nach ihren Stärken, worum sie gebeten werden möchten, wenn sie anderen Menschen helfen sollen. Erstellen Sie eine Liste, wer wobei helfen kann, und lassen Sie dann den Austausch von Know-how seinen Lauf nehmen!

14. **Gründen Sie eine »Buy-Nothing-Schulbeginn«-Initiative.** Ermutigen Sie Ihre Gruppe, die typischen Dinge zu sammeln, die die Schüler brauchen, wenn die Schule wieder anfängt. Die meisten Haushalte haben diese Dinge im Überfluss, und einige Unternehmen sind gerne bereit, Bürobedarf zur Verfügung zu stellen, also etwa Kulis, Bleistifte, Trennblätter, Mappen, Scheren, Ordner, Heftklammern, Radiergummis, Karteikarten und Ringbücher. Wenn Sie diese Gegenstände das ganze Jahr über sammeln, könnten Sie einen gemeinsamen Abend unter dem Motto »Schulanfang« für Familien veranstalten, die kommen und sich holen, was sie brauchen. Noch mehr von diesen Artikeln zu kaufen, wenn sie ohnehin in unseren Städten bereits im Überfluss vorhanden sind, ist völlig unnötig.
15. **Starten Sie einen monatlichen »wirklich und tatsächlich freien Markt«.** Minneapolis hat einen erfolgreichen freien Markt, von dem viele Familien profitiert haben. Sie könnten auch in Ihrer Stadt oder Gemeinde einen solchen gründen. Der entsprechende freie Markt in Minneapolis, im East Phillips Park, ist sehr beliebt. Die Menschen bringen mit, was sie nicht mehr haben wollen, und nehmen sich, was sie tatsächlich brauchen. Die folgende Nachricht wurde in der Lokalzeitung verbreitet: »Hier ist alles KOSTENLOS: Bieten Sie an, was Sie geben wollen, und nehmen Sie, was Sie gerne haben möchten. Essen, Musik und Gesellschaft sind ebenso willkommen wie Gegenstände. Genießen Sie einen

Nachmittag in der Schenk-Ökonomie! Bitte behandeln Sie alles als Geschenk, und nehmen Sie bitte alles wieder mit, was Sie hergebracht haben und das niemand an sich genommen hat.«

16. **Machen Sie eine Ski-/Fahrrad-/Sportartikeltausch-Aktion.** Im Winter können Sie einen jährlichen Skitausch für Familien zum Verschenken und auch zum Erhalten von Skiern, Stöcken, Helmen, Snowboards, Schneeschuhen, Winterkleidung, Stiefeln und dergleichen organisieren. Im Sommer könnten Sie dasselbe für Fahrräder, Helme, Inline-Skates, Skateboards, Campingausrüstung, Rucksäcke, Kajaks, Paddelbretter und so weiter veranstalten. Im Herbst kann eine weitere Tauschaktion die Kinder für Fußball, Lacrosse, Football, Feldhockey, Volleyball und alle Mannschaftssportarten ausrüsten, die Uniformen, Stollen und dergleichen benötigen. Kinder entwachsen ihren Schuhen und ihrer Kleidung so schnell – man muss nicht jedes Jahr neue Sachen kaufen!
17. **Seien Sie ein Community-Reparateur.** Sind Sie gut im Reparieren von etwas Besonderem? Wenn Sie über eine besondere Fähigkeit zum Reparieren verfügen, lassen Sie es andere Menschen wissen. Es ist eine großartige Möglichkeit, sofort Freunde zu finden. Debi Baker, ein »Buy Nothing«-Mitglied in Kalifornien, repariert gerne Nähmaschinen. Sie holt sich alte, kaputte Maschinen, mit denen die Menschen sich nicht plagen wollen, repariert sie und gibt sie dann weiter. Wir kennen auch ein paar Fahrradmechaniker, die gerne Fahrräder reparie-

ren, um sie danach wieder in Umlauf zu bringen. In Paonia, Colorado, gibt es viele wunderbare Fahrradfreaks, die geradezu süchtig danach sind, anderen beizubringen, wie man Fahrräder repariert und pflegt. Das ist ein Modell für jede Gemeinde, das quasi darauf wartet, auf der ganzen Welt verbreitet zu werden. Vielleicht haben Sie ja eine ausgesprochene Fähigkeit zum Reparieren, die Sie teilen könnten.

18. **Halten Sie einen Büchertausch ab.** Laden Sie Freunde ein, ihre gelesenen Bücher mitzubringen, und fordern Sie sie auf, eines oder zwei aus dem gemeinschaftlichen Bücherstapel mitzunehmen. In diesem Sinne teilen Sie bitte auch dieses Buch, wenn Sie damit fertig sind. Wir wissen um die Ironie, wenn unser Buch über das Nichts-Kaufen verkauft wird. Also, geben Sie es bitte weiter, verleihen Sie es, entleihen Sie es, verschenken Sie es und bringen Sie die Empfänger dazu, es weiterzugeben und ihre eigenen Ideen am Rande mitzuteilen, sodass diese Ideen weit und kostenlos verbreitet werden können.
19. **Eine Spielzeugparty feiern.** Sammeln Sie die Spielsachen, die Ihre Kinder nicht mehr brauchen, in einer Schachtel oder einem Korb. Zur nächsten Geburtstagsparty Ihres Kindes laden Sie andere Eltern ein, die Spielsachen ihrer Kinder mitzubringen, und animieren Sie alle zum Erwerb neuer Spielzeuge!
20. **Gärtnern Sie gemeinsam und teilen Sie die Erträge.** Wenn Sie über Anbaufläche verfügen, verwandeln Sie diese in einen Nachbarschaftsgarten. Die Gartenarbeit ist zeit-

aufwendig, und die Pflanzen profitieren von der täglichen Pflege. Wenn Sie das Land und die Arbeit mit anderen teilen, erhöhen Sie die Erträge und bringen mehr Menschen Nahrung und Freude. Sie können Ihre Ernteüberschüsse auch in einen »Grow Free«-Wagen legen, einen Wagen mit kostenlosen Ernteerzeugnissen. Eine entsprechende Bewegung farbenfroher Karren begann in Australien, wo Menschen ihre überschüssige Produktion teilen und sich das aus dem Karren nehmen, was sie brauchen. Suchen Sie nach einem solchen »Grow Free«-Wagen in Ihrer Umgebung, oder starten Sie solch einen Wagen für Ihre eigene Gemeinde. Diese australische Idee verdient es, in der ganzen Welt Wurzeln zu schlagen.

Fällt Ihnen immer noch keine Möglichkeit ein, den Austausch in Ihrer Gemeinde in Gang zu bringen? Hier ist eine Idee, die jede und jeder von uns umsetzen kann. Wir sammeln ein paar Dinge, die wir verwenden, um besondere Geschenke herzustellen, oder geben sie anderen, die sie regelmäßig benutzen oder aber keinen Zugang dazu haben. Wir glauben, dass jeder von uns dies tun kann. Wenn jeder von uns zu einem bekannten Verwalter eines bestimmten Artikels würde, der gewöhnlich auf Mülldeponien endet, wären all unsere Gemeinden schon viel weniger verschwenderisch.

Hier ist ein Beispiel. Unsere lokalen Recyclingbehälter sind nicht für Aluminiumfolie gedacht. Also machte sich unsere Freundin Jane Martin zur Verwalterin von Metallfolien. Sie stellte einen Eimer vor ihrem Haus auf, damit die Leute ihre

Aluminiumfolie dort abgeben können. Wir sammelten diese Folien und gaben ihr unseren Vorrat immer dann, wenn wir uns trafen. Alle paar Monate brachte Jane alles zu einem Schrotthändler, der ihr für das Aluminium auch noch Geld bezahlte! Jane hat außerdem ein besonderes Talent für die Herstellung von Schmuck. Während des ganzen Jahres sammelt sie in ihrer Gruppe Perlen und jede Art von Schmuck. Auf unserer Insel hat sie sechs Schmuckabgabestellen eingerichtet, damit die Leute ihre übrig gebliebenen einzelnen Ohrringe, Omas alten Schmuck, zerrissene Perlenketten oder einfach die eigenen persönlichen Schmuckstücke, die sie abgetragen haben, dort abgeben. Daraus stellen Jane und ihre Schmuck-Begeisterten schöne Dinge für die Frauen her, die in unserem örtlichen Frauenhaus leben. Der neue Schmuck ist eine Chance für unsere Gemeinschaft, dabei mitzuwirken, dass ein bisschen Schönheit in manches Leben zurückgebracht wird, das so aus dem Gleichgewicht geraten ist.

50 Dinge, die wir teilen

Wir sammeln viele Dinge, die jeweils einen Zweck auf dieser Welt erfüllen. Hier sind 50 Beispiele dafür, was jeder mit anderen teilen könnte. Um welche Sorte von Abfall wollen Sie sich kümmern? Es gibt so viele, von denen Sie und Ihre Gemeinde profitieren können! (Für diejenigen von Ihnen, die eine Neigung zum Horten haben: Denken Sie darüber nach, sich auf wenige Dinge zu konzentrieren, und lassen alles andere weg. Wählen Sie Ihre Schwerpunktthemen und verabschieden sich vom Rest, indem Sie diese Sachen an andere Menschen weitergeben, die sie mögen.)

1. **Gartenhandschuhe.** Sammeln Sie verlorengegangene Handschuhe, genau wie Liesl, um sie mit anderen Gärtnern oder bei gemeinschaftlichen Arbeitsprojekten zu benutzen.
2. **Sonnenbrillen**. Wir sammeln Sonnenbrillen, auch wenn sie ein wenig zerkratzt sind. Liesl nimmt sie mit in den Himalaja, um sie Trägern und Dorfbewohnern zu geben, die regelmäßig unter Schneeblindheit leiden. Sie sind leicht und einfach zu transportieren.
3. **Kerzen und Kerzenwachs**. Wir stellen viele Kerzen her (siehe Seite 219), auch große Kerzen. Wir nehmen das alte Wachs von halb heruntergebrannten Kerzen und machen daraus neue. Es ist einfach, macht Spaß mit den Kindern und kostet uns nichts, und es sind zudem tolle Geschenke. Wenn wir nicht noch mehr Kerzen für uns selbst brauchen, sammelt eine örtliche gemeinnützige Organisation unsere Wachsreste. Diese Organisation hilft Erwachsenen mit geistigen Behinderungen, die ein Geschäft mit Feueranzündern aufgezogen haben.
4. **Einzelne Socken**. Kinder in unseren örtlichen Schulen sammeln Socken für Obdachlose, und wir haben gesehen, dass sogar das Bitten um einzelne Socken aus anderen Familien sich als fruchtbar erweist. Die Kinder stellen einzelne Socken zu Paaren zusammen (»Dort lan-

den sie also! In den Schubladen der Nachbarn!«) und bringen sie in ein nahegelegenes Obdachlosenheim. Modische Einzelsocken werden mit Freunden geteilt, die diesen Look lieben.

5. **Luftpolster-Versandumschläge.** Man kann sie gut lagern, weil viele Einzelpersonen und Unternehmen sie wiederverwenden können, anstatt neue zu kaufen.
6. **Bier- und andere Flaschenverschlüsse aus Metall.** Manche Künstler in unserer Gruppe wollen sie haben. Deshalb bewahren wir sie in einem Hängekorb in unserer Recycling-Ecke auf, und wenn der Korb voll ist, wird er bei einem befreundeten Künstler abgegeben.
7. **Weinkorken.** Diese werden ebenfalls in einem Korb aufbewahrt und gehen entweder an Künstler (siehe Pinterest wegen schöner selbstgemachter Dinge aus Kork) oder in Deutschland an das Recyclingprogramm von NABU-KORKampagne.

Bewahren Sie Ihre Korken auf

Kork ist ein erneuerbarer, wiederverwertbarer Werkstoff. Das Recycling wird nicht nur Ihren Korken vor Abfalldeponien bewahren, sondern kann auch dazu beitragen, dass Korken in Bodenbeläge und andere schicke Produkte, beispielsweise in Schuhe umgewandelt werden. In Deutschland nehmen Organisationen wie NABU-KORKampagne oder Firmen wie Jacques' Wein-Depot die Korken an. Einige Supermärkte,

Drogeriemärkte, Weinläden, Cafés und Weingüter sammeln Ihre Korken ebenfalls. Die Korkwälder Portugals gehören zu den ältesten Formen nachhaltiger Agroforstwirtschaft auf der Welt. Seit dem 13. Jahrhundert wird hier Kork gewonnen, und bei der Kork-Ernte muss der Baum nicht gefällt werden. Wenn man Weine kauft, die natürliche Korken anstelle von Plastikkorken verwenden, trägt dies dazu bei, dass diese Wälder und die biologisch vielfältigen Lebensräume erhalten bleiben, die weiterhin geschützt werden müssen.

8. **Kinderbücher**. Schon seit Jahren sammeln wir Kinderbücher für die sechs Magic-Yeti-Kinderbibliotheken, die Liesls Familie in Nepal ins Leben gerufen hat.
9. **Fleisch- und Fischschalen aus Styropor**. Künstler und Lehrer lieben flaches Styropor, weil man es zum Schnitzen von Entwürfen für Druckgrafik verwenden kann. Waschen, trocknen und sammeln Sie diese Schalen, um sie an Schulen, Museen, Sommerlager und Jugendgruppen weiterzugeben. Wir geben unsere an unser örtliches Kunstmuseum, das sie regelmäßig für Druckgrafikkurse verwendet. Katherine Parsons aus Virginia, ein Mitglied des Buy Nothing Global Team, gibt sie ebenfalls weiter: »Ich habe keine Angst mehr davor, einen Lehrer an einer Kunstschule zu begrüßen und ihn zu fragen, ob er diese Schalen, die ich mit meinem Lieblingsschnellgericht aus dem Lebensmittelladen erhalte, gebrauchen könne. Sachen, die vorher immer in eine Recyclingtonne oder in

den Müll geworfen wurden und jetzt wieder und wieder verwendet werden.«

10. **Schulbedarf.** Legen Sie einen Vorrat an Schulbedarf an, den Sie mit Ihren Lehrern teilen können. Fragen Sie die Lehrer, welche Materialien sie kaufen und regelmäßig verwenden und die Sie einfach für sie sammeln könnten, wie Bleistifte, Kugelschreiber, Buntstifte, Farbstifte, Ringbücher, Scheren, Textmarker, Gummibänder, Stecknadeln und Aufkleber. Einige Gruppenmitglieder horten diese Standard-Schulutensilien und teilen sie dann zu Beginn des Schuljahres mit den Familien. Am südlichen Ende von Bainbridge Island sind in einem Schuppen Schulutensilien aufbewahrt, die die Familien Ende August miteinander teilen, damit niemand sie kaufen muss. Jeder trägt dazu bei.
11. **Blumen.** Teilen Sie Ihre Schnittblumen aus Ihrem Garten mit anderen Menschen. Alle lieben frische Blumen.
12. **Kuscheltiere.** Es gibt viel neues Leben für Kuscheltiere: Erkundigen Sie sich bei Ihren örtlichen Seniorenzentren, Demenzstationen, Kindertagesstätten, Tierheimen, Künstlern und Arztpraxen, und ziemlich sicher finden Sie ein neues Zuhause für Ihre Sachen.
13. **Spiele.** Hier gilt dasselbe. Die Senatorin unseres Staates, Christine Rolfes, legt eine ständig aktualisierte Sammlung von »Buy Nothing«-Spielen und -Spielzeug in einem Korb vor ihrem Büro für die Kinder an, die ihre Eltern in das Kapitol begleiten, weil diese mit ihr sprechen wollen. Christine ist ein wunderbares Vorbild für ihre Wähler.

14. **Gläser.** Wenn Sie sie aufbewahren und davon erzählen, wird jemand sie wahrscheinlich für ein Projekt haben wollen.
15. **Plastik-Flaschenverschlüsse.** Es gibt einige Organisationen im Land, die sie nehmen, oder Künstler nehmen sich ihrer an.
16. **Schmuck und Perlen.** Wir haben in unserer Stadt ein paar Sammelbehälter für Schmuck und Perlen für das Schmuckprojekt des Frauenhauses. Dort nehmen sie sogar zerbrochene Schmuckstücke und einzelne Ohrringe an. Der Schmuck wird gereinigt, sortiert, repariert, neu angefertigt, verpackt und dann den Frauen im Frauenhaus übergeben.
17. **Bügel.** Jeder kann Kleiderbügel verwenden, egal, ob aus Plastik, aus Holz oder aus Metall. Also teilen Sie diese Dinge lieber mit anderen, als sie wegzuwerfen. Unsere örtliche Textilreinigung nimmt in aller Regel gerne die Metallbügel zurück.
18. **Holzpaletten.** Sie sind beliebt! Wenn Sie jemals Paletten aus einer Lieferung übrig haben, entsorgen Sie sie nicht, sondern teilen Sie sie mit anderen Leuten. Wir haben daraus Spielhäuser gemacht; andere haben sie für Zäune, Kunstprojekte, Gartenprojekte, Möbel und Hunderte von weiteren Dingen benutzt.
19. **Kameras, Videokameras und Camcorder.** Sie sind hervorragend geeignet für Film- und Fotografie-Studenten. Auch Schulen am Ort sind immer dankbar, Foto- und Filmausrüstung zu erhalten.

20. **Saatgut**. In unserer Gemeinschaft gibt es ein paar Möglichkeiten für das Teilen von Saatgut. Im Winter, wenn in unseren Gärten eigentlich nichts außer Grünkohl wächst, treffen wir uns zwanglos und teilen unser Saatgut. Einige von uns sammeln und retten das Saatgut, das wir während der Wachstumsperiode geerntet und getrocknet haben; andere teilen Päckchen mit Saatgut, das wir nie anbauen werden. Unsere regionale öffentliche Bibliothek hat eine Saatgut-Bibliothek, zu der jeder beitragen und wo man auch Saatgut erhalten kann. Die Saatgutpäckchen passen perfekt in alte hölzerne Kästen für Karteikarten.
21. **Luftpolsterfolie**. Wir bewahren jedes Stückchen Luftpolsterfolie für lokale Künstler und Unternehmen auf, die andernfalls hingehen und sich die Luftpolsterfolie kaufen würden, die wir wegwerfen. Sammeln Sie einfach die Folien, die bei Ihnen auflaufen, und finden dann jemanden, der sie gerne wiederverwenden würde. Menschen, die gerade umziehen, werden ebenfalls dankbar dafür sein.
22. **Kartons**. Auf unserer Heimatinsel ist die Ethik des Wiederverwendens so stark ausgeprägt, dass es sogar eine Online-Gruppe gibt, die sich ausschließlich dem Austausch von Umzugsgut widmet, also etwa Kartons, Luftpolsterfolie, Luftpolsterpackungen, Verpackungsschnipsel und Papier zum Einwickeln zerbrechlicher Gegenstände. Jedes Jahr haben wir eine große Fluktuation von Familien, die auf die Insel ziehen beziehungsweise von dort wegziehen – junge Familien, die ankom-

men, um von den großartigen Schulen zu profitieren, oder Rentner, die fortziehen, wenn ihre Kinder das Nest verlassen haben. Also werfen Sie Umzugs- und Verpackungsbedarf nicht weg – irgendjemand in der Nähe kann ihn benutzen!

23. **Zerbrochene Keramik und Glas.** Mosaikkünstler würden gerne Ihre Keramik- und Glasscherben für ihre Projekte übernehmen.
24. **Fassadenfarben, Beize und Öl.** Wenn wir ein Malprojekt abgeschlossen haben, wissen wir, dass wir die Reste immer mit jedem teilen können, der ein eigenes Heimwerkerprojekt beginnt.
25. **Plastik-Blumentöpfe.** Einige Bauern auf unserem Wochenmarkt nehmen gerne unsere alten Zehn-Zentimeter-Töpfe. Auch einige Gärtnereien nehmen gerne die Töpfe, die wir nicht haben wollen.
26. **Kunstzubehör.** Farben, Pinsel, Glitzer, Stempel, Tinte und Leim sind in Klassenzimmern, Kindertagesstätten, Seniorenzentren und unserem Museum für Kinder immer willkommen.
27. **Zeitung.** Wir kennen eine Frau, die regelmäßig eine Zeitung braucht, um im Winter ihren Kamin anzuzünden. Fragen Sie auf jeden Fall herum, um zu sehen, ob jemand Zeitungen für Feueranzünder und die Arbeit im Garten verwenden kann, für Kunstprojekte oder die Ausbildung von jungen Hunden.
28. **Blätter.** Hühnerställe werden in den feuchten Wintermonaten ungemütlich, sodass wir immer zusätzliche Blätter

benötigen, die wir mit der Mistgabel hineinwerfen. Im Sommer dienen unsere getrockneten Herbstblätter als Mulch für den Garten, weshalb wir ihn weniger gießen müssen. Fragen Sie, ehe Sie Ihre Blätter wegwerfen – ein Nachbar mit Tieren oder Pflanzen kann sie immer brauchen.

29. **Stöcke.** Wir lernten uns durch Stöcke kennen – Rebecca bot einmal in einer Geber-Gruppe ihre schönen gekräuselten Weidenstöcke von dem Baum in ihrem Garten an, und Liesl war fasziniert davon. Jemand, der so kühn war, Stöcke zu verschenken, war jemand, den man einfach kennenlernen musste. Und nun schreiben wir zusammen sogar ein Buch. Man weiß also nie, mit wem die komischen Dinge, die man teilt, einen möglicherweise verbinden und wozu sie einen in Zukunft inspirieren können.
30. **Kieselgel.** Kieselgel ist ein wenig bekanntes Material. Obwohl auf den Päckchen steht »Nicht essen, bitte entsorgen«, heißt das nicht, dass Kieselgel giftig ist. Sie haben wahrscheinlich unwissentlich bereits etwas davon in den Mund genommen oder es am ganzen Körper verrieben, da es in einigen Zahnpasten verwendet wird und auch in Peelings. Kieselgel ist ein ungiftiges, reaktionsträges Trockenmittel und trocknet alles aus, was in seine Nähe kommt. Seine Einsatzmöglichkeiten sind vielfältig, und daher lohnt es sich, ernsthaft darüber nachzudenken, ob man die kleinen Päckchen wegwerfen sollte. Wir heben sie auf und teilen sie alle sechs bis zwölf Monate mit Künstlern und anderen, die um deren Vielsei-

tigkeit wissen. Hier sind nur einige unserer beliebtesten Anwendungen für diese handlichen Päckchen: Legen Sie sie zu Ihrem Tafelsilber; es verlangsamt den Prozess des Anlaufens. Legen Sie sie in Ihre Kamerataschen, um Ihre Ausrüstung, auch die Linsen, trocken zu halten. Geben Sie Kieselgel in die Kartons, in denen Sie Ihre Fotos und Dias aufbewahren, um sie länger zu erhalten. Ihre Daunenjacken und Daunenschlafsäcke profitieren ebenfalls von ein paar Päckchen Kieselgel, damit die Feuchtigkeit ferngehalten wird. Legen Sie ein paar Päckchen zu Ihren Gartensamen; so bleiben sie trocken. Und geben Sie einige zu Ihrem trockenen Waschpulver, damit es nicht verklumpt. Es funktioniert!

31. **SCOBY, eine symbiotische Kultur aus Bakterien und Hefe für Kombucha.** Diese Kultur vermehrt sich unablässig. Sie ist die Grundlage zum Ansetzen von Kombucha und unbedingt notwendig für eine gute Qualität dieses sprudelnden Getränks. Es ist die »Muttersubstanz«, die zur Fermentation von Tee und Zucker zu Kombucha beiträgt. Sie ist lebendig und vermehrt sich mit jedem neuen Ansatz weiter, sodass die Weitergabe ihrer überschüssigen Bakterienkultur geradezu zum Lebensstil von Kombucha-Herstellern gehört. Liesls beständig wachsende Bakterien-Hefekultur hat ihren Beitrag dazu geleistet, dass ein Dutzend Familien ebenfalls Kombucha ansetzen konnten.
32. **Bekleidung.** Es gibt unendlich viele Möglichkeiten, Kleidung zu teilen – schauen Sie doch einfach unsere Vor-

schläge für Kleiderpartys und Round Robins an. Kleidung gehört zum Einfachsten, was man teilen kann, weil wir sie alle tragen, und die Kinder wachsen so schnell aus ihr heraus!

33. **Garten**. Teilen Sie Ihren Garten? Aber sicher! Es gibt mehrere Möglichkeiten dafür. Sie können einen Freund oder eine Freundin dazu einladen, eine Saison lang mit Ihnen gemeinsam zu gärtnern, indem Sie Ihr Grundstück mit ihm oder ihr teilen, was bedeutet, dass Sie sich beide an der Gartenarbeit beteiligen. Das kann die Last ein wenig erleichtern. Sarah Steinberg aus Oregon teilt ihren Garten auf eine andere Art und Weise: »Wir bauen unser Obst, Gemüse und Kräuter in unserem Vorgarten an und sagen unseren Nachbarn, sie sollen in diesen Garten kommen, wenn sie etwas zum Abendessen oder nur einen Snack brauchen, falls sie an unserem Haus vorbeigehen. Vor allem mein Vorschulkind zeigt gerne einem Nachbarn, wo eine reife Frucht ist.«

34. **Verderbliche Waren**. Haben Sie jemals für ein paar Wochen Ihr Zuhause verlassen und noch einige verderbliche Waren im Kühlschrank gehabt, die von jemand anderem hätten verbraucht werden können? Barb Short aus Key Largo gibt diese Dinge weiter: »Wenn wir für mehrere Tage weg sind, gebe ich einem Nachbarn die Produkte, die nicht so lange halten, dass man sie später noch nutzen könnte. Ich mache auch bei anderen, ähnlichen Teilungsaktionen mit, da wir nur ein einzelnes Paar sind und ich keine Zehn-Kilo-Säcke mit Kartoffeln

brauche … Die Nachbarn erwidern diese kleinen Gefälligkeiten immer beziehungsweise geben mir Pflanzen aus ihrem Garten, die ich nicht in meinem habe.«

35. **Abendessen**. Verdoppeln Sie Ihr Rezept für das Abendessen und teilen Sie es mit jemand anderem. Natale Rochlin aus Seattle teilt die Mahlzeiten so: »Ich verdopple oft meine Rezepte und mache das Abendessen für meine Nachbarin, eine Mutter und ihren Sohn. Sie kocht auch oft für mich und meine Familie! Es macht so viel Spaß, die Gerichte anderer Menschen zu essen, umso mehr an Abenden, an denen man keine Lust hat zu kochen oder nichts vorbereitet hat und ein Überraschungsdinner bekommt.«

Kären Ahern aus Bainbridge Island geht noch einen Schritt weiter. Sie teilt nicht nur das Essen, sondern ermutigt andere dazu, dies ebenfalls zu tun. Es ist, als würde sie die Saat des Teilens ausbringen: »Ich hatte am vergangenen Samstag viel Spaß, als ich die Stadt verließ und einer Nachbarin ein großes Glas mit Krautsalat gab, den ich am Vorabend gemacht hatte. Ich bat die Nachbarin, ihn mit einer anderen Person zu teilen, die sie nicht gut kennt, und dass diese Nachbarin wiederum den Leuten auf der anderen Straßenseite, die sie noch nicht kennengelernt hat, bitte etwas davon abgeben möge. Alle bekamen sie leckeren Krautsalat zu ihren Abendessen, aber das Beste war, dass zwei Nachbarn von der anderen Straßenseite sich nach drei Jahren endlich kennenlernten! Das ganze Dorf war eingespannt, und das Teilen von Lebensmitteln ist wirklich magisch.«

36. **Bücher.** Liesl hat ein Gästehaus, das sie über Airbnb vermietet, und dort hat sie eine kleine kostenlose Bibliothek in einem Korb für ihre Gäste eingerichtet, damit sie Bücher, die sie mögen, mitnehmen und die, die sie gelesen haben, zurücklassen können. Oder suchen Sie nach der nächstgelegenen kleinen kostenlosen Bibliothek (siehe Seite 263) und geben Sie Ihre Bücher dort hinein, damit sich auch andere darüber freuen können. Sie können auch ganz individuell vorgehen; Rebecca lässt Bücher gerne dort, wo sie für Fremde eine lustige Überraschung sind. Sie legt einen Zettel hinein, auf dem steht: »Ja, dies ist ein kostenloses Buch nur für Sie, wenn Sie möchten.«
37. **Stoffreste.** Es gibt immer jemanden, der sie gebrauchen könnte, wie zum Beispiel Patchwork-Näherinnen, die gerne Stoffreste für handgemachte Patchwork-Quilts nehmen. Auch Kunstlehrer und Vorschullehrer lieben Stoffreste für Multimedia-Collagen.
38. **Handtücher und Bettwäsche.** Unser Tierheim nimmt Handtücher und Bettwäsche in jeder Form, ganz gleich, ob sie Risse oder Flecken haben. Auch andere Tierheime freuen sich über diese Dinge.
39. **Chipstüten.** In Großbritannien nennt man sie »Crisp packets«, aber unter welchem Namen auch immer Sie sie kennen: Sie haben fast alle eine silbern glänzende Innenseite, die sich hervorragend als Geschenktüte eignet. Man kann sie ganz einfach in glänzende Geschenktüten verwandeln: Drehen Sie Ihre Chipstüten von innen

nach außen, waschen Sie sie mit Spülmittel ab, um sie von Fett zu reinigen. Trocknen Sie sie und verwenden Sie dann die silberne Seite als Geschenktüte.

40. **Milchkartons.** Pinterest hat jede Menge Ideen, wie man Milchkartons wiederverwendet, was auch für jeden anderen Gegenstand gilt. Innovative Bauherren verwenden diese Milchkartons für die Wandisolierung ihrer neuen Häuser und Bauwerke.
41. **Mini-Spielzeuge, Murmeln und Modeschmuck.** Wir haben ein Einmachglas in der Speisekammer, in dem wir Fundstücke wie kleine Figuren, Matchbox-Autos, Fingerpuppen, Kleinspielzeug und Einzelteile aufbewahren, von denen wir wissen, dass Kinder sie gerne als »Belohnung« von ihren Lehrern in der Schule erhalten. Wenn der Krug voll ist, geben wir ihn bei unseren Lieblingsgrundschullehrern ab. Rebecca trägt außerdem immer ein paar Murmeln in ihrer Handtasche und versteckt sie auf Augenhöhe in der Stadt, um irgendjemandem den Tag zu verschönern, womit sie eine Bitte im Zusammenhang mit ihrer verstorbenen Freundin Emily umsetzt.
42. **Zeitschriften.** Wenn Sie eine gewisse Menge an Exemplaren Ihrer Lieblingszeitschriften haben, teilen Sie sie. Unsere öffentliche Bibliothek hat ein Programm, bei dem sie alte Zeitschriften annehmen und in der Eingangshalle auslegen, sodass andere Leser sie für ein Quartal mitnehmen können. Der Erlös trägt zum Unterhalt der Bibliothek bei.

43. **Toilettenartikel.** Wir bewahren die Toilettenartikel, die wir irgendwie erhalten, aber nie benutzt haben, und geben sie weiter an unser benachbartes Frauenhaus.
44. **Milch-, Joghurt- oder Butterbehälter** aus Plastik sind Dinge, nach denen Lehrerinnen und Lehrer recht häufig fragen, im Zusammenhang mit Projekten in den naturwissenschaftlichen Fächern. Sie können sie stapelweise aufbewahren und sehen, ob Ihre Gruppe sie vielleicht verwenden könnte.
45. **Wiederverwendbare Stoffbeutel.** (zur Herstellung siehe Seite 150). Geben Sie diese bei Ihrer örtlichen Tafel ab. Die Betreiber werden es zu schätzen wissen, wenn sie wiederverwendbare Beutel für ihre Produkte haben.
46. **Arzneimittelflaschen (Braunflaschen für rezeptpflichtige Tabletten).** Die Leute stellen allerhand mit diesen Plastikfläschchen an: Sie bewahren darin zum Beispiel wassergeschützt Streichhölzer zum Camping auf; sie nehmen sie als Mini-Nähset; um die Ohrstöpsel hineinzutun, die sie sonst in ihrem Rucksack oder ihrem Portemonnaie aufbewahren; oder sie machen daraus Kräuter- und Gewürzflaschen. In Ihrer örtlichen Schenk-Ökonomie werden einige Leute danach fragen. Achten Sie darauf, Ihre Fläschchen zu horten und sie erst dann anzubieten, wenn Sie genug für ein ganzes Projekt haben.
47. **Fahrräder.** Fahrräder sollten nie weggeworfen werden. Auch wenn sie irreparabel kaputt sind, können ihre Teile noch verwendet werden. Erkundigen Sie sich bei Ihren örtlichen Fahrradclubs und Fahrradgeschäften,

denn normalerweise gibt es einen Fahrradbastler, der am liebsten Ihr altes Fahrrad auseinandernehmen würde, um Teile auszutauschen oder es ganz zu überholen.

48. **Fahrradschläuche**. Haben Sie jemals eine Brieftasche, einen Geldbeutel oder einen Gürtel aus einem alten Fahrradschlauch gesehen? Bewahren Sie Ihre Fahrradschläuche auf und geben Sie sie einem Handwerker in der Nähe, der sie wiederverwenden kann.
49. **Planen**. Wir halten immer Ersatzplanen für unzählige Zwecke bereit. Zu Hause verwenden wir sie für alle möglichen Dinge während des neunmonatigen Regens, der unsere Insel regelmäßig heimsucht. Wir haben sie gerne vorrätig, um sie zu verleihen. Wir haben Planen an Nachbarn ausgeliehen, denen Bäume auf ihre Häuser und Autos gestürzt sind, und wir haben viele zu weiter entfernten Gemeinden geschickt (wir erwarten sie nicht zurück; sie sind Dauerleihgaben), um dort den Menschen zu helfen, die nach Erdrutschen, Erdbeben und Wirbelstürmen ihr Leben neu aufbauen müssen. Planen gehören überhaupt zu den ersten Dingen, um die Menschen bitten, wenn sie ihr Zuhause und ihre Habseligkeiten verloren haben, sodass sie entweder für sich selbst Schutz suchen können oder für die ersten Dinge, die sie direkt nach der Katastrophe neu anschaffen.
50. **Brillen**. Man sollte sie nie wegwerfen. Heben Sie die auf, die Sie nicht mehr benötigen, und bringen Sie sie zu Ihrem nächsten Augenarzt. Er wird wissen, wo eine Brille am dringendsten benötigt wird. Liesl nimmt die nicht

verschreibungspflichtigen Billigbrillen mit einer oder zwei Dioptrien zu den Menschen nach Nepal mit, die keinen Zugang zu augenärztlicher Versorgung haben.

Diese Liste ist alles andere als erschöpfend, aber sie zeigt doch deutlich, wie diese Verbrauchsmaterialien vor Mülldeponien bewahrt und von Menschen, gemeinnützigen Organisationen und Unternehmen auf innovative Weise wiederverwendet werden können. Gemeinsam ersparen wir diesen Personen und Organisationen, diese Dinge neu kaufen zu müssen, und wir verhindern dadurch auch, dass sie in unsere Abfallströme gelangen. Reduzieren und Wiederverwenden ist immer besser als Recycling.

Reduzieren und Wiederverwenden ist immer besser als Recycling.

Was können wir noch tun, um mehr zu teilen und die Menschen dabei zu unterstützen, nichts zu kaufen? Wir können verleihen und entleihen und unsere Sachen vorübergehend mit Freunden und Nachbarn teilen, damit sie sie nicht neu kaufen und anschließend in ihren bereits überfüllten Häusern verstauen müssen. Denken Sie an die Dinge, die wir in unseren Garagen und Schränken und in Regalen aufbewahren, Dinge, die die meiste Zeit des Jahres nicht benutzt werden. Es sind Gegenstände, die wir mehr als einmal ausleihen, eine dauerhafte Bibliothek von Dingen (aber auch vom Einsatz der eigenen Person), die mehrfach ausgeliehen werden können, wodurch wir Geld, Platz und natürliche Ressourcen sparen.

50 Dinge, die wir verleihen und ausborgen

1. **Snack- und Partybedarf für Schulklassen.** Richten Sie in jedem Klassenzimmer Ihrer örtlichen Grundschule eine »Zero Waste«-Bibliothek für Gegenstände wie wiederverwendbares Besteck, Teller, Tassen und Stoffservietten ein. Wir lagern Vorräte für ein Klassenzimmer in einem 20-Liter-Eimer. Alles kann wiederverwendet werden, wenn jemand den Eimer nach Hause mitnimmt und die Dinge nach jeder Verwendung wäscht. Dies erspart den Eltern, Einwegmaterial für Klassenfeiern mitzubringen, und bietet gleichzeitig den Kindern die Erfahrung, zusammen mit ihren Geburtstagsmuffins gemeinsam genutzte Ressourcen zu verwalten.
2. **Kaffeebecher.** Sie könnten die Förderin des Gemeinde-Kaffeeklatsches werden! Unsere Inselgemeinschaft hat keinen Mangel an Kaffeebechern. Frauengruppen, der Rotary Club und viele andere Organisationen haben ihren Satz von jeweils mehr als fünfzig Bechern, damit alle während der Sitzungen schön viel Kaffee trinken können. Oder starten Sie ein kostenloses Thermobecherpro-

gramm in Ihren örtlichen Cafés, damit niemand jemals wieder einen Einwegbecher benutzen muss.

3. **Kinderpartyzubehör.** Partyhüte, Luftschlangen und Partygeschenke kann man immer gut an andere Menschen weitergeben, die eine Kindergeburtstagsfeier in naher Zukunft veranstalten. Wir haben viele Partyartikel miteinander geteilt und wiederverwendet, als unsere Kinder klein waren, und kein Mensch hat es jemals bemerkt.
4. **Zelte und Campingausrüstung.** Liesls Ehemann arbeitet für North Face, sodass ihre Familie leicht an Zelte herankommt, die sie gerne an Camper ausleiht, die keine eigene Ausrüstung haben. Diese tollen Zelte sind den größten Teil des Sommers auf Abenteuerreise mit verschiedenen Familien unterwegs, die den pazifischen Nordwesten erkunden. Kocher, Schlafsäcke, Kissen, Planen, dicke Gummibänder, bärensichere Lebensmittelbehälter: Leihen Sie den Möchtegern-Abenteurern aus, was immer Sie haben. Diese Dinge sind außerdem nützlich bei Stromausfällen, Stürmen und anderen schwierigen Zeiten. Wozu haben Sie durch Ihren Job Zugang, das Sie teilen könnten? Bücher? Lebensmittel? Altholz?
5. **Schneeschuhe, Snowboards, Schlittschuhe, Skier und Spezialbekleidung und -ausrüstung.** Nicht jeder muss ein eigenes Set kaufen, und das Ausleihen kann zudem einem Freund die Mietkosten ersparen. Als Liesls Kinder aus ihren Schneeschuhen herausgewachsen waren, behielten sie sie und verliehen sie an Familien, die in den

Olympic Mountains auf Entdeckungsreise gehen wollten. Rebeccas Neoprenanzug aus ihrer Zeit als Kajakführerin wurde jahrelang von Freunden genutzt, die in die kalten örtlichen Gewässer eintauchten, um Boot zu fahren, zu tauchen und zu surfen. Was haben Sie, das in Ihrem Kleiderschrank Platz wegnimmt und dabei anderen Leuten gute Dienste leisten könnte? Einen Schneeanzug? Eine Tauchausrüstung?

6. **Seesäcke und Gepäck.** Liesl leiht unbenutzte Seesäcke an College-Studenten aus, die zu Beginn des Semesters ihren Schlafsaal beziehen. Das Gepäck bleibt zwischen Reisen ja ungenutzt – teilen Sie es in Ihrer Gruppe, und es kann nutzbringend um die Welt reisen, anstatt nur Platz zu beanspruchen.
7. **Nähmaschinen.** Rebecca hat eine einfache tragbare Nähmaschine, die sie für schnelle Nähreparaturen ausleiht. Dadurch bleibt die Maschine ordentlich in Betrieb (Rebecca ist froh, wenn sie nicht unbenutzt herumsteht und verstaubt), und die Kleidung wird geflickt und in der gesamten Gruppe weitergetragen.

Ziegen und Bienen

Sie können so gut wie alles teilen, auch Ziegen, wenn Sie kreativ werden. Ja, Ziegen! Wir kennen Leute, die ihre Ziegen an Nachbarn zum Auslichten von Brombeersträuchern und weiteren invasiven Pflanzenarten ausleihen. Die Ziegen erhalten kostenloses Fressen, und die Gärtner bekommen kostenlose Hilfe bei der Pflege schwieriger Pflanzen. Wir kennen außerdem Bienenzüchter, die ihre Bienenstöcke in örtlichen Gemeinschaftsgärten und öffentlichen Obstgärten aufstellen. Die Bienen werden mit dem Nektar und den Pollen im Garten ernährt, wodurch sie mehr Honig produzieren können, und die Gärten und Obstgärten werden bestäubt, was wiederum die Ernteerträge verbessert.

8. **Medizinische Hilfsmittel: Krücken, Fußgelenkbandagen, Orthesen, Rollstühle, Stöcke, Badewannenstühle, Knie-Scooter.** Diese ganze medizinische Ausrüstung ist in unserer Gemeinde kostenlos verfügbar und wird von Haushalt zu Haushalt weitergegeben.
9. **Rohrreinigungsspirale.** Eine Klempnerschlange wird in jeder Schenk-Ökonomie benötigt; sie macht von Haus zu Haus die Runde und holt Haare und alle weiteren Ablagerungen aus unseren Abflussrohren.
10. **Öffentliche Spielzeug-Stationen.** Lassen Sie sich von den Sammlungen von Strandspielzeug und Spielen inspirieren, die an öffentlichen Selbstbedienungsständen an den Stränden von Tel Aviv erhältlich sind. Bauen Sie in Ihrem örtlichen öffentlichen Park, am Strand oder an einem anderen Freizeitort einen Behälter für Spielzeug auf und bestücken Sie ihn mit den Sachen, an denen andere Kinder Freude haben sollen. Schauen Sie regelmäßig vorbei, um das Spielzeug in Ordnung zu halten und

mit neuen Spielsachen zu ergänzen, die Sie von Freunden und Nachbarn erhalten haben.

11. **Business-Kleidung.** Das sehen wir immer öfter: Viele Menschen sind bereit, ihre schönen Anzüge, Schuhe oder Krawatten auszuleihen – was auch immer Sie für Ihr Vorstellungsgespräch benötigen.
12. **Trocken- und Nass-Staubsauger.** Diese Arbeitsgeräte können ruhig ein paar Tage im Jahr ausgeliehen werden; Sie werden sie nicht vermissen.
13. **Teppich-Dampfreiniger und Fußboden-Dampfreiniger.** Als jemand einen Teppich-Dampfreiniger in unserer Stadt anbot, den man nicht zurückgeben musste, wollten alle diesen Apparat zu Hause ausprobieren. Also wurde er in unsere »Leihbücherei« aufgenommen, betreut von Debbie Fecher Gramstad, einem langjährigen Mitglied unserer örtlichen Schenk-Ökonomie, die den Überblick über alle Teile hatte und die Ausleihliste für dieses tolle Gerät führte.
14. **Ferngläser.** Gehen Sie auf eine Reise? Fragen Sie, ob Sie ein Fernglas ausleihen können. Sie können sehr teuer sein, aber wenn man sie sorgsam behandelt, können sie von unendlich vielen Augenpaaren benutzt werden.
15. **Bücher.** Wahrscheinlich tun Sie es bereits: Sie verleihen Bücher, die Sie gelesen haben. Steigern Sie diese Praxis, indem Sie jeden Monat eine Bücher- und Getränkeparty in Ihrem Lieblingscafé oder Ihrer Lieblingskneipe veranstalten. Verteilen Sie einen Flyer, mit dem Sie die Leute auffordern, sich mit ein paar Büchern anzuschließen,

die sie verschenken wollen. Jeder kauft sein eigenes Getränk, aber die Bücher und die Gespräche sind für alle kostenlos. Und nichts kommt an den Coolness-Faktor des ursprünglichen Buchverleihers heran, an den Ihrer öffentlichen Bibliothek nämlich. Denken Sie daran, dort zuerst nachzusehen, wenn Sie auf der Suche nach neuer Lektüre sind.

16. **Langlebiges Schulmaterial.** Taschenrechner, Winkelmesser, Lineale, Locher und anderes beständiges Schulmaterial können jeden Sommer eingesammelt und im Herbst bei Bedarf wieder verteilt werden.
17. **Veraltete Unterhaltungstechnik.** Haben Sie einen CD-Player, VHS-Spieler, Kassettenrekorder, Plattenspieler, ein Tonband oder Grammofon? Leihen Sie diese Apparate aus! Sie werden auf sämtliche Hipster am Ort stoßen und sie mit Ihren Erzählungen über das Leben vor dem Streamen digitaler Inhalte beeindrucken. Wenn jemand einen alten Videorekorder oder Plattenspieler für die Gruppe aufbewahrt, können wir alle von Zeit zu Zeit unsere alten LPs hören und unsere alten Schmalfilme sehen.
18. **Drucker und Aktenvernichter.** Stellen Sie sich vor, es gäbe in der Gruppe einen Gemeinschaftsdrucker, und man könnte sich die aufreibende Arbeit und die Kosten teilen, die mit der Neubeschaffung von Tintenpatronen und Papier verbunden sind! Der Aktenvernichter ist ein weiterer Gegenstand, der von allen Leuten im Homeoffice mitbenutzt werden könnte.

19. **Gläser.** Für ihre Hochzeit vor etwa zwanzig Jahren kaufte Rebecca zweihundert kleine Gläser, die gleichermaßen für Wasser, Wein, Whisky und Saft geeignet waren, und seitdem verleiht sie sie für viele Veranstaltungen. Die Gläser werden in ihren Originalkartons aufbewahrt, die im Laufe der Jahre mit Paketklebeband verstärkt wurden und in zwei großen Kunststoffwannen gestapelt sind. Ein kleines Stück Isolierband auf jeder Wanne erinnert den Entleiher daran, wohin er die Gläser nach der Veranstaltung zurückbringen soll. Ein paar Gläser gehen bei großen Ereignissen immer verloren, aber nicht so viele, wie Sie vielleicht denken. Wenn Menschen direkt von einer bestimmten Person etwas entleihen, neigen sie dazu, die Dinge mit großer Sorgfalt zu behandeln. Diese Glassammlung, die bei unzähligen Hochzeiten, Versammlungen, kirchlichen, gesellschaftlichen und familiären Anlässen genutzt wurde, hat sogar, nun ja, Rebeccas eigene Ehe überdauert.
20. **Geschirr, Serviergeschirr und Kuchen-Etageren.** Wie oft bewirten Sie wirklich große Gruppen? Erstellen Sie einen Satz Serviergeschirr zum Ausleihen. Wenn in Ihrer Nachbarschaft mehr als ein Geschirrset zum Ausleihen vorhanden ist, können Sie sie sogar für Hochzeiten oder öffentliche Veranstaltungen verwenden. Rebecca leiht seit Jahren ihr einfaches weißes Geschirr aus, und sie hat noch kein Stück davon verloren. Es gibt sogar eine Art »Geschirr-Bank«, die Geschirrsets als Geschenk für Flüchtlingsfamilien bereithält, die sie brauchen, wenn

sie in der Gegend von Seattle landen. Dasselbe gilt für Serviergeschirr – zögern Sie nicht, Ihre Servierplatten und Tortenständer auszuleihen. Als Bonus bekommen Sie vielleicht ein paar neue Rezepte zum Ausprobieren, wenn die Teile zurückgegeben werden!

21. **Stoffservietten.** Rebecca sammelt bereits seit mehr als zehn Jahren Stoffservietten: eine bunte Mischung aus vielen Farben und Mustern. Sie werden in einem Trolley aufbewahrt, den die Menschen leicht ausleihen und zu Veranstaltungen mitnehmen können. Bislang wurden die Servietten auf Hochzeiten, Kirchenessen, Bar- und Bat-Mizwas, bei Trauerfeiern, Schulpartys und allerlei öffentlichen Zero-Waste-Veranstaltungen eingesetzt. Einige Inselbewohner haben sogar ihre Lieblinge darunter, die sie jedes Mal wiederhaben möchten, wenn sie an einer Veranstaltung teilnehmen, bei der diese Serviettensammlung eingesetzt wird. Wir glauben, dass alle Menschen lieber Stoff als Papier benutzen!
22. **Besteck.** Man kann ganz einfach genug Besteck für mindestens vierundzwanzig Personen in einem einfachen Einkaufswagen verstauen. Verleihen Sie diesen Einkaufswagen dann zusammen mit Ihrem zu verleihenden Geschirr und anderen Utensilien für ein großes Essen. Die Sammlungen von Liesl und Rebecca wurden bei Strandpartys und in den Bergen eingesetzt, aber auch bei gemeinsamen Essen, zu denen jeder etwas mitbrachte.
23. **Picknickkorb-Set.** Auch sie kann man leicht ausleihen und mit Nachbarn teilen.

24. **Tischtücher.** Rebeccas Sammlung farbenfroher Tischdecken wurde für alle Arten von Veranstaltungen ausgeliehen, von Informationsausstellungen im Rathaus über kommunale Garten-Erntepartys bis hin zu Schulsport-Abendessen, Hochzeiten, Kirchenfreizeiten und Gruppen-Campingausflügen. Liesls Leinentischdecken, die sie von ihrer Großmutter geerbt hat, werden zu einem Teil der Wäschekollektion der Gruppe, wenn in der Nachbarschaft eine Hochzeit ansteht.
25. **Teeservice.** Rebeccas Töchter lieben Tee, und sie leihen gerne ihre Teegeschirre aus, ein regelrechter Hit bei Geburtstagsfeiern, Kinder-Picknicks oder Braut- und Babypartys.
26. **Festliche Stoffwimpel.** (Siehe unsere Anleitung zum Herstellen eigener Wimpel auf Seite 178). Diese Wimpel stammen aus der Zeit, als wir begannen mit einem Leben ohne Kunststoff zu experimentieren, und Luftballons durch diese festlichen Wimpel ersetzten. Befestigen Sie die Wimpel an Zäunen und zwischen Bäumen im Freien, oder auch an Mauern und Tischen in geschlossenen Räumen.
27. **Kühlboxen.** Man kann sie gut für verschiedene Zwecke ausleihen – Angelausflüge, Camping-Expeditionen, Sportveranstaltungen, Volksläufe, Ausflüge und dergleichen mehr.
28. **Eiscrememaschine.** Jedes Kind sollte die Möglichkeit erhalten, zumindest einmal eine Portion Eiscreme eigenhändig zuzubereiten, und Sie können ihm helfen, diesen Kin-

derwunsch zu erfüllen, wenn Sie die Eiscrememaschine ausleihen, die Sie nur wenige Male im Sommer benutzen.

29. **Rasenmäher, große Gartengeräte und -maschinen.** Wenn Sie in einer Gegend mit vielen Wiesen leben, schließen Sie sich mit einem oder zwei Nachbarn zusammen und teilen sich einen Mäher. Das Gleiche gilt für Laubbläser, Unkrautvernichter, Schneefräsen, Hochdruckreiniger, Schaufeln aller Art, Ahlen, Mistgabeln, Bodenfräsen, Kantenschneider, Rechen – eben für alles, was Sie benötigen, um Ihren Rasen zu mähen oder Ihren Garten umzugraben.
30. **Werkzeuge.** Es ist toll, wenn man sie in einer Leihbibliothek hat. Egal, ob jemand in der Nähe ein Wischerblatt oder einen Scheinwerfer wechseln oder etwas Komplizierteres in Angriff nehmen will: Wenn Sie die Werkzeuge haben, die andere brauchen, warum sollten Sie sie nicht teilen?
31. **Wäschetrockner.** Unsere Freundin Molly ist auf unserer Insel bekannt für ihren mobilen Wäschetrockner. Molly ist eine Ein-Frau-Firma für Feuerschutz mit entsprechendem Einsatz, und dank ihres aktiven Engagements für andere haben fast alle, die Molly kennt, einen sauberen, sicheren Trockner zur Verfügung.
32. **Bowle und Gläser.** Dieses Retro-Party-Set macht Spaß bei Partys, wird aber nur selten benutzt, sodass es sich ideal zum Entleihen und Verleihen eignet.
33. **Beleuchtung aller Art.** Die Lichterketten, die in einer Schachtel verstaut sind, sollten bei der sommerlichen

Hochzeit eines Nachbarn oder bei einer örtlichen Schulfete nicht fehlen. Funkelnde Lichter sind immer schön, und wir haben bemerkt, dass Lichterketten länger halten, wenn sie in Gebrauch sind. Wenn etwas hingegen monatelang gelagert wird, leidet die Verkabelung, auch wenn das Material vorsichtig zusammengerollt ist. Ebenso können zusätzliche Lampen, Taschenlampen, Sturmlaternen und Kerzen für allerlei Zwecke ausgeliehen werden, von Partys bis zu Stromausfällen.

34. **Tiertransportkäfige, Tierpflege- und -gesundheitsbedarf.** Tiertransportkäfige kann man leicht gemeinsam nutzen. Oder hält Sie noch ein wenig Scham zurück? Seien Sie nicht kleinlich, lassen Sie Bello von nebenan drinsitzen. Dasselbe gilt für Haarschneider und Nagelknipser, falls Sie diese besitzen. Kein Fell wächst so schnell, dass es jeden Tag nachgeschnitten werden müsste. Leihen Sie das Werkzeug dazu aus, wenn der Pudel wieder getrimmt werden muss.
35. **Tragbare Laufställchen, Korbwiegen und andere große Babyartikel.** Autositze (keine, die nicht mehr zugelassen sind), tragbare Laufgitter und Betten, Hochstühle und Spielekonsolen können auf Reisen sehr hilfreich sein, aber sie sind umständlich mitzunehmen. Wenn Sie eines davon haben, aus dem Ihr Baby herausgewachsen ist, machen Sie es zu einem Gemeinschaftsbesitz. Großeltern mit Enkelkindern zu Besuch würden es gerne für Familienbesuche ausleihen, und frischgebackene Eltern würden es gerne auch für längere Zeit übernehmen. Re-

beccas Töchter schliefen in einer tragbaren Holzwiege, auch »die Inselwiege« genannt, die mehrere Generationen von Inselbabys sicher beherbergte. Bevor die Wiege weitergereicht wurde, wurde auf ihren Boden der Name jedes Babys gemalt, was aus ihr ein Nachbarschaftserbstück machte, das die Bande zwischen den Menschen über die Zeiten hinweg stärkte.

36. **Aufblasbares Gästebett.** Auch so etwas kann man sehr gut verleihen, und Liesl hält eines für ihre Nachbarn zur Benutzung bereit. Auch wenn Sie Ihr Gästebett jeden November benutzen, wenn Ihr Bruder zu Besuch kommt, können Sie es dennoch für den Rest des Jahres ausleihen.
37. **Gesellschafts- und Partykleidung.** Ertragen Sie es nicht, sich von diesem speziellen Gesellschafts- oder Cocktailkleid zu trennen, auch wenn es nur Platz in Ihrem Schrank wegnimmt? Laden Sie Freunde zum »Shoppen« in Ihrem Kleiderschrank ein und leihen ein paar Ihrer Lieblingsstücke Ihren Freunden für deren Veranstaltungen aus.
38. **Stirnreifen und Schmuck.** Es gibt mehr Gelegenheiten, als man meinen könnte, bei denen ein Stirnreifen angebracht ist. Rebecca hat sie angefertigt, um damit ihren Lebensunterhalt zu verdienen; jetzt leiht sie sie an Freunde aller Geschlechter für deren eigenen festlichen Gebrauch aus. Sie haben keinen Stirnreifen? Vielleicht haben Sie dafür andere Schmuckstücke, die dem Leben einen Hauch von Glamour verleihen. Borgen Sie sie aus

und schauen zu, wie das Glück anderer Menschen immer größer wird.

39. **Fernrohr**. Vielleicht benutzen Sie es ein paarmal im Jahr. Lassen Sie auch andere es ausprobieren, wenn Sie es nicht brauchen.
40. **Megafone und Protestschilder**. Nützlich für vieles, aber für die meisten von uns kein alltäglicher Gegenstand. Wenn Sie dergleichen haben, machen Sie es bekannt und leihen es aus, um anderen zu helfen, damit sie ihre Stimme erheben und gehört werden. Rebecca sammelt seit einigen Jahren die besten Protestschilder, die nach vielen Protesten und Kundgebungen übrig blieben. Den Leuten macht es Spaß, sie nach ihren Favoriten zu durchforsten. Es bedeutet, dass man schnell für ein Stück Demokratie in Aktion bereit sein kann, ohne dass man vorher nach Plakatwand und Stiften suchen muss.
41. **Kostümzubehör für Erwachsene und Kinder**. Es gibt mehrere Kostümsets, die auf der Insel herumreisen, und unsere Freundin Kate hat dazu ihre faszinierenden selbstgemachten Kreationen beigesteuert. Wenn Sie einen Favoriten haben, von dem Sie sich nicht trennen können, leihen Sie ihn aus.
42. **Große Getränkekaraffen**. Rebeccas Mutter hat eine Reihe von schweren Getränkekaraffen aus Glas mit praktischen Zapfhähnen, und wenn Sie versprechen, sie sauber zurückzugeben, wird sie sie Ihnen für Ihre nächste Party überlassen. Vielleicht gibt sie Ihnen sogar ihr berühmtes Punschrezept mit.

43. **Klapptische und -stühle.** Sie sind sperrig zu lagern, aber praktisch für verschiedene Zwecke. Wenn Sie das Glück haben und über den Platz verfügen, stellen Sie sie anderen Leuten zur Verfügung, die den Platz dafür nicht haben.
44. **Aufklappbarer Baldachin.** Wenn Sie einen davon verleihen können, wird Ihre Großzügigkeit von gemeinnützigen Organisationen, Sportteams, Verkäufern, Hochzeitsgastgebern und anderen sehr geschätzt werden, die sich bei entsprechenden Gelegenheiten vor der Sonne oder dem Regen schützen wollen.
45. **Räder.** Leihen Sie Ihr Fahrrad aus, damit das Paar von gegenüber seine Besucher auf eine Fahrt mitnehmen kann, damit der Teenager vom Ende der Straße zur Arbeit oder zur Schule und wieder zurück fahren kann oder damit ein anderer Mensch die Magie des Fliegens auf zwei Rädern erleben kann. Wir beide haben uns Autos geliehen, als unsere eigenen kaputt waren, und wir haben dann unsere Wagen ausgeliehen, als sie funktionierten. Diese Art des Verleihens kann in Krisenzeiten lebensrettend sein.
46. **Ihr Fachwissen.** Teilen und verleihen Sie Ihre Talente. Finden Sie sich mit einfachen Steuer- und anderen Behördenformularen zurecht? Könnten Sie einem Neuankömmling in der Stadt helfen, mehr über die Ressourcen der Kommune, über Schulen und die besten Läden für seine täglichen Besorgungen zu erfahren? Oder wissen Sie, wie man Hühner oder Kinder aufzieht, wie man

kocht oder bäckt oder Websites erstellt? Wenn Sie wissen, wie man das macht und es Sie glücklich macht, dann geben Sie Ihr Wissen weiter.

47. **Ihr Muskelschmalz**. Bieten Sie Ihre Hilfe beim Reinigen von Dachrinnen, beim Schneeschaufeln, Reparieren von Haustüren, Hundeausführen und bei anderen Gelegenheiten an. Einfache Dienstleistungen werden in Ihrer Umgebung eine Kultur des aktiven Mitgefühls fördern.
48. **Ihre Gesellschaft**. Bieten Sie Ihre Begleitung bei Spaziergängen, für Gespräche und Kaffee, für Karten- und Brettspiele an. Beginnen Sie mit jemandem, dem Sie vertrauen und den Sie gerne besser kennenlernen möchten, vielleicht einen älteren Mitbürger am Ort oder jemanden, der bei der Arbeit immer allein zu Mittag isst. Auch introvertierte Menschen können dazu gebracht werden, auf diese Weise neue Verbindungen einzugehen.
49. **Raum**. Viele von uns haben sogenannte Dritte Orte. Dieser Begriff umschreibt Orte der Gemeinschaft, die einen Ausgleich zu Familie und Beruf bieten sollen, von Coffeeshops bis zu gemeinsam genutzten Büros und Sitzungsräumen. Das können wir auch auf unsere privaten Räume ausdehnen. Werden Sie kreativ und denken Sie darüber nach, wie Sie Ihren persönlichen Raum mit anderen teilen möchten. Rebeccas Eltern liehen einen Teil ihrer Auffahrt einer Familie, die in ein Wohnmobil gezogen war, nachdem sie ihr Zuhause verloren hatte. Liesl und ihr Mann boten einer Frau, die ihren Hund verloren und keinen Ort hatte, um ihn in der Nähe ihrer

Wohnung zu begraben, eine letzte Ruhestätte in ihren Wäldern an.

50. **Ihre öffentliche Präsenz.** Wir haben Menschen in lokalen Schenk-Ökonomien gesehen, die das immaterielle Geschenk ihrer Anwesenheit anbieten und auch darum bitten. Dazu gehören etwa die öffentliche Unterstützung bei Anhörungen zu Scheidungsfällen und Fällen von häuslicher Gewalt, Klassentreffen, Trauerfeiern und die Begleitung bei Hochzeiten oder Konzerten.

Wir laden Sie ein, zu teilen und zu leihen

Machen Sie eine Liste von Dingen, die Sie besitzen und die Sie an andere ausleihen könnten. Für viele Menschen kann das eine schwierige Übung sein und zudem eine, die uns veranlasst, unser Vertrauen in andere auf die Probe zu stellen, da Sie ja vielleicht befürchten, dass jemand Ihre Sachen kaputtmachen oder sich mit ihnen davonmachen könnte. Fangen Sie also an, etwas zu verleihen, an dem Sie nicht sonderlich hängen und was Sie zu Hause nicht *brauchen*; bieten Sie es den Menschen an, die Sie kennen. Wenn Sie somit direkt Vertrauen in die Tatsache gewinnen, dass die meisten Menschen vorsichtige und respektvolle Entleiher sind, können Sie einen Schritt weitergehen. Verleihen Sie an Freunde von Freunden und dann an Ihre erweiterte Gemeinschaft. Hier sind die Grundregeln, die wir Ihnen ans Herz legen, wenn Sie zum Verleiher und Entleiher werden:

Verleiher – Es liegt an Ihnen, die Regeln für Ihre eigenen Artikel festzulegen. Sie können entscheiden, wie lange und an wen Sie die Dinge ausleihen möchten, sowie weitere Regeln für die Benutzung festlegen (beispielsweise nur in Innenräumen, keine Häuser mit Haustieren und so weiter). Falls Sie sich aus irgendeinem Grund nicht wohl dabei fühlen etwas zu verleihen, dann sagen Sie es deutlich. Eine einfache Bemerkung wie »Ich möchte es derzeit nicht verleihen« genügt.

Entleiher – Befolgen Sie alle Anweisungen und Regeln, die von den Verleihern vorgegeben werden, und behandeln Sie die Dinge so, als wären sie Ihr Eigentum. Wenn Sie etwas zerbrechen oder verlieren, sagen Sie es, entschuldigen Sie sich und fragen Sie, wie Sie es wiedergutmachen können.

Und jetzt hinaus mit Ihnen, teilen Sie! Schließen Sie sich dem Diskussionsforum auf buynothinggeteverything.com an, um Ihre eigene Teilokratie zu entwickeln, in der Sie großzügig Ihre Sammlungen überschüssiger Dinge (beispielsweise Korken und wattierte Umschläge) teilen und eine Bibliothek der Dinge (wie Geschirr und Werkzeuge zur Hausreparatur) auf die Beine stellen, damit jeder sowohl verleihen als auch entleihen kann. Erstellen Sie eine Liste der Dinge, auf der die Entleiher neben den von ihnen ausgeliehenen Dingen einfach ihren Namen sowie Datum und Telefonnummer notieren. Lassen Sie die Nachbarn wissen, dass Sie gerne eine Bibliothek der Dinge organisieren würden. Und dann warten Sie ab, wohin Sie das führt!

Schritt 7: Dankbarkeit

Beths Buy-Nothing-Geschichte

»Ich bin dankbar für ›Buy Nothing‹, denn es hat meine Einstellung zu den Dingen vollkommen verändert. Ich bin Psychotherapeutin und arbeite oft mit Menschen zusammen, die nur wenig verdienen. Statt zu versuchen, Ressourcen für sie zu finden, die Geld kosten, bringe ich sie mit einer ›Buy Nothing‹-Gruppe zusammen, zeige ihnen, wie sie Dinge selbst machen und sich die Zutaten selbst besorgen können. Ich unterrichte auch junge Eltern über Sicherheitsthemen und kann dabei entsprechende Gegenstände mitführen, die ich von ›Buy Nothing‹ geschenkt bekommen habe. Ich hatte keine Ahnung, wie verschwenderisch ich früher war. Ich versuche wirklich sehr, nicht all das zu kaufen, worum ich auch bitten kann. Wenn es etwas Cooles gibt, das ich gerne haben möchte (wie einen KitchenAid-Mixer), frage ich einfach alle paar Monate nach und warte; ich muss ihn nicht auf der Stelle bekommen! Und natürlich gibt es auch noch die Beziehungen, die ich aufgebaut habe; daraus sind dauerhafte Freundschaften geworden.«

Beth Siltman Marshall, Tacoma

Außer dem Geben und Bitten ist auch der Ausdruck von Dankbarkeit ein wesentlicher Teil von »Buy Nothing«. Dankbarkeit gibt es im gesamten »Buy Nothing«-Projekt im Überfluss. Wir freuen uns über »Dank-Posts« von Mitgliedern, die dankbar sind für die neuen Spielzeuge, Kleider und Küchengeräte oder für andere wohlüberlegte Gegenstände und Dienstleistungen, die sie von ihren Nachbarn und neu gewonnenen Freunden erhalten haben. Ohne diese öffentlichen Dankesbezeugungen fände das Schenken in einem Vakuum statt – das Ausdrücken von Wertschätzung stellt dagegen sicher, dass sich alle gut fühlen und mit der Bewegung verbunden sind.

Dankbarkeit ist ein wichtiges Gefühl, das es zu kultivieren gilt. Mehrere Studien zeigen, dass das Danken Sie tatsächlich glücklicher machen kann. Der E-Mail-Newsletter der Harvard Medical School, *Healthbeat*, stellt fest: »Die Forschung zur Positiven Psychologie zeigt, inwiefern Dankbarkeit fest und dauerhaft mit größerer Freude verbunden ist. Dankbarkeit hilft den Menschen, positivere Emotionen zu verspüren, sich an guten Erfahrungen zu erfreuen, ihre Gesundheit zu verbessern, gegen Widrigkeiten anzukämpfen und starke Beziehungen aufzubauen.«[66] Da immer mehr Forschung über dieses natürliche Antidepressivum veröffentlicht wird, erfahren wir außerdem, dass das regelmäßige Ausdrücken von Dankbarkeit unsere Gehirne dazu anregen kann, mehr positive Gedanken zu speichern und negative abzuwehren – ein Geheimnis für ein längeres und belastbareres Leben. Tatsächlich weiß man, dass das Erstellen einer Dankbarkeitsliste (schreiben Sie auf, wofür Sie dankbar sind) den Serotoninspiegel erhöht; diese Substanz sorgt im Gehirn für Wohlbefinden und Glück. Diese Wohlfühl-Schwingungen haben unzählige Vorteile für uns, unter anderem einen besseren Schlaf, weniger Entzündungen und weniger Anzeichen von Depressionen. Sie helfen uns außerdem dabei, zufriedener mit unserem Leben im Allgemeinen zu sein.

Wir treten dafür ein, dass man Dankbarkeit gegenüber anderen Menschen noch intensiver ausdrückt. Öffentliche Dankbarkeitsbekundungen geben auch anderen Menschen einen Serotoninschub. Sie freuen sich mit. Und Dankbarkeit hilft Ihnen auch zu erkennen, dass Sie Teil von etwas sind, das viel größer ist als Sie, dass Ihr Glück auch an andere Menschen und unsere Verbundenheit mit ihnen geknüpft ist. In einer Schenk-Ökonomie ist Dankbarkeit gewissermaßen die klebrige, honigartige Süße, die die Menschen enger miteinander verbindet und die Teilnehmer ermutigt, am Austausch festzuhalten. Ohne Dankbarkeit haben wir das Gefühl, nur ein Teil unpersönlicher Transaktionen zu sein – in einer Welt zu leben, in der die Gebenden geben und die Nehmenden empfangen, aber niemand darüber spricht. Dankbarkeit ist ein Geschenk der Güte und der Freude, sie ist Herz und Seele der Schenk-Ökonomie. Sie stärkt die Bande der Gemeinschaft und der gegenseitigen Unterstützung.

Ohne Dankbarkeit und ohne jemanden, der sich die Zeit nimmt, sie auszudrücken, hätten wir nie die Geschichte des kleinen Mädchens in Massachusetts gehört. Sie schrieb ihrer Mutter eine Muttertagskarte und dankte ihr für die »Überraschungsspielzeuge«, die sie »aus den Häusern anderer Leute« erhält. Auch von der Dankbarkeit gegenüber der Frau in Tucker, Georgia, die Menschen einlädt, zum Muttertag in ihrem Garten Blumen zu pflücken, hätten wir nie erfahren. Dankbarkeit gibt uns einen Einblick in das Leben um uns herum, auch in das Leben der Frau, die ihre Dankbarkeit ausdrückte, als ihr Stiefvater sich ein paar Tage von seiner Wanderung auf dem Appalachian Trail freinahm, um sie zu besuchen. Daher bat sie darum, man möge ihr einen Mixer für ihn leihen. Sie bekam ihn, weil er »geradezu verrückt nach Smoothies« war. Dies sind die Geschichten, die uns zusammenbringen und uns verbinden – durch den gemeinsamen, aber einfachen Akt, mehr miteinander zu teilen.

Eine Schenk-Ökonomie ist ein Forum, in dem Menschen Dankbarkeit für die Veränderungen zum Ausdruck bringen können, die »Buy Nothing«, das Nichts-Kaufen, in ihrem Leben bewirkt hat. Und indem Sie über das Gute sprechen, das Sie selbst erreicht haben, inspirieren Sie sich selbst und auch andere dazu, mehr zu geben, zu bitten und zu teilen – anders ausgedrückt, das Gute zu vermehren. Wenn Menschen sehen, dass das kostenlose Geben, Empfangen und Teilen tatsächlich eine konkrete, sinnvolle Auswirkung auf andere Menschen haben kann, wollen sie daran teilnehmen. Schenk-Kulturen haben die Macht, Hoffnung wiederzuerwecken und Möglichkeiten aufscheinen zu lassen, solange wir uns nicht scheuen, nach dem zu fragen, was wir wirklich haben wollen. Wenn Sie Ihre Dankbarkeit für das äußern, was Sie materiell und immateriell erhalten haben, kann dies menschliche

Verbindungen aufwerten, was sich wiederum in zukünftige Geschenke und Leihgaben umsetzen kann. Das kann dann seinerseits lang gehegte Träume wahr werden lassen, für Sie wie für andere Menschen in Ihrer Gemeinschaft.

Das höchste Geschenk

Sylvias Geschichte ist mit Abstand unser Lieblingsbeispiel für ein Geschenk, das sich für ein Paar erfüllte, das einen Traum hatte. Trotz des Schmerzes, den sie verspürten, als sich ihr Traum zu einem Verlust entwickelte, verteilten Sylvia und ihre Frau weiterhin ihre Gaben. Dankbar posteten sie ihre wahre Geschichte an ihre Nachbarn (Namen und einige erkennbare Details in dieser Geschichte wurden geändert).

»Dies ist ein Dankes-Post, der dennoch nicht die richtigen Worte finden wird, um die Dankbarkeit auszudrücken, die meine Frau und ich empfinden. Also habt etwas Geduld mit mir. Vor einer Weile hat Lucy für eine Freundin eine Anfrage wegen Artikeln für Neugeborene gestellt. Wir haben, wie so viele von uns in unserer Gruppe, auf diese Bitte geantwortet.

Als Lucy die Sachen abholte, sprachen wir darüber, warum wir so viele Babyartikel, aber keine Kinder hatten. Wir sprachen über unsere dreizehn Fehlgeburten, über die Pflegekinder, die adoptiert werden sollten und denen wir auf diese Weise halfen, wieder ein Zuhause zu erhalten; wir erzählten von dem tiefen Schmerz und auch der Freude bei all dem. Als sie in meinem Vorgarten stand, sagte Lucy, sie könne sich vorstellen, dass die Eltern des kleinen Mädchens tatsächlich über eine Adoption nachdächten. Sie bot an, sie zu fragen, ob sie uns treffen wollten. Wir sagten natürlich ja.

Am Freitag kamen sie. Auf meiner Couch sitzend, machten sie das ultimative Geschenkangebot. Sie erfüllten die Bitte eines ganzen Lebens. Gestern Morgen um 8.21 Uhr sahen wir zu, wie unser Geschenk geboren wurde. Heute Abend brachten wir sie nach Hause.

Ich habe gesehen, dass andere Gruppen ganze Häuser voller Geschenke haben. Autos. Eine Tasse Zucker. Einen Rasenmäher zum Ausleihen (eine häufige Bitte von mir!). Ich habe gesehen, wie sich Beziehungen bildeten (meine erste Bitte überhaupt war die nach Freunden nach dem Umzug hierher). Ich habe das Schlimmste erlebt, was eine Gruppenmentalität bewirken kann. Ich habe auch die schönsten Ergebnisse gesehen, die eine Gemeinschaft erreichen kann. Ich habe den Leuten oft erzählt, wie das ›Buy Nothing‹-Projekt mein Leben so vielfach verändert hat. Ich hätte nie gedacht, dass dies dazugehören würde.

Heute Abend haben wir unserer neuen Tochter Sachen angezogen, die von einem Mitglied dieser Gruppe stammten. Wir wickelten sie in eine Decke, die ein anderer geschenkt hat, schnallten sie in einen Autositz, den vorher drei andere ›Buy Nothing‹-Familien benutzt haben, steckten sie in einen Kinderwagen, in dem zuvor fünf andere ›Buy Nothing‹-Kinder spazieren gefahren wurden. Wir fuhren nach Hause und legten sie zum Schlafen in ihr ›Buy Nothing‹-Körbchen. Alle Dinge in ihrem Schlafzimmer, einschließlich des kleinen Fernsehers und ihrer Kleidungsstücke in den Kommoden (und auch die Kommode selbst!) waren Geschenke von ›Buy Nothing‹. Sie hat eine ›Buy-Nothing-Tante‹ (die erste Person, die damals meine erste Anfrage nach Freunden beantwortete) und die ›Buy-Nothing-Tante‹ Lucy.

Dank des kleinen Projekts, das vor ein paar Jahren begann, besitzt sie vor allem aber die Kraft der Güte und der sie umgebenden Gemeinschaft. Die Dankbarkeit, die wir Lucy gegenüber empfinden, weil sie uns zusammengebracht hat, aber auch gegenüber dieser Gruppe, wird nur noch übertroffen von der schlichten Dankbarkeit, die wir für die Liebenswürdigkeit ihrer Familie empfinden.

Bitte begegnen Sie also all Ihren neuen Nachbarn mit Offenheit.«

Das Geschenk hier war kein Baby, es war die Verbindung, die eine Adoption ermöglichte – eine bedeutsame Verbindung, die durch Großzügigkeit und gemeinsame Erlebnisse zustande kam. Die tiefe Dankbarkeit, die Sylvia und ihre Familie für diese Verbindung empfinden, hatte einen tiefgreifenden Einfluss auf alle, die davon hörten, und sie machte neue Lust darauf, einander näherzukommen und persönlich Geschichten unter den Mitgliedern der Gruppe auszutauschen.

Eine Bemerkung von Rebecca, der ausleihenden »Bibliothekarin«

Meine persönliche Bibliothek von Dingen, die ziemlich viel Platz in meiner Garage, in Schränken und in Schubladen einnehmen, ist meine große Leidenschaft. Meine Kinder haben sich daran gewöhnt, Kisten mit Dingen auf die Veranda zu schleppen, um sie den Nachbarn zu leihen. Ich bin besonders von Mai bis September, während der Party-Abschluss-Hochzeitssaison, damit beschäftigt, Anfragen für Gläser, Servietten, Besteck und Partybedarf zu beantworten. Ab und zu spiele ich auch mit dem Gedanken, meine Kollektionen an andere Leute weiterzugeben, damit die sie aufbewahren, doch jedes Mal, wenn ich in Versuchung komme, als Leihbibliothekarin in Ruhestand zu gehen, scheint das Universum dies zu spüren. Unvermeidlich sagt mir dann jemand, wie sehr er es genossen hat, Gläser zu haben, mit denen er bei der Hochzeit der Tochter anstoßen konnte, oder Servietten für die Gemeindefreizeit. Meine Lieblingskommentare stammen von Kindern, deren Eltern seit nunmehr über fünf Jahren meine Stofffahnen für Geburtstagsfeiern ausleihen. Als ich sie das letzte Mal verliehen habe, meinte der Junge, der Geburtstag hatte: »Oh, danke! Ohne diese Fahnen wäre es keine richtige Party!« Diese echte, spontane Dankbarkeit war nichts Besonderes, und die Wimpel sind es auch nicht, aber der kurze Dank machte mich so glücklich, dass ich nach Hause kam und sofort ein paar neue Wimpel für die Sammlung herstellte. Eine grundsätzliche Dankbarkeit für die Verwendung einfacher Gegenstände kann eine tiefgreifende Wirkung haben.

Wir laden Sie ein, Dankbarkeit auszudrücken

Beginnen Sie ein Dankbarkeits-Tagebuch. Das kann jegliche Form haben: Nehmen Sie ein schönes altes oder geschenktes Notizbuch, notieren Sie Ihre Gedanken in einem Word-Dokument auf dem Computer oder nehmen Sie dazu Altpapier. Ganz gleich, wie es aussieht, dies ist Ihr Ort zum Nachdenken über die vielen Dinge, für die Sie dankbar sind.

Eine grundsätzliche Dankbarkeit für die Verwendung einfacher Gegenstände kann eine tiefgreifende Wirkung haben.

Erweisen Sie sich zunächst einmal selbst Wertschätzung: Nehmen Sie sich einen Moment Zeit, um darüber nachzudenken, welche Verhaltensweisen Sie seit der Lektüre dieses Buches verändert haben, und zollen Sie sich selbst Anerkennung dafür! Würdigung Ihrer Leistungen und Wertschätzung der von Ihnen geleisteten Arbeit sind eine großartige Form der Selbstfürsorge. Notieren Sie in Ihrem Dankbarkeits-Tagebuch nicht nur, wie Sie angefangen haben, sondern auch, wo Sie als Nächstes hinwollen. Setzen Sie sich ein paar einfache Ziele für das, was Sie als Nächstes nicht kaufen wollen. Seien Sie freundlich sich selbst gegenüber und finden Sie positive Worte, um die neue Offenbarung zu artikulieren, die Sie vielleicht haben – eine Alternative zum Kauf, die Sie in der Zukunft umsetzen wollen. Legen Sie diese Erkenntnis irgendwo ab, wo Sie sie wiederfinden, wenn Sie an die Tatsache erinnert werden möchten, dass die Eindämmung unseres Konsumverhaltens, das Mehr-Teilen und das Weniger-Kaufen, sich wirklich gut anfühlt. Einige dieser tieferen Einsichten mit Mitgliedern Ihrer Schenk-Ökonomie zu teilen kann auch innerlich sehr befreiend sein. Seien Sie dankbar für alles, was Sie haben – für Ihre Gemeinschaft, Ihr Zuhause, Ihr Essen. Je dankbarer Sie für die Dinge in Ihrem Besitz und für die Sie umgebenden Gaben sind, desto leichter ist es, dem Kauf von Dingen zu widerstehen, die man nicht wirklich braucht.

Nehmen Sie sich jetzt fünf Minuten Zeit und wählen Sie zwei Personen aus, denen Sie gerne danken möchten. Statten Sie Ihren Dank, wenn möglich, öffentlich ab. Wenn Sie ein Foto des Artikels oder der Dienstleistung haben, die man mit Ihnen geteilt hat, zeigen Sie es Ihrer Geber-Gruppe. Wenn nicht, posten Sie einfach eine Notiz oder senden Sie eine Gruppen-E-Mail, in der Sie beschreiben, was die beiden getan haben. Wenn Ihre Gruppe nicht online ist, schreiben Sie Ihren Dank auf ein Blatt Papier und legen Sie es in dem Raum ab, in dem Sie alle treffen, sodass jeder Ihren Dank sehen kann. Und vergessen Sie nicht, an Ihre Freunde und Angehörigen zu denken, einschließlich der vielen Geschenke, die sie in Ihr Leben bringen. Wir alle mögen es, wenn unsere Bemühungen um unsere Nächsten gewürdigt werden.

Wenn Sie jeden Tag vor dem Zubettgehen in Ihrem Tagebuch oder auch in Ihrem Kopf Ihre Dankbarkeit zum Ausdruck bringen, wird dies ganz gewaltige gesundheitliche Vorteile für Sie haben. Sie spüren beispielsweise weniger negative körperliche Symptome, empfinden ein gesteigertes Gefühl der Hoffnung und Energie, gewinnen eine positive Sicht auf Ihr Leben und eine allgemeine Zunahme an Entschlossenheit und Begeisterung. Wenn Studien bewiesen haben, dass Dankbarkeit gut für unser allgemeines Wohlergehen ist, warum machen wir das dann nicht zu unserer täglichen Praxis? Wir glauben, dass die Kombination von Dankbarkeit und vermehrtem Geben und Empfangen in unserem Leben ihren Teil dazu beitragen könnte, dass Sie länger leben. Eine Harvard-Studie über die Entwicklung von Erwachsenen hatte zum Ziel, etwa achthundert Menschen, denen es gut ging und die im Laufe ihres Lebens glücklich waren, von der Jugend bis ins hohe Alter zu studieren. Die Forscher wollten wissen, was uns glücklicher, gesünder und länger leben lässt. Und was haben sie herausgefunden? Von den sechs wichtigsten Dingen, die sie entdeckten, war der sechste Punkt Generativität, also die Fähigkeit zur Sorge, Fürsorge oder Care für Menschen einer anderen Generation. Generativität meint, sich hinzugeben, andere zu begleiten, anzuleiten, ihnen zu helfen, Gaben zu verschenken und einfach zurückzugeben. Werden Sie ein Mentor, ein Berater und Leiter für andere Teilnehmer bei »Buy Nothing«, in unserem Diskussionsforum auf buynothinggeteverything.com. Leiten Sie andere an auf dem Weg zum gesunden Teilen und zu Dankbarkeit. Auch so praktizieren Sie Generativität. Das ist gut für ein langes Leben und Ihr Glück.[67]

Nur der Anfang: Kaufen Sie nichts fürs Leben

Jetzt schließt sich der Kreis Ihrer »Buy Nothing«-Reise. Herzlichen Glückwunsch zur Bewältigung der siebenstufigen Herausforderung! Sie haben in kurzer Zeit so viel erreicht. Denken Sie an die neuen Freunde, die Sie gewonnen haben, an die natürlichen Ressourcen und das Geld, die Sie gespart haben, an den Platz, den Sie freigeräumt, und natürlich an die Sachen, die Sie nicht gekauft haben. Sie sind so weit gekommen, aber das ist erst der Anfang Ihrer »Buy Nothing«-Reise. Hier sind weitere Möglichkeiten, noch mehr zu teilen und das Projekt am Laufen zu halten.

Teilen Sie Ihre Erfahrungen

Haben Sie Ihre »Buy Nothing«-Herausforderung für sich behalten? Nun ist es Zeit, die Botschaft zu verbreiten. Je mehr Freunde und Familienmitglieder sich Ihnen anschließen, desto mehr Unterstützung werden Sie auf Ihrem weiteren Weg erhalten.

Es ist in Ordnung, wenn die Leute Sie mit hochgezogenen Augenbrauen anschauen, wenn Sie ihnen erzählen, dass Sie für einen Tag, eine Woche oder sogar einen Monat nichts kaufen, aber die meisten werden von Ihrer neuen Entschlossenheit fasziniert sein (wenn nicht insgeheim neidisch). Sprechen Sie darüber, erzählen Sie Ihrer Familie davon, bitten Sie sie darum, mit Ihnen an Bord zu gehen. Sagen Sie ihnen, warum es für Sie wichtig ist: Was ist Ihre persönliche Motivation, nichts zu kaufen? Wenn es darum geht, Geld zu sparen, sprechen Sie diesen Wunsch offen aus – das ist eine großartige Möglichkeit, um zögerliche Partner zu motivieren und alle an Bord zu holen. Oder wenn es Ihnen um die Schonung von Ressourcen geht – sprechen Sie mit Ihrer Familie darüber und über den Grund für Ihr Engagement. Wenn es Ihnen um das Empfangen toller Gratisgeschenke geht, ist auch das okay. Sagen Sie anderen Menschen, was Ihren Wandel motiviert hat, und sie werden Sie ein wenig besser verstehen und sich Ihrem Experiment anschließen wollen.

Wenn Sie das gemacht haben, laden Sie die anderen ein, sich Ihnen anzuschließen. Dann können sie selbst sehen, was wir allesamt gemeinsam vorhaben. Als wir unsere Reise des Nichts-Kaufens begannen, waren wir uns gegenseitig eine Stütze. Doch danach noch unsere Familien mit ins Boot zu holen trug dazu bei, dass wir motiviert und inspiriert blieben, und erleichterte es uns, an unseren neu gefundenen Gewohnheiten festzuhalten.

Fangen Sie immer wieder von Neuem an

Wir ermutigen jeden, die in diesem Buch beschriebenen sieben Schritte an sieben Tagen zu tun, und das können Sie immer wieder tun – unendlich lange. Wenn Sie wieder ins Kaufen verfallen sollten, fangen Sie einfach wieder mit Schritt eins an.

Wir haben diese Übungen als einen Prozess der Selbstentdeckung und Veränderung konzipiert, damit Sie sich durch ein System arbeiten können, das Sie vom gedankenlosen Kaufen abhalten und Ihnen stattdessen zu einer tiefen Selbsterkenntnis verhelfen soll. Und dann legen Sie – gestärkt – los. An diesem Punkt können Sie andere auffordern, sich Ihnen bei jedem Schritt anzuschließen, und dadurch alles nachhaltiger und leichter machen. Dann wird es leichter sein, nein zur »Verabredung zum Einkaufen« zu sagen und stattdessen einen Kaffee oder einen Spaziergang vorzuschlagen. Je mehr Sie diesen Lebensstil auf die Menschen um Sie herum einwirken lassen und ihnen dabei helfen zu erkennen, dass dies weder eine Modeerscheinung noch eine kurzfristige Masche ist, sondern eine Verpflichtung zur Veränderung unseres Verhaltens insgesamt, desto mehr werden sich die Menschen Ihnen anschließen wollen. So können wir die Welt verändern, indem wir einem Menschen nach dem anderen die vielen Freuden des Nichts-Kaufens nahebringen und dabei die tiefgreifenden Auswirkungen spüren, die dies auf uns und unseren Planeten haben kann.

Bringen Sie sich dazu, nichts mehr zu kaufen

Die Forschung sagt uns, dass die Menschen 30 Tage brauchen, um eine Gewohnheit wirklich zu ändern. Für diejenigen unter Ihnen, die das in dreißig Tage »Buy Nothing« verwandeln wollen: Bleiben Sie dran. In jedem unserer Schritte steckt eine ganze Menge, unabhängig davon, ob Sie einen Schritt pro Tag eine Woche lang ausführen oder es weiter ausdehnen. Der Schlüssel zum Erfolg wird darin liegen, eine Gruppe von Menschen zu finden, die bereit ist, mit Ihnen zu teilen, sodass Sie eine unmittelbare Unterstützergruppe und eine Schenk-Ökonomie haben, auf die Sie sich verlassen können. Drücken Sie dabei so oft wie möglich Ihre Dankbarkeit aus. Wir versprechen Ihnen, dass dies ansteckend sein wird.

In unserer allerersten lokalen Schenk-Ökonomie auf Bainbridge Island teilten die Mitglieder einander regelmäßig ihre Dankbarkeit und auch die Lektionen mit, die sie lernten. Die gesamte Gemeinschaft erfuhr davon, weil jeden Tag neue Mitglieder in die Gruppe kamen. Nur dreieinhalb Monate nach Gründung der Gruppe hat Jill Hendren die folgende Geschichte der Dankbarkeit veröffentlicht, die für viele andere steht:

»Freitagabend ist bei uns zu Hause normalerweise ein Filmabend. Es ist eine schöne Möglichkeit, am Ende der Woche abzuspannen, und meine Mädchen (im Alter von sieben und neun) freuen sich darauf. Der heutige Abend war allerdings etwas anders. Ich warf einen Blick auf ›Buy Nothing‹

und stieß dabei auf Alisons Post über ein sechsjähriges Pflegekind, das nur die Sachen besaß, die es auf dem Leibe trug, also auch keinen Mantel hatte. Statt einen typischen Filmabend zu verbringen, fragten wir uns, was diesem Mädchen von den Sachen wohl gefallen könnte, die wir haben …

Meine Töchter wählten sorgfältig ein paar Sachen aus, von denen sie dachten, sie könnten ihr gefallen. Nachdem wir alles zusammengestellt hatten, wollten wir sie Alison geben, aber wie alle Eltern wissen, ändern sich Pläne sehr häufig. Also lade ich die Mädchen und ihre Geschenke abends um acht Uhr ein und fahre los, damit sie ihre spezielle Lieferung machen können. Die Mädchen waren sehr aufgeregt, weil sie bald ihre neue Freundin kennenlernen sollten. Ich erklärte ihnen, dass sie vielleicht im Bett ist, aber wie es der Zufall will, war das nicht der Fall.

Wir gaben ihr all die neuen Sachen. Meine Töchter überreichten ihr eine warme Jacke, verschiedene Kleidungsstücke, Haarschmuck, eine neue Zahnbürste, einen Rucksack, ein paar Spielsachen. Sie lächelte voller Freude und rannte die Treppe hinauf. Ein paar Sekunden später kam sie mit einem Stofftier zurück. Es war Daisy Duck. Sie flüsterte ihrer Pflegemutter etwas ins Ohr. Diese sah mich an und meinte: ›Sie würde Ihnen das gerne schenken‹. Das kleine Mädchen beugte sich vor, um es mir zu geben, und umarmte mich mit aller Kraft. Ein paar Minuten darauf gingen die Mädchen zum Spielen weg. Später hat man mir gesagt, dass sie versuchte, den beiden Mädchen auch ihren letzten und einzigen Besitz zu schenken, ihren Bären.

Sie hatte nur die Kleider, die sie auf dem Leib trug, zwei Stofftiere, und eines davon hatte sie mir gegeben. Dies ist eine unbezahlbare Lektion über das Schenken ohne jegliche Erwartungen. Danke, Buy Nothing Bainbridge, dass ich eine neue Freundin habe. Sie heißt Edith, und sie hat mir mehr als nur eine Ente heute Abend geschenkt.«

»Buy Nothing«, das Nichts-Kaufen, soll eine ständige Entdeckungsreise sein, denn, seien wir ehrlich, Sie werden bis zu Ihrem letzten Lebenstag Dinge kaufen oder auch nicht. Jedes Mal, wenn Sie sich entscheiden nichts zu kaufen, anstatt etwas Neues zu erwerben, tun Sie einen Schritt in die richtige Richtung. Konzentrieren Sie sich auf diese Erfolge und nicht auf die Male, an denen Sie nicht bei »Buy Nothing« mitmachen können. Es ist eine lebenslange Reise.

Gewohnheiten lassen sich leichter durchbrechen, wenn Sie sie durch ein anderes Verhalten ersetzen können. Die Gewohnheit, dass Sie in ein Geschäft fahren, um dort die Dinge zu besorgen, die Sie sich wünschen, lässt sich leichter durchbrechen, wenn Sie stattdessen über eine Schenk-Ökonomie verfügen und Verhaltensweisen wie Geben, Bitten und Danke-Sagen beherrschen. Wir wissen sehr wohl, dass der Kauf von Dingen so tief in unserer Alltagskultur verwurzelt ist, dass es eine schwer zu durchbrechende Gewohnheit sein wird, vor allem in den ersten paar Wochen. Aber wenn Sie einen Monat lang nichts kaufen, und dann noch einen weiteren Monat, dann haben Sie den Drang, einkaufen gehen zu müssen, durch die Raffinesse und den Erfindungsreichtum des Teilens ersetzt. Je länger wir diese Ideen und unsere eigenen Schenk-Netzwerke einsetzen, um damit unseren automatischen Kaufimpuls zu ersetzen, desto leichter wird es und desto besser geht es uns allen.

Kaufen Sie mit Achtsamkeit

Noch eine Bemerkung zum Kauf, wenn Sie denn etwas kaufen. Inzwischen haben Sie wahrscheinlich Geld und sogar etwas Zeit gespart, weil Sie nichts gekauft und stattdessen etwas ausgeliehen, um etwas gebeten und etwas repariert haben, was Sie bereits besitzen. Wenn Sie also kaufen, kaufen Sie Gebrauchtes und kaufen es so oft wie möglich vor Ort, damit Sie Dinge von Mülldeponien fernhalten sowie Ihre Gemeinde und kleine, lokale Firmen unterstützen. Und kaufen Sie die beste Qualität, die Sie kriegen können. Der Schwerpunkt sollte auf Gegenständen liegen, die auf eine lange Lebensdauer ausgelegt sind, statt auf den vielen Dingen, die nur einmal gebraucht werden. Es stimmt, das mag vielleicht etwas mehr kosten, aber wenn Sie in langlebige Gegenstände investieren, die nicht so konzipiert sind, dass sie in einem Monat oder ein oder zwei Jahren kaputt sind, dann sparen Sie Geld und entlasten damit zudem unsere Mülldeponien. Es gibt unter unseren alltäglichen Produkten so viele Waren mit begrenzter Lebensdauer (Produkte, die nicht lange halten sollen, wie etwa bestimmte Computer und Mobiltelefone), dass es sich wirklich lohnt, nach den besten Artikeln zu suchen, die man kaufen kann. Damit legen Sie Ihr schwer verdientes

Geld in Dingen an, die Garantien oder sehr gute Bewertungen erhalten haben oder die leicht zu reparieren sind. Wenn Sie Artikel aus hochwertigen Materialien kaufen, halten sie zudem länger.

Wie Sie vielleicht schon wissen, kann das, was Sie kaufen, und die Art, wie Sie kaufen, ein politischer Akt sein. Wem möchten Sie Ihr Geld geben? Welche Firmen und Unternehmen schätzen und respektieren Sie? Seien Sie bei jedem Kauf aufmerksam, indem Sie die Firmen, die unser Geld nehmen, sorgfältig recherchieren, und entscheiden Sie dann, ob sie unsere Unterstützung verdienen. Sind sie bekannt für ihr umweltschädigendes Verhalten, haben sie sich dem fairen Handel verschrieben, gibt es ein Entsorgungskonzept für die von ihnen hergestellten Produkte? Haben sie sich verpflichtet, Gutes in der Welt zu bewirken? So haben zum Beispiel unsere beiden Familien ein Unternehmen gefunden, das recyceltes Toilettenpapier ohne Plastikverpackung, dafür mit sozialem Bewusstsein herstellt. Die Firma spendet 50 Prozent ihres Gewinns zum Bau von Toiletten auf der ganzen Welt, und wir sind sehr froh darüber, dass wir jeden Monat unser Geld für dieses spezielle Toilettenpapier ausgeben. Denken Sie daran, dass die Welt der Unternehmen auf den Verbrauchern beruht, sodass Sie als Verbraucher die Macht haben, mit Ihrer Brieftasche abzustimmen, und die Unternehmen dazu zwingen können, gesündere und nachhaltigere Praktiken auf den Markt zu bringen – mit jedem Kauf, den Sie tätigen.

Wenn Sie einkaufen, kaufen Sie dann eine Sache nur einmal ein? Das heißt: Geben Sie mehr Geld für eine Sache aus, die so gut gemacht und deren Herstellerfirma so verantwortungsbewusst ist, dass sie eine unbegrenzte Garantie für das Produkt gibt? Einige Hersteller geben solche Garantien. Andere Produkte, etwa eine klassische gusseiserne Pfanne, werden ewig halten, wenn Sie sie sorgfältig behandeln. Es gibt ein paar Gegenstände, wie die gusseiserne Bratpfanne, die wir schon seit Jahren tagtäglich in unseren Küchen benutzen. Für einige besondere Produkte haben wir möglicherweise mehr Geld beim Kauf investiert. Wir wissen aber, wenn sich ein Fehler bemerkbar macht, wird uns das Unternehmen dieses Produkt ersetzen und hoffentlich auch recyceln oder das kaputte Teil reparieren, sodass die Materialien nicht verschwendet werden. Wenn Sie tatsächlich Dinge, die Ihnen die tägliche Arbeit erleichtern, kaufen *müssen*, können eine gründliche Suche nach entsprechenden Angeboten und der Kauf der qualitätsvollsten Dinge sehr wohl Ihre Anfangsinvestition wert sein.

Vergessen Sie nicht, ein wichtiges Motto lautet: »Kaufen Sie zuerst zu Hause«. Es gibt keinen besseren Ort zum Einkaufen als Ihre eigenen Schränke und Abstellräume. Kaufen Sie für Ihre nächste Mahlzeit in Ihrem eigenen Kühlschrank und Ihrer eigenen Speisekammer ein. Das ist der billigste Lebensmittelladen der Stadt. Und anstatt sich auf den Weg ins Einkaufszentrum zu machen, um noch mehr Klamotten zu kaufen, schauen Sie nach, was Sie aus Ihrem eigenen Schrank und Ihren Schubladen zaubern können. Vielleicht überraschen Sie sich selbst.

Wenn Sie durch »Buy Nothing« Geld sparen, verdoppeln Sie Ihr Gut. Sie bauen an einem gesünderen und widerstandsfähigeren Planeten mit, an einer widerstandsfähigeren Gemeinschaft, und Sie können einen Teil Ihres Geldes dafür verwenden, in eine Welt zu investieren, in der Sie leben wollen, indem Sie die Menschen und ihre Ideen unterstützen.

Eine Zukunftsvision

Annas Buy-Nothing-Geschichte

»Ein Liebesbrief an meine Freunde von ›Buy Nothing‹. Jedes Mal, wenn ich losziehe, um einen geschenkten oder geliehenen Gegenstand abzuholen, mache ich einen Spaziergang. Auf diese Weise erkunde ich neue Straßen und nehme mir auch die Zeit, sie zu genießen. Jedes Mal stoße ich auf mir bisher unbekannte Wunder und fühle mich weniger fremd. Ich fühle mich verbundener mit der Vielfalt, weil ich Verbindungen eingehe, die ich vorher noch nicht hatte. Vielen Dank, liebe Gruppe – die Großzügigkeit und die Freude über das Schenken und/oder Benutzen von Dingen, die euch nicht wichtig sind, geben mir Hoffnung, dass wir innerlich einander immer näherkommen.«

Anna Debono, Queensland

Jüngste Forschungen haben gezeigt, dass Bäume in einem Wald durch ein besonderes Netzwerk von Verbindungen überleben, wobei jeder Organismus ein unterirdisches Netz von Pilzen anzapft, womit er Ressourcen auf andere Bäume überträgt.[68] Wenn wir uns selbst als Bäume in einem Wald betrachten, können wir ein ähnliches Netz von Verbindungen innerhalb unserer eigenen Gruppen schaffen, indem wir uns auf dieses Netzwerk stützen, um unsere Bedürfnisse zu befriedigen und uns gegenseitig zu helfen. Wenn Ihr örtliches Kollektiv stark ist, können Sie gemeinsam viel organisieren und erreichen.

Stellen Sie sich nun Ihre Gemeinschaft als einen einzelnen Baum in einem noch größeren Wald vor, in einem Wald von bereits vorhandenen Gemeinschaften, die Sie anzapfen können, einem größeren Netzwerk von Schenk-Ökonomien, die bereit und in der Lage sind, anderen zu helfen. Diese Netzwerke innerhalb von Netzwerken können ein mächtiges Werkzeug sein, das viel Gutes bewirken kann. Wenn Sie erst einmal gelernt haben, lokal zu geben, können Sie sich auch global vernetzen, um überraschende Dinge zu erreichen, und alles zum Wohle der Allgemeinheit. Dies ist unsere Vision für die Zukunft, davon, wie »Buy Nothing«, das Nichts-Kaufen, die Welt wirklich verbessern kann.

Schenk-Netzwerke als Hilfsorganisationen

Weniger als eine Woche nach einem Erdbeben der Stärke 7,8, das Nepal am 25. April 2015 heimsuchte, zeigte sich, dass in den Dörfern außerhalb der Hauptstadt Kathmandu wenig bis gar keine Hilfslieferungen ankamen. Die Benutzung der Straßen war gefährlich, und, was noch schlimmer war, die Lieferungen für die provisorischen Unterkünfte der jetzt mehr als zwei Millionen Obdachlosen waren nahezu zum Erliegen gekommen. In Kathmandu waren Zelte und Planen vollständig ausverkauft. Ausländische Regierungen und Hilfsorganisationen wurden auf dem einzigen internationalen Flughafen des Landes aufgehalten; ihre Hilfsgüter wurden vom nepalesischen Zoll beschlagnahmt, sodass die dringend benötigten Lebensmittel, Zelte, Planen, Decken und medizinischen Vorräte letztlich monatelang auf der Startbahn liegen blieben, behindert von einer verwirrenden Bürokratie.

Liesls Freunde in Nepal waren verzweifelt und schrieben dringende SMS mit der Bitte, Materialien an die notleidenden Menschen in den abgelegenen Dörfern zu schicken. Noch immer lagen Familienmitglieder unter Trümmern begraben. Lkw-Lieferungen von Hilfsorganisationen, die auf den wenigen passierbaren Straßen in die Dörfer unterwegs waren, wurden von Dorfbewohnern, die verzweifelt um Hilfe baten, zum Anhalten gezwungen. Es gab immer noch Zehntausende von Menschen, die alles verloren hatten und das Allernötigste brauchten, um überleben zu können: Nahrung, sauberes Wasser, Schlafsäcke und Unterkünfte.

Da beschlossen wir, etwas scheinbar Verrücktes zu tun – das riesige »Buy Nothing«-Netzwerk anzuzapfen, um Vorräte zu sammeln und sie dorthin zu bringen, wo sie gebraucht wurden. Die Idee war tollkühn und beinhaltete ein weltweites Netzwerk von Freiwilligen, dazu die Mithilfe einiger Fluggesellschaften und ein paar Posts in den sozialen Medien. Wir begannen in den Großstädten, die bereits über eine florierende örtliche Schenk-Ökonomie verfügten. Seattle war unser erster Test: Shelley Schwinn, Leiterin des »Buy Nothing«-Projekts, postete bei ungefähr fünfhundert Gruppen im Großraum Seattle und über Freunde, die das in Nepal angesiedelte und auf Wohltätigkeit ausgerichtete Bekleidungsunternehmen Sherpa Adventure Gear besitzen. Sehr bald konnten wir 22 Seesäcke sammeln, füllen und dann in einem privaten Versandcontainer versenden, den Sherpa Adventure Gear als Teil seiner regulären Bekleidungslieferung auf einen Flug nach Nepal schickte.

Kletterfreunde in Boulder, Colorado, baten in ihrem Bergsteiger-Netzwerk um Seesäcke, Zelte, Planen und medizinische Versorgung, was auch für Gruppen in San Francisco, Indiana, Ohio, Massachusetts, New Hampshire und Washington, D.C., galt. Wir haben dann durch unsere eigenen sozialen Netzwerke in allen größeren Städten verbreitet, dass wir nach jedem suchten, der nach Nepal reiste und bereit war, zusätzlich zu seinem Gepäck ein paar weitere Stücke mitzunehmen. Als einreisende Touristen konnten sie mit ihren persönlichen Taschen voller Zelte, Planen, Schlafsäcke und medizinischem Material direkt durch den Flughafen gelangen. Wir übernahmen die Airline-Seite der Gleichung, indem wir Petitionen für Übergepäck abfassten und von den Airlines tatsächlich entsprechende Befreiungen wegen humanitärer Hilfe erhielten. United Airlines und Etihad waren die Fluggesellschaften, die uns am meisten unterstützten und Hunderte von zusätzlichen Gepäckstücken in ihren Systemen durchwinkten, so wie sie auch auf die Bezahlung von Übergepäck bei in den Himalaya reisenden Ärzten, Krankenschwestern, Bergsteigern, Wissenschaftlern, Filmemachern und Freiwilligen verzichteten, die bei den Hilfsbemühungen mitwirkten. Unsere Freunde vor Ort in Kathmandu – nepalesische Bergsteiger, Kajakfahrer und Bergführer – konnten dann die Verteilung und Gesundheitsversorgung bis hin zu weit entfernten Dörfern durchführen.

Der United-Airlines-Pilot Matt Murray hat sich bereiterklärt, an seinen arbeitsfreien Tagen kostenlos als Passagier nach Nepal zu fliegen, wodurch er eigenhändig einhundert Seesäcke mit Zelten und Planen in das Land brachte. David Carter, ein Everest-Bergsteiger, nahm sich von der Arbeit in Indiana frei und flog mit zwei Freunden nach Nepal, um für uns hundert Solarladegeräte ins Land zu bringen. Diese Ladegeräte haben den Menschen in Rasuwa beim Wiederaufbau ihres Dorfes Langtang geholfen, das vollständig von einer durch das Erdbeben ausgelösten Lawine verschüttet worden war. Diese individuellen Geschichten des Gebens schildern umfassender, wie ein auf Gemeinschaft basierender Austausch und die Netzwerke der Schenk-Ökonomien die Menschen mobilisieren können, damit in Zeiten der Not etwas passiert.

Unsere Facebook-Gruppe hatte die Einsatzleitung übernommen; alle haben sich dort vernetzt, um jede Menge Stolpersteine zu umgehen. Irgendwie hatten wir es geschafft, geheime Tunnel zu bauen, um am helllichten Tage Seesäcke nach Nepal zu bringen. Am Ende konnte das Netzwerk innerhalb von zwei Monaten 240 Seesäcke, gefüllt mit mehr als siebenhundert Zelten und Planen für ganze Familien, einhundert Solar-Ladegeräte, Decken, medizinischem Material und Hunderten von Solarlampen, auf die Reise schicken. Das alles hat uns wenig bis nichts gekostet und sein Ziel noch vor dem Monsun erreicht. Diese Vorräte im Wert von mehr als 67 000 Dollar wurden von ganz gewöhnlichen Menschen gespendet, die das teilten, was sie auf ihren Dachböden, in ihren Garagen und ihren Lagerräumen hatten. Es funktionierte und zeigte uns, was möglich wäre, wenn wir jemals wieder mit einer solchen Katastrophe konfrontiert werden sollten.

Wir glauben, dass diese Art von weltweitem Netzwerk bei jeder Katastrophe viel bewirken kann und zudem ein gangbares alternatives Modell ist, das parallel zu den größeren Hilfsorganisationen vor Ort arbeiten könnte. »Buy Nothing« nutzt unseren angeborenen Wunsch zu helfen, und wenn eine Katastrophe geschieht, dann laufen wir mit unserer Geber-Natur zu Hochform auf. Wenn genug von uns die sieben Schritte tun, die wir in diesem Buch dargestellt haben, werden wir merken, dass wir eine mächtige lokale Ressource schaffen können und auch unsere Fähigkeit stärken, widerstandsfähiger und anpassungsfähiger gegenüber allem zu werden, was uns ereilen könnte, wie etwa Stromausfälle, Arbeitslosigkeit, Krankheit, Scheidung, Waldbrände und Wirbelstürme. Je verbundener wir einander sind, desto besser können wir das, was wir haben, teilen und Menschen in Krisenzeiten Hilfe leisten.

Wenn Sie in Ihrer Heimatstadt eine Geber-Gruppe haben, haben Sie die ersten Schritte zum Aufbau einer belastbaren

Gemeinschaft bereits getan. Sie sind dann nicht nur in der Lage, Einzelpersonen in Ihrer Heimatstadt zu helfen, sondern auch bereit, weiter entfernte Menschen zu unterstützen, die Sie vielleicht eines Tages brauchen.

Die Erde retten: Gleichzeitig geben, bitten und teilen

Wir wurden zum Start des »Buy Nothing«-Projekts inspiriert, nachdem wir persönlich die schrecklichen Auswirkungen gesehen hatten, die das Plastik auf unsere Umwelt hat. Wenn sich noch mehr von uns dazu entschließen, weniger zu kaufen, mehr zu teilen und nein zu Kunststoff zu sagen, können wir unsere Abhängigkeit von Plastik verringern und die verheerenden Umweltschäden aufhalten, die es verursacht. Unser ultimatives Ziel ist es ohnehin, dass Kunststoffe nicht weiter in unsere Ökosysteme eindringen. Das fängt bei uns als Verbrauchern an: Wenn wir uns weigern, Plastik zu kaufen, werden die Hersteller gezwungen, die Produktion einzustellen.

Jeder von uns kann sich dieser Bewegung anschließen und individuell ein dauerhaftes Zeichen setzen, indem Sie jeden Tag »nichts kaufen«. Jedes Mal, wenn wir einen gemeinsam genutzten oder gebrauchten Gegenstand statt eines neuen anschaffen, tun wir etwas gegen die Erschöpfung unserer natürlichen Ressourcen. Jedes Mal, wenn wir uns weigern, etwas Neues zu kaufen, vermeiden wir die Umweltverschmutzung, die mit dem weltweiten Transport per Schiff und Lkw verbunden ist, damit diese Dinge auf der ganzen Welt zu kaufen sind. Und jedes Mal, wenn wir unsere einstmals geliebten Dinge weggeben oder teilen, bewahren wir sie davor, Platz auf den immer größer werdenden Mülldeponien zu beanspruchen. Durch jeden kleinen Akt des Widerstands als Konsumenten können wir unsere eigenen sinnvollen Beiträge zur Eindämmung von Klimawandel und Umweltverschmutzung leisten.

Miteinander teilen in der realen Welt

Wir begannen »Buy Nothing« mit einer kostenlosen Social-Media-Plattform, um Verbindungen anzuregen, die die Menschen in der realen Welt zusammenbringen sollten. Unser Ziel ist es, uns alle zu inspirieren und uns allen die Möglichkeit zu geben, auf einfache Weise in unserem täglichen Leben miteinander zu teilen, indem wir unsere Geschenke und Anfragen online und offline veröffentlichen, wo auch immer wir sind.

Wir sind derzeit dabei, eine unabhängige Plattform, soop.app, aufzubauen, durch die eine globale Online-Schenk-Ökonomie geschaffen werden soll. Wir wollen auf diese Weise eine Plattform errichten, die dem öffentlichen Wohl und nicht dem Profit verpflichtet ist, die uns allen Zugang gewähren soll zu einem starken globalen Netzwerk von persönlichen Schenk-Ökonomien mit einer menschenzentrierten digitalen Architektur. Der Entwurf, an dem wir arbeiten, wird durch all das gestützt, was wir bei unserem »Buy Nothing«-Projekt gelernt haben. Dazu gehören auch die Untersuchungen, die zeigen, dass es eine Grenze für die Anzahl der Menschen gibt, mit denen wir stabile soziale Beziehungen und Verbindungen aufrechterhalten können. Dr. Robin Dunbar, emeritierter Professor für Evolutionspsychologie an der University of Oxford, hat festgestellt, dass 150 die magische, maximale Anzahl von Einzelpersonen ist, mit denen jeder von uns sinnvolle Beziehungen eingehen kann.[69]

Wir können ein derartiges Spenden auch außerhalb der sozialen Medien initiieren. Machen auch Sie diesen ersten Schritt und bitten Sie Ihre Freunde vor Ort, einmal pro Woche oder einmal im Monat zu einem gemeinsamen Treffen zu kommen. Fordern Sie Ihre Freunde auf, ihre Freunde ebenfalls mitzubringen und sich Ihnen anzuschließen, und so weiter. Sie können das bei Ihnen zu Hause tun, sich aber auch in öffentlichen Parks oder einem Gemeindezentrum treffen. Sie können sich für eine Viertelstunde, eine Stunde oder länger verabreden. Sie können wählen, ob Sie jede Woche bestimmte Gegenstände (Kleidung, Küchenutensilien) oder Lebensmittel mit anderen teilen oder eine Leihbibliothek der Dinge einrichten wollen.

Wenn die Gemeinschaften solche Schenk-Ökonomien in ihre Infrastruktur integrieren, könnte das Schenken zu einem Teil unserer alltäglichen Routine werden. Canberra, die Hauptstadt Australiens, hat sich selbst zur »Sharing City« erklärt und einen interaktiven Stadtplan entwickelt, auf dem die Standorte aller gemeinsamen Ressourcen und Aktivitäten der Stadt eingezeichnet sind, von Gemeinschaftsgärten und kleinen kostenlosen Bibliotheken bis zu »Buy Nothing«-Nachbarschaftsgruppen.[70] Dies ist ein gutes Modell für uns alle, das wir für unsere eigenen Städte übernehmen können.

Dieser Paradigmenwechsel durch »Buy Nothing« hat international zugenommen und sich schnell entwickelt, weil er ein tiefes Bedürfnis erfüllt, das in unserem kollektiven Bewusstsein bislang fehlt: die Notwendigkeit zu teilen, sich miteinander zu verbinden, zu bewahren und unsere Widerstandsfähigkeit durch Gemeinschaft zu stärken. Diese »Kreislaufwirtschaft«, eine Wirtschaft, die Abfall und Umweltverschmutzung beseitigen und gleichzeitig Materialien und Gegenstände in Gebrauch erhalten will, kann unsere ursprünglicheren Systeme, unsere Gemeinschaften, unsere Natur und unser Klima regenerieren und bewahren. Gemeinsam können wir etwas tun für die Umwelt, die Wirtschaft, für unsere eigenen Bankkonten, für unser Leben und das zukünftige Wohlergehen unserer Familien und Nachbarschaften.

Wir hoffen, dass dieses Buch ein Modell für Ihren Haushalt und Ihre Gemeinschaft liefert, das eine positive Veränderung unserer Häuser, Städte, Gemeinden und Länder zur Folge hat. Unser größter Wunsch ist, dass diese »Buy Nothing«-Denkweise sich positiv auf die Welt als Ganzes auswirkt. Angesichts der endlichen Ressourcen auf der Erde können wir auf unserem Weg in eine bessere Zukunft nicht endlos produzieren, konsumieren und Mülldeponien füllen, aber wir können den Weg dorthin gemeinsam gehen. Gemeinsam können wir den Verlauf unserer Zukunft ändern – wir haben bereits damit begonnen.

Danksagung

Zuallererst möchten wir den Millionen von Menschen auf der ganzen Welt, einschließlich aller Menschen in Samdzong, (Upper) Mustang, Nepal, dafür danken, dass sie bei örtlichen Schenk-Ökonomien mitwirken, eigene »Buy Nothing«-Aktionen durchführen und auf kluge Art mit Materialien umgehen, um Ressourcen zu teilen und füreinander und für unseren Planeten zu sorgen. Diese Vielfalt individueller Aktionen summiert sich zu einer kollektiven positiven Wirkung und zu einem Systemwandel. Wir sind allen zutiefst dankbar, die uns auf diesem Weg begegnet sind, mit denen wir nun gemeinsam gehen, und wir danken allen, die noch mitmachen werden.

Das »Buy Nothing«-Projekt würde sich nur auf eine Gruppe auf einer kleinen Insel beschränken, wenn es nicht die Hingabe und Leidenschaft unseres Gründerteams gäbe: Shelley Schwinn, unsere Lieblingskrake; Crescent Moegling, unser Lieblings-Kartierungs-Meister, der auch bei der Recherche und Veröffentlichung dieses Buches geholfen hat; John Brownlow, der die schwierigen Fragen stellt und dann da ist, um zu helfen und die professionell besten Mittel zu produzieren, die man jederzeit für ein Projekt brauchen kann; alle aus den ursprünglichen »Buy Nothing«-Gruppen in Bainbridge, die bereitwillig als Versuchskaninchen für den Belastungstest einer jeden neuen Idee fungieren; das gesamte globale »Buy Nothing«-Projektteam, einschließlich Cheryl Baker, Jennifer Rockenbaugh, Eileen Edwards, Michelle Edwards, Alexa Carey, Ann Gerrietts, Rachel Anderson, Antoinette Sankar, Daria Kelsey, Katherine Parsons, Marlene Schulz, Kristina M. Ione, Emma Jag, Kate Watkins, Laura Norris, Robynn Coulter, Kym Ianetta, Francine Levesque, Adrienne O'Reilly-Angus, Rora Melendy, Lissa Jagodnik und Lillian Lu; alle Freiwilligen in den Regionalteams und den örtlichen Verwaltungen – unsere geliebten »Vollies«, wie unsere Freunde in Australien sie nennen und was wir übernommen haben – und alle Gruppenmitglieder, überall auf der Welt. Wir sind auch allen dankbar, die ihre Geschichten und Sichtweisen für dieses Buch beigetragen haben.

Liesl möchte ihrer Mutter Gretel dafür danken, dass sie ihr lebenslanges Vorbild gewesen ist, angefangen beim Feminismus über die Gartenarbeit bis hin zur Liebe für die freie Natur und die Bienenzucht. Gretels Pionierarbeit beim ersten wöchentlichen Straßenrand-Kompostierungsprogramm östlich von Michigan hat Liesl dazu inspiriert, selbst innerhalb ihrer eigenen Gemeinde aktiv zu werden. Der Optimismus von Liesls Papa hat ihr die Zuversicht eingeflößt, dass absolut alles im Leben möglich ist – auch dort, wo vorher noch kein Mensch gewesen ist. Ihren Kindern, Finn und Cleo, dankt sie aus ganzem Herzen dafür, dass sie eine Kindheit voller Forscherdrang und Experimentierfreudigkeit verbracht haben, die anders war als die anderer Kinder. Omas und die meisten Mütter sagen bekanntlich: »Du wirst mir später nochmal danken.« Dank auch an Liesls Ehemann, Pete Athans; nichts könnte ihre tiefe Liebe, Bewunderung und Dankbarkeit für seine Großzügigkeit und beeindruckende Energie in Worte fassen, mit der er sich ständig um alle Menschen in seiner Umgebung kümmert. Liesls besonderer Dank geht auch an ihre Geschwister Bryn, Heidi und Joc sowie an deren unglaublich unterstützende Ehepartner und Kinder für die Freude und Leidenschaft, das Lachen, das Mitwirken, die Experimente und Mühen, das Mitgefühl und die Abenteuer, die von einer lebenslangen Liebe zur Familie getragen werden. Dank auch an Ang Temba und Yangin Sherpa, Liesls Seelenverwandte in der Familie, »*thujeche*« für die Lebensweisheiten, die Ihr uns vermittelt habt. Wir vermissen euch jeden Tag und wünschen uns, wir könnten in derselben liebevollen Gemeinschaft enger miteinander zusammenleben.

Rebecca möchte sich besonders bei ihrer Mutter bedanken, Anita Frankel Rockefeller, und bei ihrem Vater, Phil Rockefeller, deren unermüdliches Engagement für die Öffentlichkeit, für Feminismus sowie Umwelt und soziale Gerechtigkeit ihr einen klaren und überzeugenden Weg für ihr eigenes Leben geliefert haben. Der Dank für gelebte Vorbilder, Gespräche, Geschichten, Begleitung, Bildung, Essen, für gemeinsame Tassen Tee, tolle Ideen und Hilfe bei aushäusigen Notfällen und existenziellen Krisen geht an alle, die ihr ein Leben als berufstätige Alleinerziehende möglich und sinnvoll machen, dazu gehören Inge Frankel, ז״ל; Nat Frankel, ז״ל; Aileen Frankel; Nancy Zises; Barry Frankel; Melissa Rockefeller; Minh, Peter und Lilou Pham; Airyka Rockefeller; Larry Weiner; Jillian Worth; Kasper Luna; Nina Runstein Minney; Liza Pascal; Ayan Rivera; Jenn Gallucci; Mino und Lexia Christante; Michele Lang; der gesamte Hexenzirkel vom Lake Gazzam; Naomi Spinak; Zann Jacobrown; Julie Rosenblatt; Kay McGowan und das gesamte IWC-Team; Deb Buitenveld; Jenny Mayfield; Maria Knighton; M'Rissa C; alle bei ITA; Understanding; Strong and Magic Israel; Lori Levari; Jamie Rudman Kloosterman; Jill Franklin; Melinda Gordon Blum; Sheri Lynn; und alle JBs. Ihre tiefste Dankbarkeit und ihr Respekt gehen an Ava und Mira, weil sie so viele Gedanken, Kraft, Geduld und Humor für die gemeinsame Arbeit zur Verbesserung der Welt einsetzen.

Ein herzlicher Dank gilt unserer Literaturagentin, Neeti Madan von Sterling Lord Literistic, die vor zwei Jahren mit der Vision an uns herantrat, dass aus unserer Arbeit ein Buch resultieren könnte, das wir schreiben sollten. Danke, dass du an uns geglaubt und uns den Weg durch die innere Welt des Büchermachens gezeigt hast. Auch wurden wir sehr inspiriert durch die Beratung unserer Lektorin, Sarah Pelz von Atria/Simon & Schuster, die unsere Darstellung auf sanfte, klare und unterstützende Weise prägte. Wir wussten, du warst die perfekte Redakteurin für uns, als du uns sagtest, du seist Mitglied in deiner eigenen örtlichen »Buy Nothing«-Gruppe. Wir sind auch immer dankbar für die Behind-the-Scenes-Beiträge, die Melanie Iglesias Perez bei Atria und das gesamte

Atria-Team beisteuerten. Angelina Krahn hat uns durch ihre redaktionelle Bearbeitung auf Trab gehalten, und zwar bis zum letzten Wort. Dank auch an Jason Chappell für seine Beratung während des Redaktionsprozesses. Und an Brooke Budner: Chapeau für deine schönen Illustrationen!

Anhang

Überdenken Sie Ihren Müll

Wir nehmen das Motto »Müll wird zu Schätzen« wörtlich – lachen Sie nicht. Oder wussten Sie, dass Ihr Müll Ihnen viel über Sie selbst und Ihre Kaufgewohnheiten erzählt? Wenn Sie weniger verbrauchen, verschwenden Sie weniger. Und ein Inventar Ihres Abfalls zu erstellen, wird Ihnen helfen, besser einzuschätzen, wie Sie Ihren Abfall reduzieren oder ihn an jemanden weitergeben können, der kreativ damit umgeht. Dies ist nicht nur ökologisch gesünder, sondern Sie sparen auch das Geld für Ihre wöchentliche Müllabfuhr beziehungsweise Zeit, weil Sie weniger häufig Müll wegbringen müssen.

Es ist einfach und bequem, nicht zu viel darüber nachzudenken, was mit Ihrem Abfall passiert, nachdem er weggebracht wurde, aber *weg* meint typischerweise eine Mülldeponie oder eine Müllverbrennungsanlage. Wir haben unseren eigenen Familienmüll so weit reduziert, dass wir aus der wöchentlichen Müll- und Gartenabfall-Abfuhr ausgestiegen sind, die für eine Familie in Seattle mindestens 247 Dollar pro

Jahr kostet.[71] Wir brauchen drei bis vier Monate, um unsere 120-Liter-Tonne zu füllen. Wirklich! Wenn sie voll ist, bringen wir sie zur örtlichen Sammelstation. Unsere Gesamtkosten für die Entsorgung von Müll betragen zehn Dollar pro Mülleimer. Das bedeutet eine jährliche Einsparung von fast 200 Dollar. Nicht schlecht.

Der große Vorteil der Erfassung Ihres Mülls besteht darin, dass dies ganz offenkundige Abfallströme sichtbar macht, die Sie möglicherweise mit anderen teilen können (der Müll der einen Frau ist der Schatz der anderen). Sie können die Sachen recyclen oder anderweitig wiederverwenden. Vielleicht finden Sie in Ihrem Müll sogar Dinge, die Ihnen dabei helfen, nichts zu kaufen.

Einige Menschen sind verständlicherweise etwas zimperlich, wenn es darum geht, mit Müll in Berührung zu kommen. Aber was macht Müll denn eklig, nachdem man ihn einmal weggeworfen hat? Er war ja noch nicht eklig, als Sie ihn in der Hand hielten, bevor Sie ihn in den Mülleimer warfen. Wenn Sie den organischen Abfall aus Ihrem Müll entfernen (und ihn stattdessen kompostieren, siehe Seite 348), dann sollte Ihr Abfall nur noch aus Trockenware bestehen, die genauso sauber ist wie sie war, als Sie sie in den Mülleimer geworfen haben. Wenn Sie etwas Scharfes wegwerfen wie Glasscherben oder Nadeln, legen Sie es in einen Behälter, damit sich niemand an den scharfen Objekten verletzt.

Okay, nachdem das gesagt ist, lassen Sie uns anfangen. Holen Sie den Mülleimer hervor und fischen heraus, was drinnen ist. Dort finden Sie, wonach Sie suchen:

Wiederverwertbares

Gehen Sie online und finden Sie heraus, was in den Mülleimer gehört. Schlagen Sie die Abfallentsorgungsanlage Ihrer Stadt oder Gemeinde nach, indem Sie »[Name Ihrer Stadt] + Recycling« eingeben. Machen Sie eine Kopie der Liste und machen Sie sich dann damit vertraut. Kleben Sie sie auf Ihren Mülleimer, wenn das hilft. (Wir tun es tatsächlich, weil sie sich regelmäßig ändert.) Welche Arten von Kunststoffen können recycelt werden? Normalerweise wird man Ihnen genau sagen, welche Dinge angenommen werden. Auch wenn es verlockend ist, jeden Plastikgegenstand einzuwerfen, ist es dennoch wichtig, die Liste genau zu befolgen; Artikel, die nicht hineingehören, kontaminieren eine ganze Charge und lassen alles auf der Mülldeponie landen. Welche anderen Wertstoffe können in Ihre kommunale Recyclingtonne gebracht werden? Papier? Glas? Aluminiumdosen? Milchkartons? Holen Sie alle diese Gegenstände aus Ihrem Mülleimer hervor und bringen Sie sie zum Recycling. Was bleibt dann noch übrig? Kunststoffe, die Sie nicht recyceln können? Könnten Sie sich vorstellen, diesen Artikel gar nicht erst zu kaufen oder eine Alternative anzuschaffen, die ohne das nicht wiederverwertbare Plastik auskommt? Oder können Sie diesen Plastikartikel aufbewahren und jemanden finden, der ihn benutzen könnte, zum Beispiel Kunstlehrer, Wiederverwerter oder Konservenhersteller? Unser lokales Recyclingsystem akzeptiert keine Tetrapaks (Kartons für beispielsweise Säfte und Suppen, die aus mehreren Schichten Pappe, Kunststoff und Aluminium bestehen), doch es gibt eine ganze Reihe von Tetrapak-Produkten, ohne die wir nur schwer leben können. Wir sammeln unsere leeren Tetrapaks und geben sie einer Freundin, die sie im nahegelegenen Seattle dem Recycling zuführt. Das ist immerhin eine provisorische Lösung. Styropor-Fleischschalen werden von unseren Kunsteinrichtungen am Ort gerne angenommen (mehr dazu auf Seite 273).

Papier

Was das Recycling von Papier betrifft, nehmen die Recycler in der Regel das gesamte Papier, nicht nur Zeitungen und Druckerpapier. Pappkartons müssen meist davon getrennt, zerlegt und auf den Bordstein gestellt werden. Nehmen Sie auch Kartonagen wie Müslischachteln in Ihr Papierrecycling auf, es sei denn, Sie kennen ein Kunststudio, das sie haben möchte. Es gibt noch weiteres Papier, etwa Ihre Toilettenpapierrollen und die Pappschachteln für Batterien, Glühbirnen und anderes.

Geben Sie *alles* Papier in Ihr Recycling, auch wenn das heißt, dass Sie neben Ihrem Mülleimer stehen und an Dingen herumreißen, um die Kunststoffanteile vom Papier zu trennen. Es kann körperlich etwas anstrengend werden, aber es fühlt sich gut an, auch weil es eine Sache weniger ist, für die man bezahlt, um sie wegwerfen zu können, eine Sache weniger, mit der man die Mülldeponie füllt, und dafür eine Sache mehr, die Sie dem Papierrecycling zuführen.

Was noch besser ist: Verringern Sie die Papierflut. Eine Möglichkeit dazu besteht darin, das Ausmaß an Post zu reduzieren, die Sie erhalten. In Deutschland können sich Verbraucher zum Beispiel in die sogenannte Robinsonliste eintragen, um unerwünschte Werbung zu blockieren. Die Unternehmen anzurufen, die Ihnen Post schicken, oder ihnen zu schreiben ist ebenfalls immer eine Option, die Unternehmen wissen zu lassen, dass Sie deren Papierabfall nicht vor Ihrer Haustür haben wollen.

Müllologie

Überraschenderweise nimmt Papier immer noch den Löwenanteil auf unseren Abfalldeponien ein. Als Archäologen, die sich selbst »Müllologen« nannten, in den 1990er Jahren mit den ersten richtigen »Ausgrabungen« auf Mülldeponien anfingen, machten sie eine bemerkenswerte Entdeckung. Sie waren davon ausgegangen, dass Kunststoffe volumenmäßig zu den größten Übeltätern auf unseren Abfalldeponien gehörten. Aber überraschenderweise war das nicht der Fall. Die Hersteller hatten mit Erfolg die Plastikflaschen und -tüten dünner gemacht, sodass sie nicht so viel Platz einnahmen wie einige andere übliche Haushaltsmaterialien. Vielmehr war es das Papier, das den größten Raum einnahm. Diese Offenbarung hat den Wissenschaftlern die Augen geöffnet, denn sie hatten angenommen, dass das Papier sich zersetzen würde, da es aus organischem Material besteht. Das tat es aber nicht.

Der verstorbene Dr. William Rathje, leitender Wissenschaftler des Müllprojekts, stellte fest, dass Papier, etwa zehn Meter tief in einer Deponie vergraben, noch vollkommen intakt war, weil es tief im Müll verborgen und somit von Licht, Wasser oder Luft abgeschlossen war, die es hätten abbauen können. Die Wissenschaftler fanden heraus, dass Papier fast 50 Prozent des Platzes in unseren Mülldeponien beanspruchte.[72] Heute nimmt es noch etwa 25 Prozent ein, ist aber immer noch das umfangreichste Material dort.[73] Sicherlich können wir diese Zahl weiter verringern, indem wir es recyceln, auch wenn das bedeutet, dass wir es aus den thermogeformten Blister-Plastikverpackungen unserer Zahnbürsten und Hot-Wheels-Spielzeuge herausreißen und entfernen.

Polyethylen

Polyethylen ist nichts anderes als eine schicke Bezeichnung für das Material, das für Kunststoffbeutel oder Folie verwendet wird. Die meisten Supermärkte nehmen Ihr sauberes und trockenes Polyethylen zurück, deshalb sollten Sie es von Ihrer Mülldeponie fernhalten. Dazu gehören Produktbeutel, Zeitungstüten, Reißverschlussbeutel zur Aufbewahrung von Lebensmitteln (waschen Sie sie aus; sehen Sie auf Seite 98 nach, wie Sie Ihren eigenen Beuteltrockner herstellen können), Produktverpackung für Papiertücher und Toilettenpapier, Verpackung für elektronische Geräte, Innenbeutel von

Müslischachteln, Brotbeutel und Tüten für die chemische Reinigung. Sie werden überrascht sein, wie viel von Ihrem Abfall aus Polyethylen besteht.

Ihr Deponieabfall sollte danach eigentlich ziemlich ausgedünnt sein.

Lebensmittel und organisches Material

Lebensmittelabfälle sind, gemessen am Gewicht, der größte jährliche Beitrag auf den Mülldeponien.[74] Unternehmen der Abfallwirtschaft verbrauchen daher eine große Menge an fossilem Brennstoff, um Ihre Lebensmittelabfälle auf die Deponie zu bringen, wo sie verrotten und Methan in die Atmosphäre abgeben. Und dennoch wissen wir, dass es eine Ressource ist, die jemand in Ihrer Nähe wirklich gut gebrauchen könnte. Wenn Sie keinen Komposteimer oder Wurmkasten haben, keine Hühner oder einen Hund, dann heben Sie die Essensreste in einem Eimer auf und verschenken sie in Ihrer örtlichen Schenk-Ökonomie. Rebecca hat ihre Komposttonne bei sich zu Hause aufgegeben (wegen der sehr hartnäckigen Wildratten). Doch das Meerschweinchen ihrer Tochter frisst fast alles, was ihre Hühner nicht mögen. Seien Sie also nicht schüchtern und erzählen es einfach weiter, dass Sie alle paar Tage Lebensmittel- und Gemüseabfälle haben, die sich zur Kompostierung oder zur Fütterung von Hühnern, Kaninchen, Meerschweinchen und ähnlichen Tieren eignen, und Sie werden Abnehmer finden. Je mehr Reste die Halter an ihre Tiere verfüttern, desto weniger Lebensmittel müssen sie im Laden kaufen. Und sobald Sie das Essen aus Ihrem Müll entfernen, werden Sie eine deutliche Verringerung Ihrer täglichen Abfallmenge feststellen (und Ihr Müll wird auch viel besser riechen!). Wenn Ihnen das extrem vorkommt, schauen Sie bei Ihrem kommunalen Abfallservice nach. Viele Städte bieten jetzt die Kompostabholung neben dem Recycling und den Deponieabfällen. Und Sie können jederzeit Ihre eigene Komposttonne anlegen, die Ihren Abfall in »schwarzes Gold« für Zimmerpflanzen, Kräuter auf Fensterbänken und Dachgärten verwandelt.

Möglicherweise gibt es noch mehr, was sich in Ihrem Mülleimer befindet und das Sie in den Kompostbehälter werfen könnten. Sie werden überrascht sein, was wir in unsere Komposteimer geben. Hier ist eine kurze Liste, die wir im Laufe der Jahre zusammengestellt haben.

Was wir kompostieren: Tierhaare, Körbe, Weinreste am Glasboden, Zuckerpäckchen, geschreddertes Papier, Asche vom Kamin und der Feuerstelle, Papieraufkleber, Butterbrotpapier (es zerfällt wirklich), Wachspapier (eignet sich auch hervorragend als Feueranzünder), Baumwollschnur, Bindedraht, Luftballons (nur die aus Latex), Maisstärkeverpackungen für Erdnüsse, zerdrückte Eierschalen (Würmer lieben sie), Wattestäbchen (solche mit Papierstäben, nicht aus Kunststoff), Nussschalen (sie zerfallen, können aber auch als Feueranzünder verwendet werden), Obstkerne (jedes Jahr wachsen bei uns Pfirsichbäume), Schafwolle (wir haben viel zum Basteln), Kombucha-Ansatz (Hühner lieben ihn, er kann aber auch in den Kompost gelangen), halbverbrannte Streichhölzer, alte Samen mit ihren Verpackungen (wir können einiges an Gratis-Gemüse in der nächsten Saison erwarten), Bleistiftspäne vom Anspitzer, Dauerlutscher-Stäbchen aus Papier, Bonbonverpackungen aus wachsbeschichtetem Papier, Kreppband, Pergamentpapier, alte Duftsträußchen, altes Backsoda, ungiftige Spielknete, Latex-Gummibänder, Maisspelzen und Maiskolben, Papiertücher und Papiertaschentücher, kunststofffreie Teebeutel und Papierverpackungen, Papierschnipsel, alte Kräuter und Gewürze, ganze Fische (sie kommen weit nach unten in den Haufen) und Avocadokerne. (Würmer lieben die sich zersetzenden Avocadokerne und legen ihre Eier darin ab, eine regelrechte Wurmkinderstube.)

Bei uns machen die Abfälle aus Gemüseresten mindestens zwei Drittel unseres gesamten Mülls aus. Und alles wird verbraucht. Denken Sie daran: Wenn Sie ein großes Glas in Ihrem Kühl- oder Gefrierschrank aufbewahren, wo Sie Ihre Gemüsereste, wie Zwiebel- und Knoblauchschalen, aufbewahren, ist das die perfekte Grundlage für Gemüsebrühe. Sie werden nie wieder Gemüsebrühe kaufen müssen.

Was bleibt also in Ihrem Mülleimer? Nicht so viel, oder? Wenn wir uns wieder mit unserer Wertstoffliste vertraut machen und alle Plastiktüten aus unserem Müll entfernen und zudem darüber nachdenken, was kompostiert oder an die Tiere verfüttert werden kann, bleiben nur noch ein paar wenige Dinge übrig … und natürlich haben wir dafür einen »Buy Nothing«-Plan. Haben Sie Nachsicht mit uns – es gibt eine Methode hinter diesem Wahnsinn. Wir bewahren die folgenden Dinge auf, sodass sie an speziellen Orten recycelt oder an jemanden verschenkt werden können, der sie braucht:

- **Metallgegenstände, Batterien und Elektroschrott** (Stecker, Kabel, defekte Festplatten): Diese können an speziellen Orten recycelt werden. In unserer Heimatstadt können wir diese Gegenstände zu unserer Wertstoff-Sammelstation bringen, wo es Behälter dafür gibt. Einige Städte und Gemeinden haben sogar spezielle Abgabetage für diese Art von Abfall. Suchen Sie online nach diesen Recycling-Informationen, indem Sie den Namen Ihrer Stadt eingeben, »Recycling-Informationen über …«, und die Bezeichnung der Dinge, die Sie entsorgen möchten.
- **Tetrapaks:** Wir bewahren sie in den Mülleimern unserer Freunde für die Entsorgung in Seattle auf, da wir sie zu Hause nicht recyceln können.
- **Weinkorken, Flaschenverschlüsse aus Metall, gepolsterte Versandtaschen, Luftpolsterfolie, Textilien, Styropor-Fleischschalen:** Wenn Sie diese gewöhnlichen Abfallgegenstände zu Hause nicht wiederverwenden, bieten Sie sie jemand anderem an. Sie können für Versand, Kunst und Unterrichtsprojekte verwendet werden.

Denken Sie kreativ, wenn Sie das nächste Mal etwas wegwerfen wollen – bieten Sie es stattdessen in Ihrem Geber-Netzwerk an. Man weiß nie, wer es brauchen könnte! Wenn wir uns darauf einlassen können, einen Dialog darüber zu führen, was in unserem Abfall ist, wie wir es schaffen, weniger wegzuwerfen, uns nicht dafür zu schämen und noch mehr zu teilen, dann wissen wir, dass wir dazu beitragen können, den Kohlenstoffausstoß zu reduzieren, unseren Konsum zu überdenken und die kreative Wiederverwendung auf der ganzen Welt anzufeuern.

Anmerkungen

Warum es besser ist, nichts zu kaufen

1 »What Are Microplastics?«, Ocean Facts, National Oceanic and Atmospheric Administration, updated 25. Juni 2018, oceanservice.noaa.gov/facts/microplastics.html.

2 When Plastic Outnumbers Plankton: Insights into the Great Pacific Garbage Patch, U.S. Mission to ASEAN, abgefragt 12. Mai 2017, https://asean.usmission.gov/innovasean 20150615/.

3 »Marine Debris Is Everyone's Problem,« poster, Woods Hole Sea Grant, https://www.whoi.edu/fileserver.do?id= 107364&pt= 2&p= 88817.

4 US Environmental Protection Agency, *State of the Science White Paper: Effects of Plastics Pollution on Aquatic Life and Aquatic-Dependent Wildlife*, Dezember 2016, https://www.epa.gov/sites/production/files/2017-02/documents/tfw-trash free waters plastics-aquatic-life-report-2016-12.pdf.

5 World Economic Forum, *The New Plastics Economy: Rethinking the Future of Plastics*, Januar 2016, www3.weforum .org / docs /WEF The New Plastics_Economy.pdf.

6 Fabiano Barretto, »Citizen Science Summit on Plastics Pollution in the Salish Sea,« Global Garbage, 30. März 2010, http://www.globalgarbage.org/blog/index.php/2010/03/30/citizen-science-summit-on-plastics-pollution-in-the-salish-sea/.

7 North Sea Foundation, Marine Conservation Society, Seas at Risk, and Plastic Soup Foundation, *Micro Plastics in Personal*

Care Products, Positions-Paper, August 2012, www.mcsuk.org/downloads/pollution/positionpaper-microplastics-august2012.pdf; Plastic Soup Foundation, »Beat the Microbead,« updated 20. August 2019.

8 Simon Reddy, »Plastic Pollution Affects Sea Life Throughout the Ocean,« Pew Charitable Trusts, 24. September 2018, https://www.pewtrusts.org/en/research-and-analysis/articles/2018/09/24/plastic-pollution-affects-sea-life-throughout-the-ocean.

9 »Facts and Figures on Marine Pollution,« Unesco, abgefragt 27. September 2019, http:// www.unesco.org/new/en/natural-sciences/ioc-oceans/focus-areas/rio-20-ocean/blueprint-for-the-future-we-want/marine-pollution/facts-and-figures-on-marine-pollution/.

10 »Toxicological Threats of Plastic,« EPA, abgefragt 19. Juni 2017, www.epa.gov/trash-free-waters /toxicological-threats-plastic.

11 Madeleine Smith, David C. Love, Chelsea M. Rochman und Roni A. Neff, »Microplastics in Seafood and the Implications for Human Health,« *Current Environmental Health Reports* 5, Nr. 3 (2018), S. 375–86, doi:10.1007/s40572-018-0206-z.

12 Sarah Knapton, »Plastic Weighing Equivalent of One Billion Elephants Has Been Made since 1950s and Most Is Now Landfill,« *Telegraph*, 19. Juli 2017, www.telegraph.co.uk/science/2017/07/19/plastic-weighing-equivalent-one-billion-elephants-has-made-since/.

13 Diana Ivanova, Konstantin Stadler, Kjartan Steen-Olsen, Richard Wood, Gibran Vita, Arnold Tukker und Edgar G. Hertwich, »Environmental Impact Assessment of Household Consumption,« *Journal of Industrial Ecology* 20, Nr. 3 (2016): doi: 10.1111 / jiec.12371.

14 »CO2 Emissions (Metric Tons Per Capita),« World Bank, https://data.worldbank.org/indicator/EN.ATM.CO2E.PC.

15 »Greenhouse Gas Equivalencies Calculator,« EPA, updated Dezember 2018, www.epa.gov/energy/greenhouse-gas-equivalencies-calculator.

16 »Summary for Policymakers of IPCC Special Report on Global Warming of 1.5°C Approved by Governments,« Intergovernmental Panel on Climate Change, 8. Oktober 2018, www.ipcc.

ch/2018/10/08/summary-for-policymakers-of-ipcc-special-report-on-global-warming-of-1-5c-approved-by-governments/.

17 Christian Jarrett, »The Psychology of Stuff and Things,« *Psychologist* 26, Nr. 8 (August 2013), S. 560–4, thepsychologist.bps.org.uk/volume-26/edition-8/psychology-stuff-and-things.

18 Alana Semuels, »We Are All Accumulating Mountains of Things,« *Atlantic*, 21. August 2018, https://www.theatlantic.com/technology/archive/2018/08/online-shopping-and-accumulation-of-junk /567985/.

19 Jeanne E. Arnold, *Life at Home in the Twenty-First Century: 32 Families Open Their Doors*, (Los Angeles: Cotsen Institute of Archaeology Press, 2017).

20 *A Cluttered Life: Middle-Class Abundance*, episode 1, »Stuff,« UCTV video, 6:33, gepostet 23. Dezember 2013, www.uctv.tv /shows /Stuff-A-Cluttered-Life-Middle-Class-Abundance-Ep-1-24699.

21 »Object Ethnography Project,« Max Liboiron, abgefragt Dezember 2018, https://maxliboiron.com/2013/08/07/object-ethnography-project/.

22 »A Conversation with Tim Kasser,« *The True Cost* (blog), abgefragt 7. Januar 2016, https://truecostmovie.com/tim-kasser-interview/index.html.

Schritt 1: Geben

23 Choongwon Jeong, Andrew T. Ozga, David B. Witonsky, Helena Malmstrom, Hanna Edlund, Courtney A. Hofman, Richard W. Hagan, Mattias Jakobsson, Cecil M. Lewis, Mark S. Aldenderfer, Anna Di Rienzo und Christina Warinner, »Long-Term Genetic Stability and a High-Altitude East Asian Origin for the Peoples of the High Valleys of the Himalayan Arc,« *PNAS* 113, Nr. 27 (2016), S. 7485–90, doi:10.1073/pnas.1520844113.

24 Marie Kondo, *Magic Claning: Wie richtiges Aufräumen Ihr Leben verändert* (Reinbek, Rowohlt-Verlag 2013).

25 Margareta Magnusson, *Frau Magnussons Kunst, die letzten Dinge des Lebens zu ordnen* (Frankfurt, Fischer-Verlag 2018).

26 Genevieve Vaughan, (Hg.), *Women and the Gift Economy: A Radically Different Worldview Is Possible* (Toronto: Inanna Publications and Education, 2007).
27 Mitch Lipka, »Are Women More Generous Than Men?« *Money*, 1. Dezember 2015, money.com/money/4130729/women-more-generous-than-men/.
28 »Study: Poor Are More Charitable Than the Wealthy,« *All Things Considered*, NPR, 8. August 2010, www.npr.org/templates/story/story.php?storyId= 129068241.
29 Tanya Misseghers, »Buy Nothing Group Connects Local Residents,« *Winnipeg Free Press*, 11. März 2019, www.winnipegfreepress.com/our-communities/lance/correspondent/Buy-Nothing-group-connects-local-residents-506997071.html.

Schritt 2: Bitten

30 Charles Eisenstein, »The Longing for Belonging,« *HuffPost*, updated 19. August 2016, www .huffpost .com /entry /indigeneity-and-belonging b 8011302.
31 Charles Eisenstein, *Ökonomie der Verbundenheit. Wie das Geld die Welt an den Abgrund führte – und sie dennoch jetzt retten kann. (Scorpio-Verlag, München 2013)*.
32 Linda Babcock und Sara Laschever, *Women Don't Ask: The High Cost of Avoiding Negotiation – and Positive Strategies for Change* (Princeton, NJ: Princeton University Press, 2013).
33 Eisenstein, *Ökonomie der Verbundenheit.*
34 Alexandre Tanzi, »U.S. Credit Card Debt Closed 2018 at a Record $870 Billion,« *Bloomberg*, 5. März 2019, www.bloomberg.com/news/articles/2019-03-05/u-s-credit-card-debt-closed-2018-at-a-record-870-billion.
35 Elisa Jaffe, »Strangers Come Together to Organize Couple's Dream Wedding,« KOMONews, 19. November 2014, https://komonews.com/news/local/strangers-come-together-to-organize-couples-dream-wedding.
36 Scott Greenstone, »Buy Nothing Project: Free Clothes, Toys, Food – Even a Wedding,« *Seattle Times*, updated 29. September

2017, www.seattletimes.com/business/local-business/buy-nothing-project-free-clothes-toys-food-even-a-wedding/.

Schritt 3: Wiederverwenden und Ablehnen

37 »Recycling Means Business,« Institute for Local Self-Reliance, 1. Februar 2002, https://ilsr.org/recycling-means-business/.
38 »Textiles: Material-Specific Data,« EPA, abgefragt 7. Mai 2019, https://www.epa.gov/facts-and-figures-about-materials-waste-and-recycling/textiles-material-specific-data.
39 »FAQ's,« US Food Waste Challenge, Office of the Chief Economist, USDA, https://www.usda.gov/oce/foodwaste/faqs.htm.
40 J. Rovensky et al., »Eggshell Calcium in the Prevention and Treatment of Osteoporosis,« *International Journal of Pharmacological Research*, 23 Nr. 2–3 (2003), S. 83–92, https://www.ncbi.nlm.nih.gov/pubmed/15018022.
41 Vanesa Benitez, Esperanza Molla, Maria A. Martin-Cabrejas, Yolanda Aguilera, Francisco J. Lopez-Andreu, Katherine Cools, Leon A. Terry und Rosa M. Esteban, »Characterization of Industrial Onion Wastes (Allium cepa L.): Dietary Fibre and Bioactive Compounds,« *Plant Foods for Human Nutrition* 66, Nr. 1 (2011), S. 48–57, doi: 10.1007/s11130-011-0212-x.
42 Mark Bittman, »Simplest Roast Chicken Recipe,« Cooking, *New York Times*, 8. September 2011, https://cooking.nytimes.com/recipes/1015812-simplest-roast-chicken.
43 Katherine Martinko, »How to Avoid Using Paper Towels,« TreeHugger, 8. Januar 2018, www.treehugger.com/cleaning-organizing/how-avoid-using-paper-towels.html.
44 Ocean Conservancy and International Coastal Cleanup, *Building a Clean Swell: 2018 Report* (Washington, DC: Ocean Conservancy, 2018), oceancon servancy.org/wp-content/uploads/2018/07/Building-A-Clean-Swell.pdf.
45 »Fact Sheet: Single Use Plastics,« Earth Day Network, 29. März 2018, www.earthday.org/2018/03/29/fact-sheet-single-use-plastics/.
46 P. Wesley Schultz and Steven R. Stein, »Executive Summary: Litter in America – 2009 National Litter Research Findings and

Recommendations,« Keep America Beautiful, 2009, https://www.kab.org/sites/default/files/News%26Info_Research LitterinAmerica ExecutiveSummary Final.pdf.

47 »EWG's Bottled Water Scorecard, 2011: How Much Do We Drink?« Environmental Working Group, 25. Januar 2012, www.ewg.org/research/ewg-bottled-water-scorecard-2011/how-much-do-we-drink.

48 Katie Langin, »Millions of Americans Drink Potentially Unsafe Tap Water. How Does Your County Stack Up?« *Science*, 12. Februar 2018, https://www.sciencemag.org/news/2018/02/millions-americans-drink-potentially-unsafe-tap-water-how-does-your-county-stack.

49 Deborah Blum, »A Threat to Male Fertility,« *Well* (blog), *New York Times*, 21. März 2014, well.blogs.nytimes.com/2014/03/21/a-threat-to-male-fertility/.

50 Tim Harford, »How Plastic Became a Victim of Its Own Success,« BBC News, 25. September 2017, www.bbc.com/news/business-41188462.

51 Lauren Levy, »The Best Reusable Straw Is Made of Silicone and Burns Into Biodegradable Ash,« The Strategist, *New York* magazine, 12. Juli 2018, http://nymag.com/strategist/article/best-reusable-straws.html.

52 C. Stevenson, »Plastic Debris in the California Marine Ecosystem: A Summary of Current Research, Solution Strategies and Data Gaps,« University of Southern California Sea Grant, Synthetic Report, California Ocean Science Trust (Oakland: University of Southern California Sea Grant, 2011).

53 Susan Freinkel, *Plastic: A Toxic Love Story* (New York: Houghton Mifflin Harcourt, 2011).

54 Mark Anthony Browne, Phillip Crump, Stewart J. Niven, Emma Teuten, Andrew Tonkin, Tamara Galloway, and Richard Thompson, »Accumulation of Microplastic on Shorelines Worldwide: Sources and Sinks,« *Environmental Science & Technology* 45, Nr. 21 (2011), S. 9175–79, doi: 10.1021/es201811s.

55 Kara Lavender Law, »Plastics in the Marine Environment,« *Annual Review of Marine Science* 9, Nr. 1 (2017), S. 205–29, doi:10.1146/annurev-marine-010816-060409.

Schritt 4: Nachdenken

56 Alana Semuels, »›We Are All Accumulating Mountains of Things,‹« *Atlantic*, 21. August 2018, www.theatlantic.com/technology/archive/2018/08/online-shopping-and-accumulation-of-junk /567985/.

57 Hattie Crisell, »Do You Spend £ 1042 on Clothes Each Year? New Research Reveals the Average Brit's Shopping Habits,« *Telegraph*, 23. März 2017, www.telegraph.co.uk/fashion/news/do-spend-1042-clothes-year-new-research-reveals-average-brits/.

Schritt 5: Machen und Reparieren

58 Isabel V. Sawhill and Christopher Pulliam, »Six Facts About Wealth in the United States,« *Brookings*, 25. Juni 2019, https://www.brookings.edu/blog/up-front /2019/06/25/six-facts-about-wealth-in-the-united-states/.

59 Jeff Weiner, »What's Your Dream Job?,« survey results, SurveyMonkey, www.surveymonkey.com/mp/jeff-weiner-survey-results/.

60 Pagan Kennedy, »How to Get High on Soil,« *Atlantic*, 31. Januar 2012, www.theatlantic.com/health/archive/2012/01/how-to-get-high-on-soil/251935/; C. A. Lowry, J. H. Hollis, A. de Vries, B. Pan, L. R. Brunet, J. R. F. Hunt, J. F. R. Paton, E. van Kampen, D. M. Knight, A. K. Evans, G. A. W. Rook und S. L. Lightman, »Identification of an Immune-Responsive Mesolimbocortical Serotonergic System: Potential Role in Regulation of Emotional Behavior,« *Neuroscience* 146, Nr. 2 (2007), S. 756–72, doi:10.1016/j.neuroscience.2007.01.067.

61 Janet Raloff, »BPA Found Beached and at Sea,« *Science News*, updated 23. September 2013, www.sciencenews.org/blog/science-public/bpa-found-beached-and-sea.

62 Britta Fangström, Anna Strid, Philippe Grandjean, Pal Weihe und Ake Bergman, »A Retrospective Study of PBDEs and PCBs in Human Milk from the Faroe Islands,« *Environmental Health* 4, Nr. 1 (2005): doi:10.1186 /1476-069x-4-12.

63 Jennifer Grayson, »Flowers May Be Nice for Mom, but They're Terrible for Mother Earth,« *Washington Post*, 7. Mai 2015, www.washingtonpost.com/opinions/flowers-may-be-nice-for-mom-but-theyre-terrible-for-mother-earth/2015/05/07/fb69f9f4-f4d5-11e4-b2f3-af5479e6bbdd story.html.

Schritt 6: Teilen, Verleihen und Entleihen

64 Lisa Deaderick, »Building a Community, Ocean Beach-Style,« *San Diego Union-Tribune*, 14. Januar 2017, www.sandiegouniontribune.com/lifestyle/people /sd-me-one-mcateer-20170112-story.html.

65 Isaac Olson, »›It Is Actually Free‹: Montreal Man Gives Away Heaps of Farm-Fresh Veggies Every Week,« CBC News, 21. Oktober 2018, www.cbc.ca/news/canada/montreal/montreal-man-offers-free-vegetables-to-create-sharing-culture-1.4868236.

Schritt 7: Dankbarkeit

66 »Giving Thanks Can Make You Happier,« *Healthbeat*, Harvard Health Publishing, Harvard Medical School, www.health.harvard.edu/healthbeat/giving-thanks-can-make-you-happier.

67 George E. Vaillant, *Aging Well: Surprising Guideposts to a Happier Life from the Landmark Harvard Study of Adult Development* (New York: Little, Brown, 2003).

Eine Zukunftsvision

68 Monika A. Gorzelak, Amanda K. Asay, Brian J. Pickles und Suzanne W. Simard, »Inter-Plant Communication through Mycorrhizal Networks Mediates Complex Adaptive Behaviour in Plant Communities,« *AoB PLANTS* 7 (2015): plv050, https://doi.org/10.1093/aobpla/plv050.

69 Maria Konnikova, »The Limits of Friendship,« *New Yorker*, 20. Juni 2017, www.newyorker.com/science/maria-konnikova/social-media-affect-math-dunbar-number-friendships.

70 Blake Foden, »›A Beautiful Concept‹: Canberra's Shared Resources Mapped Out,« *Canberra Times*, 21. Oktober 2018, www.canberratimes.com.au/story/6001541/a-beautiful-concept-canberras-shared-resources-mapped-out/.

Anhang

71 »Factbox: What America's Largest Cities Charge for Residential Garbage Pick-Up,« Reuters, 21. September 2015, https://www.reuters.com/article/us-usa-chicago-garbage-factbox/factbox-what-americas-largest-cities-charge-for-residential-garbage-pick-up-idUSKCN0RM00K20150922.

72 Lauren Ina, »American Journal,« *Washington Post*, 6. Juli 1990, www.washingtonpost.com/archive/politics/1990/07/06/american-journal /00098586-7ec8-4dcf-be76-d4970b8ef91c/.

73 »Paper and Paperboard: Material-Specific Data,« EPA, abgerufen 6. August 2019, www.epa.gov/facts-and-figures-about-materials-waste-and-recycling /paper-and-paperboard-material-specific-data.

74 »FAQ's,« USDA.

Register

Abfall 342
Abfall-Fußabdruck 33
Abfallhierarchie 125
Abfallströme 342
Ablehnen 146-186
Achtsamkeit 322 ff.
Angst 43
Askese 215
Autonomie 96, 102

Batterien 350
Bedürfnisse 44 f., 106
– Selbstreflexion und 205
Bekleidungsindustrie 131
Besitz 38, 40, 202
Bisphenol A (BPA) 233 f.
Bitte 122
– Hilfe und 121
– Verwundbarkeit und 123
Bitten 99, 101, 114, 120, 201
– Macht und 100

Dankbarkeit 212, 306-315
Dankbarkeits-Tagebuch 313
DDT 31
Depression 43

Eigentum 37 f.
Einweg-Plastikartikel 168 f.
Elektroschrott 350
Entleiher 304

Flaschenverschlüsse (Metall) 350
Frauen 81 f.
– Bedürfnisse der 99 f.

Gabe 71, 81 f., 87, 90 f., 98 f.
– Gegengabe und 47
– Geldwert und 112
Geben 53 f., 69
– anonymes 69
– gutes 93
– Kultur des 66, 114
– Lebensstil und 67
– Magie des 76
Geld 97, 113, 116
– Geschenke und 112
Gemeinschaft 41, 43, 45, 52, 56, 256, 315
– Geldwirtschaft und 98
– nachhaltige 256
– soziales Kapital und 58
– Widerstandsfähigkeit der 335

Generativität 315
Geschenk 77, 88
– Gemeinschaft und 81
– Wert und 113
Gewohnheiten 45, 321
Großzügigkeit 24, 82 f., 197, 254

Infrastruktur, soziale 85
Isolation 42
– Marktwirtschaft und 97

Kapitalismus 42, 63
Kaufen, Reiz des 193 ff.
Kaufgewohnheiten 49
Kauf-Hierarchie 125, 188
Kaufsucht 44
Kintsugi 216
Kleidertausch 191
Kleidung 74 f., 190 ff.
Klimawandel 126, 333
Kohlendioxidemission 35
Kohlenstoff-Fußabdruck 35
Kolonialisierung 42
Konsum 34, 36, 210
– Alternativen zum 18
– übertriebener 40, 68
Konsumterror 47
Konsumverhalten 14, 314
Korken 272 f.
Kreditkartenschulden 102
Kreislaufwirtschaft 335
Kunststoff 28 f., 32, 332
Kunststoffgranulat 13

Lebensmittel 139-145
– Grundnahrungsmittel 143
Lebensmittelabfälle 347-351
Lebensstil, nachhaltiger 43
Leihbibliothek 252, 255
Luftpolsterfolie 350

Machen 213-250
Maker-Kultur 211
Marktwirtschaft 63
– Mangel und 98
Metallgegenstände 350
Mikroplastik 27 ff., 31, 174 f.
– Photodegradation und 28
Minimalismus 215
Mitgefühl, Grenzen des 82
Mutter-Ökonomie 80

Nachhaltigkeit 256
Nahrungsmittel, Verschwendung von 139
Netzwerk, soziales 60, 64
Neuanschaffung 134
Nichts-Kaufen 15, 18, 22 f., 43, 47, 327
– als Entdeckungsreise 321
– Ausnahmen 50 f.
– Bitten und 78
– Freuden des 318
– Kaufsucht und 44
Nillionär 47
Null-Abfall-Shopping 34

Ökonomie 79, 209
– bargeldlose 56
– kooperative 59
Online-Gewohnheiten 193
Online-Infrastruktur 85
Online-Second-Hand-Markt 188
Online-Shopping 134

Papier 344 f.
PCB 31
Plastik 27, 29 f., 32 f., 39, 44, 164
– Abhängigkeit von 332
Plastikabfall 31
Plastik-Verschmutzung 15
Polyethylen 346 f.
PVC 160

Recycling 125, 286
Reduzieren 125, 286
Reichtum 41, 210
Reparieren 216 ff., 249

Sammelleidenschaft 198
Schenken 68, 108
– Wiederverwenden und 257
Schenk-Gruppe 21, 114
Schenk-Kultur 81, 85
– indigene 42
Schenk-Netzwerk 106
Schenk-Ökonomie 14 f., 19, 22, 37, 56, 87, 100, 194
– Beziehungen und 97
– Dankbarkeit und 307 f., 319
– Geldwirtschaft und 113
– gesunde 113
– Infrastruktur und 334
– Marktwirtschaft und 198
– örtliche 109
– Regeln der 112
– sozialer Status und 59
– Wiederverwenden und 135
Schenk-Ökonomie-App 86
Schenk-Ökonomie-Gruppe 83
Schritte, sieben 49 f.
Selbstentdeckung 318
Selbstfürsorge 313
Sharing Economy 16
Sharing-Netzwerk 199
Social Media 36
Spenden 334
Spontankauf 143
Status, sozialer 41, 65
Stoffwimpel, selbstgemachte 178 ff.
Styropor-Fleischschalen 350

Tauschmethoden 259-269
– Abenteuer ausdenken 265
– auf Nahrungssuche 262
– Bibliothek der Dinge 263
– Büchertausch 268
– Community-Reparateur 267 f.
– Essensclub 260 f.
– Fix-it-/-Reparatur-Treff 264
– freier Markt 266 f.
– Garten-Tauschgruppe 261 f.
– Gärtnern 268
– Gemeinschafts-Box 264
– Kleidertausch-Aktion 260
– Know-how-Bibliothek 265
– kostenlose Bibliothek 262 f.
– Round Robin 191, 261
– Schulbeginn-Initiative 266
– Ski-/Fahrrad-/Sportartikeltausch-Aktion 267
– Spielzeugparty 268
– Teilen-Holiday-Shop 262
Teilen 45, 197, 250-286
Tetrapaks 350
Textilien 350
Treibhausgas-Emission 34
Treibhausgase 44
T-Shirt-Tasche 150 f.

Überfluss 41 f., 47
– Geben und 71
– Mangel und 210
– Schenk-Ökonomie und 98
Umweltverschmutzung 126, 188, 332 f.

Verbundenheit 43, 256
Verleihen 287-302
Verleiher 303
Versandtaschen, gepolsterte 350
Vitalität 43

Weinkorken 350
Werbeindustrie 40
Werbung 209
– personalisierte 36
Wiederverwenden 140 ff., 197, 286
Wiederverwendung 124, 128 ff., 138
– ökologische Gründe 129
– persönliche Gründe 129 f.
– von Plastikverpackungen 137
– wirtschaftliche Gründe 128
Wiederverwertbares 343 f.

Zufriedenheit 43, 90

Unsere Leseempfehlung

160 Seiten

Klimawandel, Artensterben, Ressourcenausbeutung: Wir wissen längst, dass ein Einfach-Weiter-So nicht in Frage kommt. Aber wo sollen wir angesichts der unüberschaubaren Problemlage überhaupt anfangen? Und ist es nicht viel zu kompliziert, in der Hektik des Alltags in den Umweltmodus zu schalten? Dass das Gegenteil der Fall ist, beweist Nachhaltigkeitsexpertin Katharina Schickling in diesem kompakten Ratgeber. Von genialen Upcycling-Tipps etwa für Gemüseabfälle über die Frage nach dem ökologisch korrekten Mund-Nasen-Schutz bis hin zum simplen Do-It-Yourself-Reinigungsmittel finden sich darin 100 leicht umsetzbare Tipps und Tricks für alle Lebenslagen. So einfach geht nachhaltig leben!

www.goldmann-verlag.de
www.facebook.com/goldmannverlag

GOLDMANN
Lesen erleben

Unsere Leseempfehlung

240 Seiten

In über 200 Bildern stellt Lina Jachmann einen minimalistischen Lebensstil vor. Homestorys über die perfekte Ordnung inspirieren zum Nachmachen, die Autorin blickt in einen aufgeräumten Kleiderschrank mit wenigen, unterschiedlich kombinierbaren Kleidungsstücken und zeigt, wie man überlegt einkauft und dabei seinem Stil treu bleibt. Außerdem erklärt sie, wie man nachhaltige Kosmetik selbst herstellt, regt mit leckeren Rezepten zum Kochen an und gibt Tipps für das minimalistische Denken.